21世纪高等学校文科计算机课程系列规划教材



# 管理信息系统

姜灵敏 王金矿◎主编

计算机

人民邮电出版社
北京

**图书在版编目（CIP）数据**

管理信息系统／姜灵敏，王金矿主编．—北京：人民邮电出版社，2009.9（2019.3重印）
（21世纪高等学校文科计算机课程系列规划教材）
ISBN 978-7-115-19982-9

Ⅰ．管… Ⅱ．①姜…②王… Ⅲ．管理信息系统－高等学校－教材 Ⅳ．C931.6

中国版本图书馆CIP数据核字（2009）第130552号

## 内容提要

本书是一部全面介绍管理信息系统的概念、结构、技术、应用以及管理信息系统对组织和社会影响的教科书。

全书共分10章。第1章和第2章主要介绍管理信息系统的基本概念、基础知识以及管理信息系统的功能和作用。第3章和第4章介绍管理信息系统的技术基础，包括计算机硬件与软件、数据库和网络技术以及管理信息系统的整体建设，如管理信息系统分类、选择和开发方法。第5章～第7章介绍管理信息系统的开发过程，包括管理信息系统分析、设计和实施的整个过程。第8第～第10章介绍管理信息系统的安全管理、运行维护以及未来发展方向。

本书可作为高等学校管理类、经济类、信息类、工程类等专业的教材，也可作为企事业单位的管理人员及计算机软件开发人员的参考书。

21世纪高等学校文科计算机课程系列规划教材
**管理信息系统**

◆ 主　　编　姜灵敏　王金矿
责任编辑　邹文波
◆ 人民邮电出版社出版发行　　北京市丰台区成寿寺路11号
邮编　100164　　电子邮件　315@ptpress.com.cn
网址　http://www.ptpress.com.cn
大厂聚鑫印刷有限责任公司印刷
◆ 开本：787×1092　1/16
印张：10.5　　2009年9月第1版
字数：250千字　　2019年3月河北第10次印刷

ISBN 978-7-115-19982-9

定价：18.00元

**读者服务热线：(010)81055256　印装质量热线：(010)81055316**
**反盗版热线：(010)81055315**

# 前言

管理信息系统是包含信息技术、组织管理和系统工程三大要素的一门具有独特内涵的系统型、交叉型和边缘型的学科，它已被广泛地应用于生产、生活、商务活动等各个领域。但是，不能否认的是，管理信息系统上线的成功率较低。无数的事实表明，若一个组织成功地应用管理信息系统，那么组织的管理效率、管理水平都会有极大的提高，反之，管理信息系统会成为组织的包袱和负担。所以，开发设计和组织实施管理信息系统需要更多的专业人才。编写本书的目的就是尽力为有志于管理信息系统的读者提供一本有用、有益且有效的书籍。

“管理信息系统”是管理类、经济类、信息类、工程类等专业的一门核心课程。本书根据高等学校管理科学与工程类学科教学指导委员会和中国高等学校信息学科课程体系中的“管理信息系统”核心课程教学大纲的要求编写，力求将内容聚焦在管理信息系统开发的全过程，使读者能全面了解管理信息系统开发的过程。

随着我国高等教育改革的深化和各学科的发展，各学科设置了许多适应社会需求的新课程，因此，必须对传统的课程内容及其课时进行适当调整。如何解决课时减少同时又保证达到预期的教学目的是教材编写过程中的一个突出矛盾。在充分分析国内外多种同类教材的基础上，作者结合多年的教学经验以及为多个企业开发管理信息系统的经验，在不减少课程信息的基础上将本书篇幅大幅压缩。

本书共分为 5 部分。

第一部分：基本概念介绍（第 1 章和第 2 章），主要介绍管理信息系统中的一些基本概念和知识，管理信息系统的功能、作用以及所引发的管理变革。

第二部分：技术基础知识介绍（第 3 章和第 4 章），包括计算机、数据库和网络基础知识，管理信息系统的分类和选择以及管理信息系统的开发方法。

第三部分：管理信息系统开发过程（第 5 章、第 6 章和第 7 章），主要介绍管理信息系统规划、分析、设计和实施的整个过程。

第四部分：管理信息系统运行管理（第 8 章和第 9 章），主要介绍管理信息系统的安全防范以及运行中的维护策略。

第五部分：管理信息系统发展（第 10 章），主要对管理信息系统的未来发展方向进行介绍。

本书融原理、应用开发及案例分析于一体，内容充实，通俗易懂，可作为高等院校和高职高专院校的教材，也适合对管理信息系统感兴趣的读者阅读。

本书由姜灵敏规划、指导和审阅，姜灵敏、王金矿担任主编。本书第 1 章和第 2 章由王金矿撰写；第 3 章和第 4 章由柯晓华撰写；第 5 章、第 6 章和第 7 章由朱建华撰写；第 8 章、第 9 章和第 10 章由郝鹏撰写。

在本书的编写过程中，北京对外经贸大学的陈恭和对课程教学大纲提出了修改意见，广东外语外贸大学的国际工商管理学院对本书出版给予了很大的支持，胡勇对本书的架构提出了建设性意见，陈文娇、蔡润柱、梁小君等参与了案例编制，在此一并表示感谢。

由于编者水平有限，书中难免存在不足之处，恳请广大读者批评指正。对本书的意见和建议可发送 E-mail 到 jlwang@mail.gdufs.edu.cn，在此表示诚挚的感谢。

编者

2009 年 7 月

# 目 录

## 第8章 管理信息系统的安全管理……134



## 第9章 管理信息系统的运行维护……142



## 第10章 管理信息系统的发展展望……148

# 第1章 管理信息系统概述

## 开篇案例——企业的使命、远景和价值观

第三世界有上百万人感染了河盲症，这种疾病的成因是大量的寄生虫在人体组织里游动，最后移到眼睛，造成失明。100万个潜在客户是规模相当大的市场，只是这些人都很贫穷，买不起昂贵的药品。默克公司知道，研制针对河盲症的药品不可能有什么投资回报，却仍然推动这个计划，希望产品通过检验后，某些政府机构或第三方会购买这种药品，分发给病人。但没有机构愿意购买，于是公司决定免费赠送药品给需要的人，且自行负担费用，直接参与分发工作，以确保药品确实送到受这种疾病威胁的上百万人手中。

默克为什么推动这项名为“美迪善”的计划？默克公司CEO魏吉罗指出，若不推动生产这种药品，可能会瓦解默克旗下科学家的士气——因为默克公司明确提出自己从事的是“保存和改善生命”的事业。魏吉罗说：“我15年前第一次到日本时，日本的企业界人士告诉我，是默克公司在第二次世界大战之后把链霉素引进日本，消灭了侵蚀日本社会的肺结核。我们的确做了这件事，而且没赚一分钱，但是，默克今天在日本是最大的美国制药公司，这一点儿也不意外。（这种行为的）长期影响并非总是很清楚，但我认为多多少少它会有回报的。”

默克公司在创建以后的大部分时间里，都同时展现崇高的理想和本身的实际利益。乔治·默克二世在1950年解释了这个矛盾：“我希望……表明本公司同仁所必须遵循的原则……简要地说，就是我们要牢记：药是为了救人的，不是为赚钱的。但利润会随之而来。如果我们记住这一点，就绝对不会没有利润。我们记得越清楚，利润就越大。”

# 1.1 引　言

## 1.1.1 案例引发的思考

开篇案例似乎与本书的主题——管理信息系统没有太大的关系，但细细品味，就会从中获得许多与本章相关的信息，即管理、信息、系统。

首先是信息获取。信息一，有上百万的潜在客户；信息二，这些人都很贫穷；信息三，政府机构或第三方购买药品。在这三个信息中，前两个信息准确无误，第三个信息不确定。

其次，这是一个管理的典型案例。基于不确定信息导致研发、生产出的产品没有机构愿意购买，为此，默克推动“美迪善”计划，其一是为提升默克旗下科学家的士气，其二是着眼企业的长远利益。这是管理艺术的经典案例。

最后，企业是由决策、研发、生产、销售等若干部分结合在一起组成的具有特定功能的有机整体，即系统。

企业在运作中，战略关系全局，管理涉及局部；战略影响长远，管理着眼当前；战略决定生死存亡，管理导致好坏兴衰。该案例既从企业的长远利益考虑，又考虑到企业当前发展（激励科学家研发的积极性）；既考虑到企业的发展全局（社会责任），又考虑到企业的局部利益（产品创新）。

## 1.1.2 信息技术发展导致交叉学科产生

数字计算机的出现是 20 世纪人类的重大科技成果，其作用和影响远远超出人们的预想。它已经广泛地应用于各个领域，成为人们必不可少的工具。在众多的应用领域中，数据处理（Data Processing，DP）是计算机应用极其广泛而且十分重要的领域之一。

20 世纪 50 年代计算机已应用于会计业务中，计算机代替了过去的手工数据处理，不仅提高了处理速度，也提高了数据处理的准确度。但由于当时硬件、软件技术水平的限制和开发方法的落后，效果并不明显。进入 20 世纪 80 年代后，随着计算机技术不断发展，如何将管理思想应用到信息系统中的研究蓬勃发展，从而出现了一门新的学科，它是管理科学和计算机技术相结合的产物，即管理信息系统（Management Information System，MIS）。要了解管理信息系统，必须首先搞清楚几个概念，如管理知识、信息特性和系统科学。

# 1.2 管理基础知识

管理信息系统是服务于管理的，管理是信息系统服务的对象。管理信息系统是为了达到企业或组织的目标，针对管理对象，由特定的管理职能、相互联系的各种管理机构、管理制度以及管理方法和技术所构成的完整的组织管理体系。因此必须了解基本的管理知识，才能设计出更符合管理要求的信息系统。

### 1.2.1　管理的概念和特性

**1．管理的概念**

什么是管理？到目前为止，管理还没有一个统一的定义，但具有代表性的管理定义的核心有以下几种。管理学定义方面的几个代表人物如图 1-1 所示。

泰勒　　法约尔　　西蒙　　马克斯·韦伯　　美国管理协会

图 1-1　管理学定义的几个代表人物

（1）弗雷德里克·泰勒（Frederick W. Taylor）：管理是一门怎样建立目标，然后用最好的方法经过他人的努力来达到的艺术。

（2）亨利·法约尔（Henri Fayol）：管理就是计划、组织、指挥、协调、控制。

（3）赫伯特·亚历山大·西蒙（Herbert Alexander Simon）：管理就是决策。

（4）马克斯·韦伯（Max Weber）：管理就是协调活动。

（5）美国管理协会（American Management Association）：管理是通过他人的努力来达到目标。

总结以上对管理的不同说法，可以将管理定义为："管理就是通过计划、组织、领导和控制，协调以人为中心的组织资源与职能活动，以有效实现目标的社会活动。"

可参考表 1-1 加深对管理定义的理解。

表 1-1　管理定义的理解

| 含　义 | 具 体 理 解 |
| --- | --- |
| 管理的目的 | 有效实现目标，所有的管理行为都是为实现目标服务的 |
| 实现目标的手段 | 计划、组织、领导和控制 |
| 管理本质 | 协调 |
| 管理对象 | 以人为中心的组织资源与职能活动 |

管理由 5 项要素组成，包括计划、组织、指挥、协调和控制。其中，控制是管理的基础，一个组织如果失去控制，管理的其他职能就无法履行，一个组织可控是实施管理的前提和基础。没有控制的计划大多数情况下会变成空话，而在实际进行管理的过程当中，管理者水平的高低、管理者价值的体现基本上要靠控制去实现。控制的本质是监督计划是否落实，是否对下属进行必要的指导和行为的纠正，而不是把下属控制在手里。在现实中，管理难以实施的原因是管理者怕多事而不太愿意关注事情的进展和下属的行为，下属由于人的本性的弱点，一般不愿意受

别人指导和管理。无论如何，管理者要时刻记住，控制是管理必不可少的重要环节。

**2. 管理的特性**

管理具有两重性，这是由生产过程本身的两重性决定的。由于生产过程是由生产力和生产关系组成的统一体，因此管理也具有组织生产力与协调生产关系两重功能，从而使管理具有两重性。管理两重性的对比如表 1-2 所示。

表 1-2　　管理两重性的对比

| | 具体解释 | 现　象 |
|---|---|---|
| 自然属性 | 在管理过程中，为有效实现目标，要对人、财、物等资源合理配置，对产、供、销及其他职能活动进行协调，以实现生产力的科学组织 | 一些资本主义企业所采用的现代化管理方法与技术，在社会主义企业管理中，只要适用，是完全可以应用的 |
| 社会属性 | 在管理的过程中，为维护生产资料所有者的利益，需要调整人们之间的利益分配，协调人与人之间的关系。这种调整生产关系的管理功能反映的是生产关系与社会制度的性质，故称管理的社会属性 | 社会主义企业管理与资本主义企业管理的区别主要反映在管理的社会属性上。资本主义企业管理是为了维护资本主义生产关系，是资本家榨取工人创造的剩余价值的一种手段；而社会主义企业管理则是在维护社会主义生产关系的条件下，充分发挥职工的积极性、智慧和创造力，搞活经营，提高效益，实现社会主义生产目的 |

**3. 管理工作的性质**

（1）管理工作不同于作业工作。

管理工作是独立进行的，是有别于作业工作又为作业工作提供服务的活动。管理人员的工作，从本质上说，是通过他人并使他人同自己一起实现组织的目标。

（2）管理工作既有科学性又有艺术性。

管理是一门科学，并且还是一门精确的科学，也是一门正在发展的科学。管理又是一门艺术，是利用了系统化的知识，并根据实际情况发挥创造性的艺术。

**4. 经济与管理的关系**

管理不是经济，经济也不是管理。管理是经济的一种手段，经济是管理的一个对象。搞管理的应该懂点经济，搞经济的应该懂点管理，但决不能把它们视为等同。

**5. 经营与管理的关系**

经营是商品经济所特有的范畴，是商品生产者的职能。经营与管理既有一致性，又有所区别。从它们的产生过程来看，管理是劳动社会化的产物，而经营则是商品经济的产物；从它们的应用范围来看，管理适用于一切组织，而经营则只适用于企业；从它们要达到的目的来看，管理旨在提高组织的效率，而经营则以提高经济效益为目标。

**6. 领导与管理的区别**

领导是管理的一个职能，一般称为领导职能，但管理的其他职能则不属于领导。比如组织中的参谋人员所从事的工作是管理工作，但不是领导工作。管理是指管理行为，而领导工作既包括管理行为，也包括业务行为。比如，企业的领导要会见重要人物，参与谈判，出席一些公共活动。

领导活动的重点在于做出决策，确立奋斗目标、规划，以及制订相应的政策，为本地区、本部门、本单位的工作指引前进的方向等。领导从整体发展的目标出发，着重于争取和赢得良好的外部环境；而管理是为了实现领导确定的目标，着重于维护和加强组织的正常秩序。

## 1.2.2　组织的概念

管理是一种行为，作为行为，首先应有行为的发出者和承受者，即谁对谁做；其次，还应有行为的目的，即为什么做。因此，形成一种管理活动，首先要有管理主体，即说明由谁来进行管理的问题；其次要有管理客体，即说明管理的对象或管理什么的问题；再次要有管理目的，即说明为什么进行管理的问题。管理的客体就是组织，所以必须首先明白组织的概念。

**1. 组织的概念**

什么是组织？组织一般有两种含义，一种是动词，就是有目的、有系统地集合起来，如组织群众，这种组织是管理的一种职能；另一种是名词，就是按照一定的宗旨和目标建立起来的集体，如工厂、机关、学校、医院，以及各级政府部门、各个层次的经济实体、各个党派和政治团体等，这些都是组织。

名词上说的组织可以按广义和狭义划分。

从广义上说，组织是指由诸多要素按照一定方式相互联系起来的系统。系统论、控制论、信息论、耗散结构论和协同论等，都是从不同的侧面研究有组织的系统。从这个角度来看，组织和系统是同等程度的概念。在这个定义中包含生物学中有机体的组织，在西方原义来源于器官（Organ），因为器官是自成系统的，如皮下组织、肌肉组织等由细胞组成的活组织；动物的群体组织，如一窝蜜蜂就是一个以蜂王为核心，秩序井然、纪律严明的群体；还有人的组织等。

从狭义上说，组织就是指人们为实现一定的目标，互相协作结合而成的集体或团体，如党团组织、工会组织、企业、军事组织等。狭义的组织专门针对人群而言，被运用于社会管理之中。在现代社会生活中，人们已普遍认识到组织是人们按照一定的目的、任务和形式编制起来的社会集团，组织不仅是社会的细胞和基本单元，而且可以说是社会的基础。本书所要研究的组织是指狭义的组织。

**2. 组织的分类**

使命就是组织存在的原因，是组织的目的。关于使命的假设规定了组织把什么结果看做是有意义的，指明了该组织认为它对整个经济和社会应做出何种贡献。

根据使命的不同可以将组织分为三大类，即政府组织（Government Organization）、非政府组织（Non Government Organization，NGO）和企业（Enterprise）。

**3. 组织的功能、社会目标与交流**

这三种组织在社会中扮演着不同的角色，它们的社会功能和社会目标是不同的。图 1-2 所示为各组织的功能，中间部分是它们达到的社会目标。

这三种类型的组织间的互动交流如图 1-3 所示。

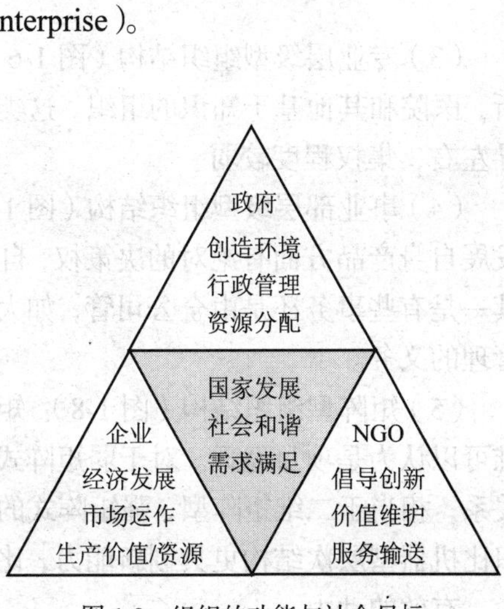


图 1-2　组织的功能与社会目标

**4. 组织结构的类型**

根据亨利·明茨伯格（Henry Mintzberg）的分类法，可将企业划分为如下 5 种基本结构。

（1）创业型组织结构（图 1-4）：具有简单结构的组织，往往是创立不久的小型公司，处于快速变化的环境中，由一个老板或一个经理管理。

（2）机器型层级组织结构（图 1-5）：存在于变化

相对缓慢的环境中，是生产标准化产品的大型层级结构。

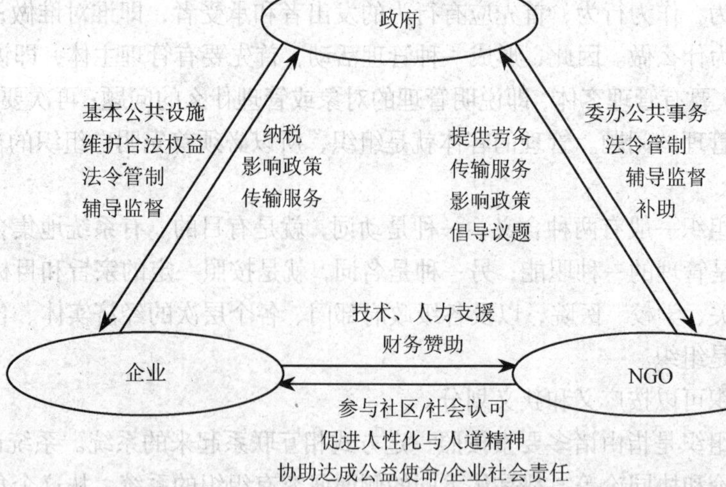

图 1-3　三种组织的互动交流

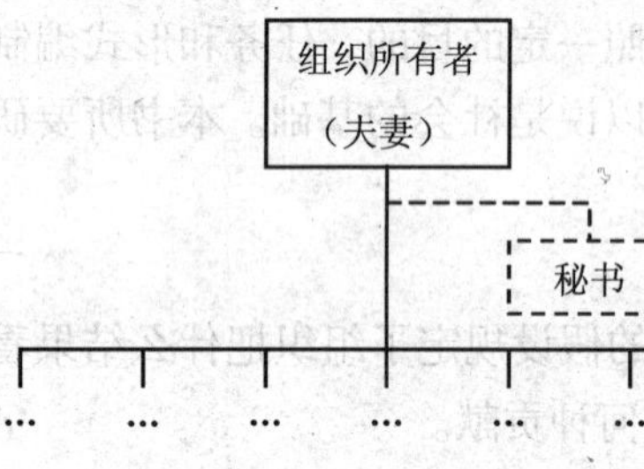

图 1-4　创业型组织结构

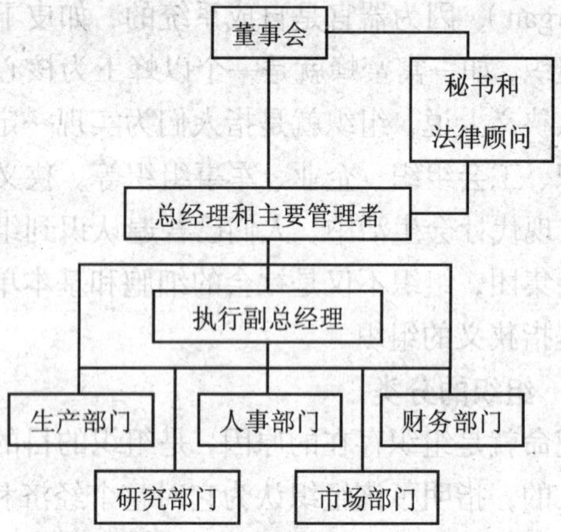

图 1-5　机器型层级组织结构

（3）专业层级型组织结构（图 1-6）：这类结构的典型组织如律师事务所、学校、会计事务所、医院和其他基于知识的组织。这类组织依赖于知识和专业人员的技能。这种结构受部门领导左右，集权程度较弱。

（4）事业部层级型组织结构（图 1-7）：事业部一般按产品来划分，有较大的自主权，它在发展自身产品方面有绝对的决策权，自己下设市场部、生产部等。但事业部不是完全的子公司，其一是有些事务还是由全公司管，如大公司实行后勤的统一支持，其二是它有为全公司服务或管理的义务。

（5）矩阵型组织结构（图 1-8）：矩阵型组织结构的一维是职能部门，另一维是项目，第三维可以认为是项目经理。对于弱矩阵式，项目经理只是以项目为中心，协调各职能部门之间的关系，相当于二维矩阵型；强矩阵式的项目经理有相当大的权限，构成了三维矩阵型。这类组织比机器型层次结构更具创新能力，比专业层次型结构更为灵活，比简单的创业型结构更具持久、有效的动力。

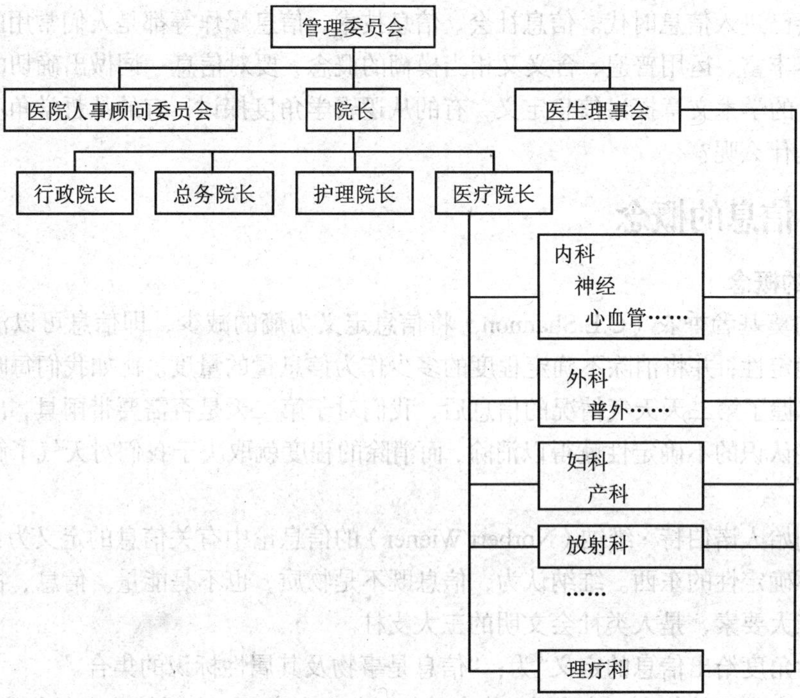


图 1-6　专业层级型组织结构

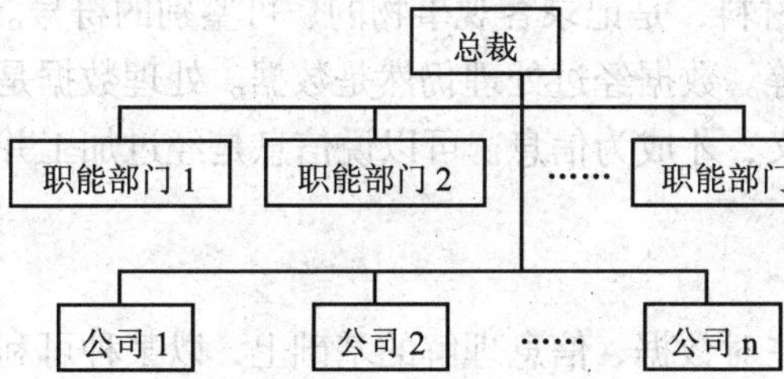


图 1-7　事业部层级型组织结构

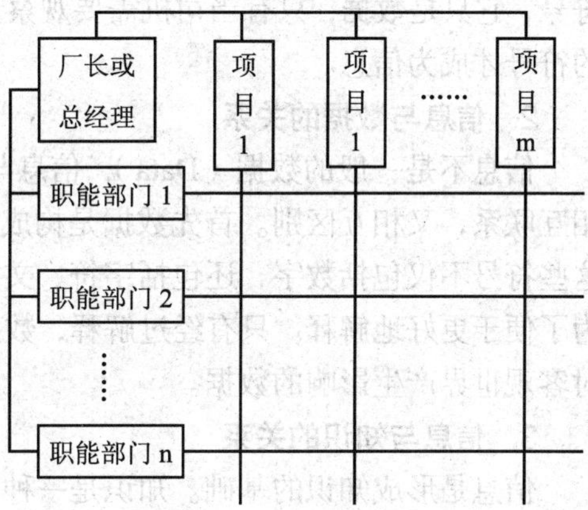


图 1-8　矩阵型组织结构

有关管理信息系统引发组织结构的变革将在 2.3.3 节中探讨。

有关组织结构的特点以及组织与管理信息系统的选择问题将在 4.2 节中论述。

# 1.3　信息基础知识

信息（Information）是客观世界所固有的，人类自古以来就对其有一定的认识，但从来没有像现代社会这样引起如此广泛、深入、持久的影响，以至于它的传播范围可及星际空间，传播速度可及光速极限。

现代社会已进入信息时代。信息社会、信息技术、信息爆炸等都是人们常用的词汇，但信息是一个内容丰富、运用普遍、含义又相当模糊的概念，要对信息一词做出确切的定义是很困难的。有大量的学术文章探讨信息定义，有的从逻辑学角度探讨，有的从哲学角度探讨等。那么信息到底是什么呢?

## 1.3.1 信息的概念

**1. 信息的概念**

信息论的奠基者香农（C.E.Shannon）将信息定义为熵的减少，即信息可以消除人们对事物认识的不确定性，并将消除不确定程度的多少作为信息量的量度。比如我们每晚都会收听天气预报，在掌握了第二天天气情况的信息后，我们对于第二天是否需要带雨具，出行是步行还是乘车等一些认识的不确定性就得以消除，而消除的程度就取决于我们对天气了解的多少即信息量的多少。

控制论创始人诺伯特·维纳（Norbert Wiener）的信息论中有关信息的定义为：信息是能够减少或消除不确定性的东西。维纳认为，信息既不是物质，也不是能量。信息、物质和能量是现实世界的三大要素，是人类社会文明的三大支柱。

从逻辑学角度给出信息的定义[①]为："信息是事物及其属性标识的集合。"

信息系统中常用的信息可定义为：信息是经过加工的数据，它对接收者的行为能产生影响，对接收者的决策具有价值。根据这个定义，行驶中汽车里程表上的读数仅仅是表示汽车速度的符号，它只是数据，只有当司机需要观察里程表上的读数以便做出加速或减速的决定时，这时的符号才成为信息。

**2. 信息与数据的关系**

信息不是一般的数据（Data），信息与数据是管理信息系统中两个最基本的概念，它们既相互联系，又相互区别。首先数据是构成信息的原材料，是记录客观事物的、可鉴别的符号。这些符号不仅包括数字，还包括字符、文字、图像等。数据经过处理仍然是数据。处理数据是为了便于更好地解释。只有经过解释，数据才有意义，才成为信息。可以说信息是经过加工并对客观世界产生影响的数据。

**3. 信息与知识的关系**

信息是形成知识的基础。知识是一种信息，是在对数据、信息理解的基础上，以某种可利用的形式，进行高度组织化后的可记忆的信息。

## 1.3.2 信息的特点

（1）没有大小。

由于信息没有大小，因此无论怎样小的空间都可存放大量的信息，无论怎样狭窄的通道都能高速地传递大量的信息。信息产业是一种省空间的产业。

（2）没有重量。

由于信息没有重量，因此在处理时不需要能量。信息产业是一种省能源的产业。

[①] 邓宇.信息定义的标准化.医药信息，2006.

（3）容易复制。

信息一旦产生，就很容易复制，它有利于大量生产。

### 1.3.3 信息的属性

信息具有以下特征。

（1）客观性。事实是信息的核心价值，它是信息的第一属性。不符合事实的信息不仅没有价值，而且价值可能为负值，既害别人也害自己。

（2）传递性。这是信息的本质特征，信息可以借助载体（电话、光缆等）脱离信源进行传输。信息在传输过程中可以转换载体而不影响信息的内容。

（3）增值性。用于某种目的的信息，随着时间的推移价值可能耗尽。但对于另一种目的，它可能又显示出用途。例如天气预报的信息，预报期一过对指导生产就不再有用。但和各年同期天气比较，总结变化规律，验证模型却是有用的。

（4）时滞性。任何信息从信源传播到接收者都要经过一定时间。信息接收者所得到的与自己有关的信息源状态的信息都是反映信息源已经出现的状况。时滞的大小与载体运动特性和通道的性质有关。信息的传输、加工与利用必须考虑这种时滞效应，特别是对于需要实时或及时处理与利用的信息，必须通过合理选用载体与通道把这个时滞控制在允许范围内。比如在导弹飞行过程中，控制系统必须及时收集和处理目标信息（目标的方位、速度和距离等）、环境信息（风速、温度等）、对象信息（导弹的飞行速度、飞行方向等），根据这些信息对导弹的飞行速度和方向进行适当调整，以便击中目标。若信息时滞过长，收集到的信息将失去意义。

（5）共享性。一个信息源的信息可为多个信息接收者享用。一般情况下，增加享用者不会使原有享用者失去部分和全部信息。有的信息涉及商业的、政治的、军事的秘密，扩大对这类信息的享用者可能影响到某些享用者对这类信息的利用，但不会改变信息本身的内容。例如某一药方的所有者将药方与他人共享，其他人可能去生产这种药品，会与药方所有者竞争，影响其销路，但信息本身的内容并未改变。

（6）扩散性。信息的扩散性是其本质属性，信息力图冲破保密的非自然约束，通过各种渠道和手段向四面八方传播。信息的浓度越大，信息源和接收者之间的梯度越大，信息的扩散力度越强。越离奇的消息，越耸人听闻的新闻，传播得越快，扩散面也越大。

（7）可压缩性。信息可以进行浓缩、集中、概括以及综合，而不至于丢失信息的本质。例如，IT 大家都知道是信息技术，但它所包含的信息更为广泛。在企业中将管理信息系统开发、维护的部门称为信息（Information）部门，将管理、维护企业的计算机设备和网络的部门称为技术（Technology）部门。

（8）层次性。管理是分层次的，不同层次的管理需要不同的信息，因而信息也是分层次的。管理一般分为高、中、低三层，信息对应的分为战略级、策略级和执行级。战略级信息是关系到企业长远利益和全局的信息，如企业的长远规划 5~10 年的信息，企业并、转产的信息等；策略级的信息是关系到企业运营管理的信息，如月度计划、产品质量和产量情况，以及成本信息等；执行级信息是关系到企业业务运作的信息，如职工考勤信息、领料信息等。

此外还可以根据信息保密程度、信息使用频率、信息精确程度、信息寿命长短进行等级分类。

# 1.4 系统科学概述

系统科学是以系统及其机理为对象，研究系统的类型、性质和运动规律的科学。同自然科学、社会科学、数学科学等一样，它是现代科学技术体系中一门新兴的科学技术体系，产生于20世纪40年代。系统科学作为一门科学有产生、发展、形成的过程，而且由于系统科学是一门横断科学，它涉及自然科学中的数学、物理学、化学等多个学科领域，还涉及工程技术的多个领域，甚至与社会科学的不少学科也有联系，因此，系统科学的发展历史与整个人类的发展历史紧密相连，它的产生可以追溯到原始社会。现代科学的每一个理论几乎都被系统科学吸收，并改造成为其自身理论体系中的一部分。

## 1.4.1 系统概念

**1. 系统的定义**

“系统”一词由来已久，在古希腊是指复杂事物的总体。关于系统的定义，目前科技界和哲学界的认识很不一致，众说纷纭。国内外学者给系统所下的定义不下几十个，但其中有三项是普遍的、本质的东西。其一是系统的整体性；其二是系统由相互作用和相互依存的要素所组成；其三是系统受环境影响和干扰，与环境发生相互作用。为此，系统可定义为：系统（System）就是由相互联系、相互制约的若干部分结合在一起组成的具有特定功能的整体。

系统按其组成可分为自然系统、人造系统和复合系统。血液系统、天体系统、生态系统等属于自然系统，这些系统是自然形成的。所谓人造系统，是指人类为了达到某种目的而对一系列的要素做出有规律的安排，使之成为一个相关联的整体。例如计算机系统、生产系统和运输系统等。实际上，大多数系统属于自然系统和人造系统相结合的复合系统，而且许多系统有人参加，是人机系统。例如信息系统看起来是一个人造系统，但是它的建立、运行和发展往往不以设计者的意志为转移，而有其内在规律，特别是与开发和使用信息系统的人的行为有紧密的联系。

**2. 系统的特征**

（1）整体性。一个系统至少要由两个或更多的可以相互区别的要素或子系统组成，它是这些要素和子系统的集合。作为集合的整体系统的功能要比所有子系统的功能的总和还大。

（2）目的性。人造系统都具有明确的目的。所谓目的就是系统运行要达到的预期目标，它表现为系统所要实现的各项功能。系统的目的或功能决定着系统各要素的组成和结构。

（3）相关性。系统内的各要素既相互作用，又相互联系。这里所说的联系包括结构联系、功能联系、因果联系等。这些联系决定了整个系统的运行机制，分析这些联系是构成一个系统的基础。

（4）环境适应性。系统在环境中运转。环境是一种更高层次的系统。系统与其环境相互交流、相互影响，进行物质的、能量的或信息的交换。不能适应环境变化的系统是没有生命力的。

## 1.4.2 系统工程

系统工程（System Engineering）是为了更好地达到系统目标，而对系统的构成要素、组织结构、信息流动和控制机构等进行分析与设计的技术总称。

系统工程是一门统筹全局的科学技术，是系统开发、设计、实施和运用的工程技术，是在系统思想的指导下，综合应用自然科学和社会科学中有关的先进思想、理论、方法和工具（主要是计算机），对系统的结构、功能、要素、信息和反馈等进行分析和处理，以达到最优规划、最优设计、最优管理和最优控制的目的。

系统工程的研究对象主要是复杂的系统。如阿波罗（Apollo）登月计划，参加人员约 42 万，利用 120 所大学实验室，耗资 240 亿美元，1969 年实现登月。在这个高科技系统下有众多的分系统，如飞船系统、通信系统和测试系统等等。这些分系统下面又包含无数小系统。我国的三峡工程于 1993 年开始施工准备，历经 10 年，涉及防洪、发电、航运、移民安置、生态环境、国防安全、区域经济发展等各个方面。

系统工程产生于 20 世纪 40 年代，美国贝尔电话公司在设计电话通信网络时，应用了一些科学方法，按时间顺序把工作划分为规划、研究、开发、开发过程中的研究和通用工程 5 个阶段，取得了良好效果，他们把这种方法称为系统工程。20 世纪 60 年代，A.D.霍尔发表了《系统工程方法论》，并于 1969 年提出了著名的霍尔三维结构（如图 1-9 所示），为系统工程提供了一种广泛采用的方法论。

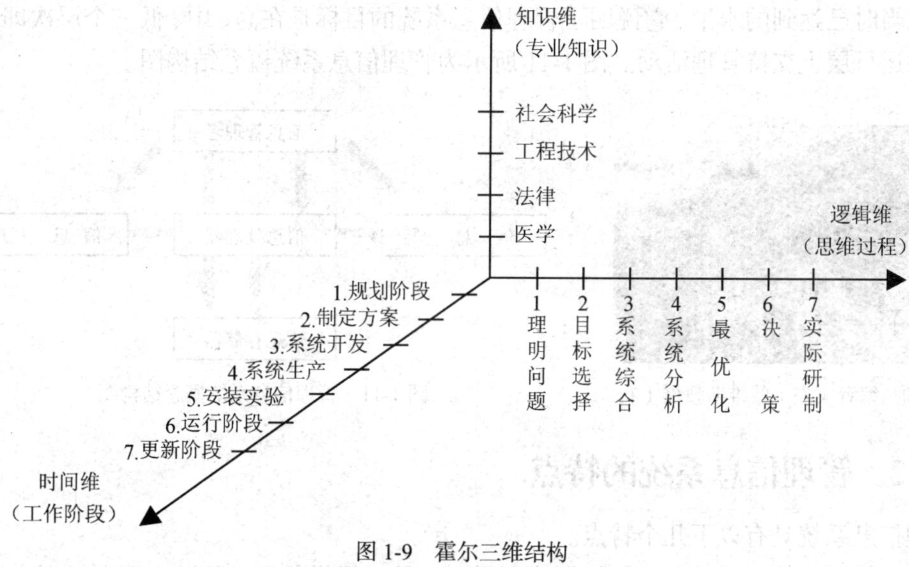


图 1-9　霍尔三维结构

20 世纪 70 年代后期，中国科学家钱学森、许国志等发表了《组织管理的技术——系统工程》，把系统工程看成是系统科学中直接改造客观世界的工程技术，从而澄清了国外一些科学名称混用的现象。随后又提出了系统工程可以分为工程系统工程、企业系统工程、经济系统工程和军事系统工程等。1980 年成立了中国系统工程学会，迅速推动了中国系统工程的研究和应用。

# 1.5　管理信息系统概述

计算机技术产生以后，迅速在管理领域获得了广泛应用。20 世纪 60 年代，美国经营管理协会及其事业部第一次提出了建立管理信息系统的设想，即建立一个有效的信息系统，使得各级管理部门都能了解本单位的一切有关的经营活动，为各级决策人员提供所需要的信息。但由于当时计算机硬件、软件技术水平的限制和开发方法的落后，效果并不明显。20 世纪 80 年代后，随着各种技术特别是信息技术的迅速发展，管理信息系统也得到进一步的发展，MIS 的概念逐步得到充实和完善。

## 1.5.1 管理信息系统的定义

不同时期的研究者从各自不同的角度对管理信息系统进行研究，从计算机系统实现、支持决策和人机系统的角度出发，为管理信息系统给出了各种不同的定义。管理信息系统一词最早出现在 1970 年，由瓦尔特·肯尼万（Walter T. Kennevan）给它下了一个定义："以书面或口头的形式，在合适的时间向经理、职员以及外界人员提供过去的、现在的和预测未来的有关企业内部及其环境的信息，以帮助他们进行决策"。但具有代表性的是 1985 年管理信息系统创始人、明尼苏达大学卡尔森管理学院的著名教授高登·戴维斯（Gordon B. Davis，如图 1-10 所示）给出的管理信息系统一个较完整的定义："它是一个利用计算机硬件和软件、手工作业、分析、计划、控制和决策模型，以及数据库的用户—机器系统。它能提供信息，支持企业和组织的运行、管理和决策功能。"这个定义说明了管理信息系统的目标、功能和组成，而且反映了管理信息系统当时已达到的水平。它说明了管理信息系统的目标是在高、中、低三个层次即决策层、管理层和运行层上支持管理活动。图 1-11 所示为管理信息系统概念结构图。

图 1-10 编者（左）戴维斯教授（右）

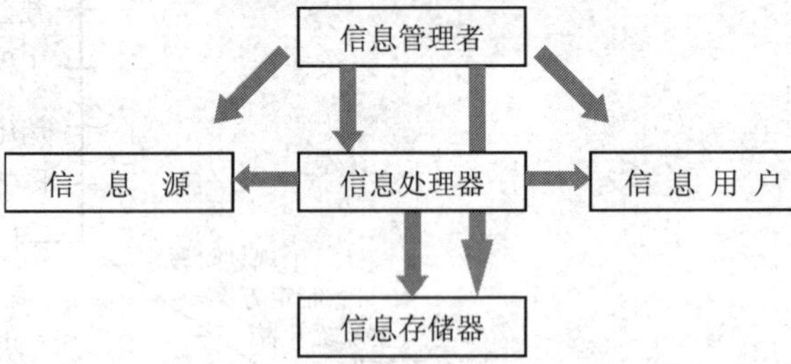


图 1-11 管理信息系统概念结构图

## 1.5.2 管理信息系统的特点

管理信息系统具有以下几个特点。

（1）为管理决策服务。它能够根据管理需要，及时提供信息，帮助决策者做出决策。

（2）人机结合的系统。管理信息系统的目的是辅助决策，而决策只能由人来做，因而它必然是一个人机结合的系统。在管理信息系统中，各级管理人员既是系统的使用者，又是系统的组成部分。在开发管理信息系统过程中，要根据这一特点确定人和计算机在系统中的地位和作用，充分发挥人和计算机各自的长处，使系统得到整体优化。

（3）先进的管理方法和手段相结合。在开发管理信息系统时，要融入现代化的管理思想和方法，避免用计算机系统仿真原手工管理系统。

（4）对组织进行全面管理。一个组织在建设管理信息系统时，可根据需要逐步应用个别领域的子系统，然后进行综合，最终达到应用管理信息系统对整个组织进行综合管理。

（5）多学科交叉形成的边缘科学。管理信息系统是一门新的学科，其理论尚处于发展和完善的过程中。早期的研究者从计算机科学、应用数学、管理理论、决策理论、运筹学等相关学科中抽取相应的理论，构建了管理信息系统的理论基础，从而形成一个具有鲜明特色的边缘科学。

## 1.5.3 管理信息系统的分类

管理信息系统是一个内涵广泛的概念，至今尚无明确的分类方法。依据管理信息系统不同的功能和服务对象，它可分为国家经济信息系统、企业管理信息系统、事务型管理信息系统、行政机关办公型管理信息系统和专业型管理信息系统等。按照处理的对象，它可以分为业务信息系统、决策支持系统和管理信息系统。

### 1. 业务信息系统

业务信息系统的任务是处理组织的业务、控制生产过程和支持办公事务，以及更新有关的数据库。目前我国企业开发和使用的大多数管理信息系统都属于此类，它通常由三部分组成。

（1）业务处理系统。目标是迅速、及时、正确地处理大量信息，提高管理工作的效率和水平。

（2）过程控制系统。用计算机控制正在进行的生产过程。

（3）办公自动化系统。以先进技术和自动化设备支持人的部分办公业务活动。

### 2. 决策支持系统

决策支持系统是基于管理信息系统的应用来支持企业不同层次，主要是高层决策需求的计算机信息系统，它的应用能对企业或部门重大问题的决策过程起到辅助作用，以达到提高决策的科学化和正确性的目的。

### 3. 管理信息系统

管理信息系统是综合运用计算机技术、信息管理技术和决策技术，将现代化的管理思想、方法和手段结合起来，对一个组织进行全面管理的，人和计算机相结合的，辅助管理人员进行管理和决策的人机系统。

## 1.5.4 管理信息系统的发展历史与趋势

管理信息系统的发展与信息技术的进步和管理方法的改进密切相关，其应用经历了从“数值计算”、“数据处理”到“知识推理”的进化过程。管理信息系统经历了由单机到网络、由低级到高级、由电子数据处理到信息管理再到决策支持、由事务处理到智能分析的历史过程。

### 1. 20 世纪 50 年代至 70 年代初

1954 年，美国通用电器公司首先使用计算机进行工资和成本会计核算，从而开始了现代信息系统发展的第一阶段。在这一段时间里，计算机及其相关技术的出现和发展大大提高了数据处理的效率，降低了数据处理和存储的成本，因此信息系统首先应用于以计算机为基础的数据处理和存储。此时的信息系统是事务处理系统的前身和初级形式，其目的是代替繁重的手工事务处理并提高准确性、及时性。

20 世纪 60 年代以前的信息系统以体积庞大、计算能力低的单机应用为主。20 世纪 60 年代中期出现了主从式系统，即以一台大型机为中心，连接多台终端的系统。对于过去分散的处理方式来说，主从结构是一个巨大的进步。它可以把数据集中起来，从而使信息系统可以对业务过程的环节进行综合处理，大大提高了工作效率。也正是在 20 世纪 60 年代，信息系统突破了传统的数据处理范围。以美国明尼苏达大学管理学院开创管理信息系统学科为标志，独立的信息系统理论开始形成。

2. 20世纪70年代初至80年代初

在这个阶段里，随着数据库技术的发展和分布式系统技术的出现，中型机、小型机和终端机组成的网络被应用于企业管理实践中，并形成了狭义的管理信息系统。此时信息系统的目的在于从企业全局出发，通过数据共享，发挥系统的综合能力，帮助管理者分析、计划、预测、控制企业信息。

在这个阶段中，理论界已经普遍采用系统论的观点和方法分析信息系统，相关理论研究也进一步深入。虽然管理信息系统的理论和实践都得到飞速发展，但是由于缺乏灵活性以及对管理者决策的支持，因此有很多管理信息系统失败并受到很多质疑。从另一个意义上说，这也可以说明企业管理者对技术有进一步的要求，要求信息系统能够适应企业环境变化的需求并为管理者提供更多的帮助。

3. 20世纪80年代初至90年代中

这个阶段的信息技术发展很快，个人计算机的普及为终端设备提供了强大的终端计算能力；关系数据库模型提供了简单、直观、易于处理、使用方便的数据库系统；网络技术的发展速度也很快，出现了ARPANET、NSFNET、CSNET等，在企业实际应用中先后出现了文件服务器/工作站（Server/Workstation，S/W）和客户机/服务器（Client/Server，C/S）结构的内部网络。

管理上的要求也促进了信息技术的进步和信息系统理论实践的发展。在20世纪80年代出现了办公自动化系统、决策支持系统和战略支持系统。这些系统充分利用了当时已有的信息技术并且已经涉及企业的所有层次，信息系统的应用在这一阶段已达到相当高的水平。

4. 20世纪90年代中至今

20世纪90年代的信息技术有了革命性的发展，集中体现在图形界面技术、网络技术和人工智能技术三个方面。

图形界面技术以Apple计算机公司的MacOS操作系统和Microsoft公司的Windows 95操作系统为代表。它大大简化了用户操作，并最终推动了个人计算机的普及。

Internet的出现促进了信息系统在企业中覆盖范围的扩大。更重要的是，它使得信息系统的边界不再受地理位置的局限，并进一步打破了企业组织的边界。现在，电子邮件、企业门户网、虚拟专用网络、电子交易支持等网络新技术为企业提供了前所未有的信息收集、传输、处理手段。更重要的是，企业竞争模式发生了深刻的变革，从降低生产成本的竞争转变为开发更具有消费者个性的产品，网络技术独有的交互性和灵活性恰恰能够满足消费者定制这一需求。网络还促使虚拟企业的产生，其目的是通过共享技能、成本和市场来开发市场，实现盈利。

5. 发展趋势

影响管理信息系统发展的一个方面是信息技术本身的发展，另一方面则是由于信息技术与管理融合带来的需求。比如存储容量的增加，使得处理大量数据的集合的数据仓库技术出现，用于支持管理中决策制订过程；计算机的运算速度提高，使得复杂的知识推理过程得以实现。今后管理信息系统仍然会在这两方面的推动下发展。具体地说，集成化和智能化是当今管理信息系统发展的两大趋势。在集成化方面，从传统的物料需求计划（Material Requirement Planning，MRP）、制造资源计划（Manufacturing Resources Planning，MRP Ⅱ）中发展出企业资源计划（Enterprise Resource Planning，ERP），形成了整个组织范围内的集成化信息系统，同时电子商务及电子数据交换技术的发展也不断推动着企业间信息系统的集成。在智能化方面，决策支持系统与人工智能、网络技术、数据库、数据仓库技术等结合形成智能决策支持系统和群体决策支持系统，从而为组织提供更具智能分析能力的信息支持。

**案例思考题：**

1. 通过该案例思考组织使命、组织管理理念和组织经营结果的关系。
2. 思考企业发展与信息的关系。

## 习　　题

1. 管理的定义是什么？管理与经营、管理与领导有何不同？
2. 管理的组织形式有几种？各类组织在社会中扮演的角色有何不同？
3. 什么是信息？信息和数据有何区别？
4. 信息有哪些属性？
5. 系统的概念是什么？系统表现的主要特征是什么？
6. 如何从霍尔三维结构理解系统工程？
7. 管理信息系统是什么？它和一般的计算机应用有什么不同？
8. 按照处理对象的不同，可把信息系统分为几种？

# 第2章 管理信息系统的功能和作用

## 开篇案例——联想的信息化之路

虽然联想集团是一个以提供计算机及其设备为主要业务的企业，但联想集团同样面临着如何信息化的问题。从 1992 年开始，联想就开发了自己的 MIS 系统，当时的 MIS 主要是以财务为核心、根据企业的运营需求而定制的一个管理系统。

在以后的几年运转过程中，由于企业的迅速发展，曾经对信息系统进行过不断的更新。1996 年，联想电脑公司与北京利玛公司合作实施了 MRP－Ⅱ，但该系统仍然停留在一个定制的系统范围内，而随着公司的发展，老的业务系统必须根据需求不断添加新的模块，用联想人的话说叫做“接裤腿”，联想的信息系统建设就像小孩子接裤腿，随着孩子一天天长大，裤子变短了，就在旧裤子上接上一段。

1997 年，联想集团的营业规模已经达到人民币 100 多个亿，业务模式也在不断增加，企业大了之后，一个最基本的需求是各级管理者要实时了解企业的运营情况，因此对于 MIS 系统的需求越来越高。同年，联想集团将香港的三家公司和北京的三家公司进行整合后，发现在不同管理模式下成长起来的这几家公司的 MIS 系统很难整合到一起，几个系统相互隔离，系统管理效果差，要获得一个完整的信息需要从不同的数据库和不同的系统中抽取，结果是销售量、库存量不清，生产与财务报表滞后，要等到 20 多天后才能了解本月的业务运营情况。这时，集团领导越来越迫切地意识到：再不对企业物流、资金流、信息流进行重建，无异于“闭着眼睛管理公司”。为此，他们决定建立一个高度集成的、保证信息互通的管理平台。

在这一时期，国内已经悄然掀起了 ERP 的热潮，但对于 ERP 实施的难度和费用国内看法不一，争论很大。而国际上许多跨国公司已经实施了 ERP，对实现全球范围内的多工厂、多地点的跨国经营运作管理极为有效，这一点正在为越来越多的公司所认同，他们认为通过实施 ERP、优化供应链管理可以实现库存减少、成本降低、供货时间缩短、对客户和市场需求反映快速灵活，进而大大增强了企业的“获利能力”。

在最初的系统选型过程中，他们考虑到公司正面临着强大的业务经营方面的压力，无法投入大量人力进行大规模的开发，因而决定购买成熟的 ERP 产品。但当时国内的 ERP 软件产品普遍规模较小，功能完备性较差，为了保证系统的先进性和稳定可靠，他们决定购买国际上先进的管理软件。并且经过十几年的发展，公司已经有了一定的实力来投入 ERP 项目。

经过调研论证，联想公司认为，SAP 的产品功能成熟，特别是在财务管理和库存管理方面是国内产品所无法比拟的，为了给公司的进一步发展开辟更加广阔的管理空间，联想公司决定采用 SAP 公司的管理软件——R/3 系统作为企业管理的基本平台。

联想集团高级副总裁、联想神州数码有限公司总裁郭为这样说："选择 ERP，特别是选择 SAP 的 R/3 系统，对联想也是一个痛苦的选择过程。如果只是简单地解决一个信息支撑系统的问题，我们没有必要选择 ERP。因为实施 ERP 不仅是一个技术问题，同时还是一个管理问题，并且实施 ERP 不能保证 100%的成功，也就是说企业现行的管理方法与现代管理思想是否能嫁接得很好，这与企业的内在管理素质有关。在发展过程中，联想已经总结出管理的三要素，建立了自己的企业文化，但这些都是在本土特色上发展起来的管理思想，能否与 ERP 有机结合，建立一套科学的管理方法，这非常具有挑战性。但最终我们还是选择了挑战。因为联想有一个宏伟的发展目标——进入世界 500 强。要实现这样一个目标，在管理方面如果仅仅跟自己的历史相比，或者说与国内企业相比已经很好了是不够的，必须与国际企业去比，参与国际竞争。"

从 1998 年 11 月开始实施 ERP，投入上千万、项目进行了 4 个月后却没有什么成效。面对重重困难，1999 年 4 月，联想毅然重组 ERP 项目组，改为以业务部门为主、技术部门为辅的团队，由电脑公司掌管财务和人力的助理总裁王晓岩临危受命——出任项目总监，直接对柳传志负责。但外界还是有一些风言风语：联想实施 ERP 也许只是做个样子吧！ERP 原本在国际上实施的成功的比率就不高，在国内成功的可能更小，联想也不会例外，用不了多久就会不了了之。但外界的这些议论并没有影响联想实施 ERP 的决心。

实施 ERP 确实需要企业有决心和信心，克服很多困难。郭为曾这样说过："联想集团的领导决心是很大的，但对实施过程中的难点也并不是从一开始就非常清楚的，在实施过程中经常需要领导亲自去拍板，真正体现出 ERP 是一把手工程。很多重大决策涉及企业运作程序的调整，需要一把手想清楚。这对很多企业来说是一个难点。其次牵涉业务流程的时候，实际业务流程与 ERP 业务流程还是有一些矛盾，创造性地解决这些矛盾非常重要。有些时候只能先按照 ERP 流程去做，再逐步优化，也就是所谓的'先僵化后优化'。"

在 2000 年 8 月 15 日的新闻发布会上，联想集团常务副总裁李勤宣布："联想 ERP 实施成功后，企业的业务运作效率明显提高，集团结账天数从过去的 20 天降到一天，从需 70 人加班到只需 7 人，报表从 30 天缩至 12 天。公司从去年（1999 年）起至今利润大幅度增长，相当一部分原因来自这个项目。"

现代企业主要管理 5 种资源，即人力资源、原材料资源、设备资源、资本资源和信息资源。前 4 种资源以物质形态存在，统称为物质资源，而第 5 种资源以非物质形态存在，所以称为非物质资源或无形资源（Intangible Resource）。这种无形资源对组织的管理、控制和决策有重要的支持作用，是信息社会的一种战略性资源，具有独特的经济价值。

# 2.1 管理信息系统的功能

管理信息系统的功能就是实现信息的收集和处理，以及信息的有效组织和分析，以最有效的方式将其结果提供给管理工作。收集信息的过程是首先明确需要何种信息，然后对其进行处理，再对信息经过检核、提炼、编制索引后，或存储，或传输给信息使用者，信息使用者将缺少的信息反馈，以便再次收集信息。图 2-1 是管理信息系统的功能框图。

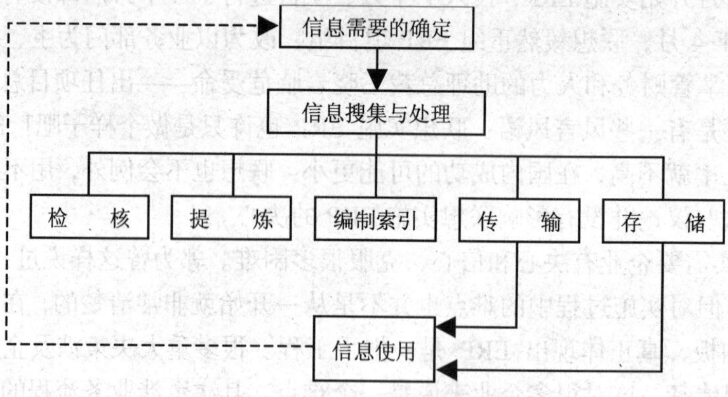


图 2-1　管理信息系统的功能框图

现代企业活动变得越来越复杂，其工作任务常常需要团队协作才能完成。这样，团队的沟通和交流以及协调行动对任务的成败十分关键，而良好的沟通和协调依赖于获得信息的及时性、准确性和便捷性。其次，由于信息技术的进步，特别是随着 Internet 技术的发展与普及，信息量大大增加，如何快速、及时、准确地获得和处理信息，对提高企业的管理效率是至关重要的。

完善管理信息系统，要重点抓好 5 项工作。

（1）建设高质量的人机系统；

（2）控制适宜的信息量；

（3）建立最短的信息流程；

（4）提高系统的信息处理能力，努力提高信息质量；

（5）改善信息输出形式，并注意信息使用的反馈。

## 2.1.1 管理信息系统的任务

（1）数据的收集和传输，包括企业内部数据和与企业相关的外部数据。收集和管理企业内部的各个环节数据是传统管理信息系统最基本的任务。收集数据的及时性、准确性、全面性对企业日常管理和重大决策起着关键作用，这是管理信息系统的一个重要环节。对各个部门在生产和服务环节中所产生的数据进行加工、分析，再将数据用于企业各生产和服务部门的管理，即所谓的“管数据、数据管”。

数据收集是管理信息系统的重要环节。若一个管理信息系统的数据大多要靠人工输入，这对使用管理信息系统的人来说不是一件愉快的事情，大大影响管理信息系统的效率和效果，所以，管理信息系统设计时应尽可能自动收集数据（比如打卡机可以自动记录员工上班情况；企业生产过程设置一些自动检测装置，可以记录产品数量等）。无法自动收集的数据，应尽可能从其他渠道获取，以减轻操作人员的输入量。

与企业相关的外部数据和信息传输要畅通。特别是一些实时性要求较高的数据，数据的延误可能会丧失商机，甚至导致决策失误。

（2）分散或集中地对整个企业的数据进行存储和管理，并相应地建立分布的或集中的数据库系统。数据是企业最宝贵的资源，随着企业的发展，企业规模和经营范围不断地扩展，有可能出现分散的经营场地，许多企业出现跨地区、跨国家的经营规模。因此，要根据企业或用户的物理分布状态来设计数据的存储方式，利用集中和分布的存储方式，建立与其相适应的数据库系统。

数据是企业的宝贵资源，数据存储安全是管理信息系统设计中的首要问题。保障数据安全的方式根据企业性质的不同而有所不同。

为避免由于存储媒体的损坏而造成数据丢失，保存数据的服务器应安装镜像磁盘，一旦主磁盘损坏，镜像磁盘中的数据可保证数据不丢失。这是一般企业的管理信息系统设计时都应考虑的。

有些企业的管理信息系统不仅要保证数据安全，还要保证服务不中断。对于这类企业，在设计管理信息系统时要安装并行服务器，一台服务器损坏后，另一台服务器可以保障服务的不中断。

对于银行、保险、证券等金融行业，数据的安全性要求极高，必须设立异地备份。即当某一地区遇到不可抗力，比如地震、水灾、火灾等情况时，设置在异地的服务器可以保障数据安全和工作的连续。

（3）按业务需求对数据进行加工和整理。加工和整理业务活动中所获取的数据，是为了从数据中获取有用的信息，这有助于对企业的有效管理，并可能为企业的决策提供支持。加工和整理数据的方法与企业管理的方式相互关联。选择不同的加工和整理方法，有时候会得到截然不同的效果，这跟管理科学和企业经营学的知识有关。

（4）对数据和信息有效地利用并尽可能地应用于决策支持。有效地利用由技术人员和管理人员合作收集的并经过加工和整理的数据是建立管理信息系统的目的。计算机化的管理信息系统大大地优化了人们的手工管理，而且在效率和效能方面也有很大改进。系统建立的初衷（也是其归宿）可以归纳为：最大限度地利用所获得的数据，除了应用于管理外，还要尽可能应用于决策。

特别是随着数据挖掘方法日趋完善，利用数据挖掘技术可以在管理信息系统的数据中发现一些数据特征，将被人们忽略的数据关系呈现出来，这将有力地支持企业的决策，有时会是企业决策的关键依据。

因此，应用在企业管理信息系统建设中处于第一位，能应用的系统就是成功的系统，不能应用的系统就是失败的系统。这是评价企业管理信息系统建设是否成功的主要的标准，甚至是唯一的标准。

## 2.1.2 管理信息系统的层次

安东尼金字塔（Anthony's Pyramid）模型（图 2-2 所示）是根据其应用划分管理信息系统的层次。在该模型中，企业被划分为战略、管理、知识和操作 4 个层次，并进一步被划分为市场销售、生产制造、财务管理、会计、人力资源等功能领域。

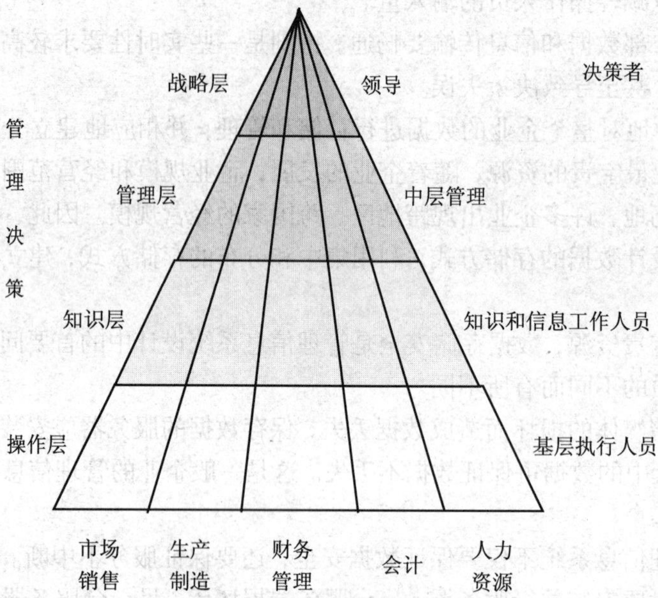


图 2-2　安东尼金字塔模型

操作层系统的主要目的是跟踪企业的销售、开支、物流等日常活动，比如该企业在某日生产多少某类产品等。操作层所产生的数据是系统的基础数据和原始数据的组成部分。原始数据是否完整、准确和真实将直接影响系统的后续处理工作。对原始数据准确性要求的意义，可以用“进去是垃圾，出来还是垃圾”这一句数据处理行业中的警示语来形容。在系统设计和数据采集中应把数据的正确性放在首位，否则所有的后续工作将无任何意义。因此，这一层系统主要的要求是能够快速、准确、简单地获取信息。会计工作中输入会计凭证就是一个典型的操作层系统。

知识层系统的主要目的是帮助企业收集新的知识，包括知识工作系统和办公自动化系统。例如知识工作系统中的图形工作站、管理工作站以及办公自动化系统中的文字处理系统、电子表格系统等。

管理层系统主要为企业中层管理人员的监控和决策服务。这一层系统通常从操作层系统中获取数据，经过整理和分析后提供给企业中层管理人员，目的是管理企业各部门的日常运作，比如对生产的控制和调度，对物质的采购和分配等。也就是根据企业的生产和销售走势调整生产调度安排。

战略层系统的目的是面向企业高层的宏观调控。利用企业内部与生产有关的信息和企业外部与企业发展有关的信息是宏观调控的基本任务。帮助企业高层处理企业战略性和长期趋势问题，确定企业的发展目标，制定企业的长远政策和发展方向，并为贯彻方针和实现目标确定资源配置。该层系统主要关注的是企业如何适应外部环境的变化并取得自身的发展。

企业的职能部门通常同时具备以上 4 个层次的系统。比如在生产制造系统中，会有一个操作层系统记录每天的生产量和原材料消耗量，知识层系统帮助工程师设计新的产品和操作流程，管理层系统跟踪月份生产数据并指出哪些月份的生产量低于平均水平，战略层系统预测未来，比如三年内生产量及物料消耗的变化趋势。

### 2.1.3　管理信息系统的基本功能

随着信息技术的飞速发展，以及管理和服务水平的提高，计算机在面向管理的应用中所包含的内容和性质都在不断变化，管理信息系统的内涵和功能也随之变化。

Internet 技术的兴起和应用，给管理信息系统的开发环境和应用领域带来了新的变化，但管理信息系统仍然具备以下基本功能。

（1）监测企业运行情况，实时掌握企业运行动态。通过系统的信息采集功能获得。

（2）辅助企业管理，维持企业正常有效的运行。通过对采集的信息进行分析实现。

（3）对企业的关键部门或关键生产环节进行重点监控，包括财务监控、库存监控等。

（4）收集市场信息，跟踪产品质量，深化顾客服务。通过外部信息和反馈信息获得。

（5）支持企业决策，减少经营管理中的失误。提供宏观分析数据与人工分析或模型分析结合。

（6）监控企业行为，帮助企业实现预定目标。根据既定目标对企业业务情况定期评估。

（7）预测企业未来，及时调整企业经营方向。结合整体发展形式分析和判断，并对企业经营方向做必要调整。

（8）转变企业传统经营方式，实现网上增值服务，从而开拓新的经营模式。

（9）企业的宗旨、目标是不会随着环境和技术的变化而变化，人们的观念和意识的革新，以及服务的手段和内容将随环境和技术的变化而发生变化。企业的功能总是生产和服务，而管理者要做的永远是对管理进行决策。

## 2.2　管理信息系统的作用

### 2.2.1　提高企业效率

企业利用管理信息系统提高效率、发挥作用主要表现在以下几个方面。

（1）降低采购成本。基于 Internet 的采购系统可以通过广撒网的方式搜寻低成本的供货商，并采用电子数据交换（Electronic Data Interchange，EDI）来降低差旅、劳动力、印刷和邮寄的成本，节约采购时间，提高采购质量。例如，总部位于俄亥俄州（Cincinnati 辛辛那提）市的消费品生产商 P&G（宝洁）公司所提出的持续改进程序（CRP）引起了行业的关注。CRP 在及时的、准确的、无纸化的信息流上运作，连接 P&G 公司客户服务中心与零售商分销网络的电子订货系统取代了传统的多步式、纸样订货系统，从而减少了不必要的成本。

（2）减少库存，使库存结构优化。网络采购和销售彻底改变了过去那种库存—销售方式，建立按需定产（Build-to-Order）模式，最大限度地减少库存积压，降低了库存成本以及价格保护带来的风险，从而实现最佳库存。海尔公司的 ERP 实施，其结果使采购成本降低，库存资金周转从 30 天降低到 12 天，呆滞物资降低 73.8%，库存面积减少 50%，节约资金 7 亿元，同比减少 67%。公司整合了 2 336 家供货商，优化为 840 家，提高了国际化大集团组成的供货商的比例，达到 71.3%。

（3）降低销售成本和市场开发成本。由于电子设备的销售功能不是通过商店和销售人员的途径，而是通过服务器的方式来实现，只需提高服务器处理需求与订单的能力就能实现全球化的市场开发与销售，所以，可节约大量的销售与市场开发成本而实现客户数量的增加。如日本最大的办公设备供应商 Askul 公司，在东京湾建立了一个网上订购和 24 小时送货服务系统，其销售额增长一倍，由原来的 2 亿美元上升到 4 亿美元，但由此增加的员工不到 100 人。

（4）利用信息技术重组生产流程。使用计算机辅助设计（Computer Aided Design，CAD）可设计出更具个性化的产品。计算机辅助制造（Computer Aided Manufacturing，CAM）可实施柔性化生产，减少中间环节，节约劳动力，提高产品质量，降低生产成本，使企业在产品细分和市场细分中获得竞争力。著名的营销大师米尔顿·科特勒先生曾说过："发现还没有被满足的需求并满足它，你的成功不是跟着别人干已经干成功的事，而是找到人们想买却只有你能卖的东西。"海尔就是通过整合全球供应商资源，利用全球设计和制造网络，开发出了一系列能够满足国外消费者个性化需求的产品。

（5）在企业中应用信息技术，可通过网络系统使企业的上、下级沟通更快速，效率更高，中间管理层的许多工作由网络代替。信息型企业的管理方式是以知识为基础，由各种专家组成完成企业任务的团队。这些团队的专家根据来自同事、客户和上级的大量信息，自主决策、自我管理。要形成信息型企业的先决条件是企业员工需要具有丰富的知识，能够将数据转化成信息，并能够分析和判断。比尔·盖茨在《未来之路》中写到"当我从遥远的地方和我们的网络连接起来时，我可以点击以下图标便可以了解销售情况，检查计划的实施情况，并可以得到任何基本的管理数据。许多接收我的信息的人甚至都没有意识到我不在办公室。"

### 2.2.2 帮助企业适应全球化的市场竞争

世界经济全球化趋势极大地提高了信息在企业中的利用价值，为企业的发展提供了新的机会。管理信息系统为企业进行国际贸易和全球规模的管理业务提供了通信和分析能力，企业能够利用信息系统 24 小时与供应者和分配者联系来控制在全球不同环境下运行的各子公司，使企业比以前更容易进入市场，参与国际竞争。然而，全球化和信息技术的应用也给国内企业带来了新的威胁。在一个更加开放和一体化的市场中，凭借网络化的通信和管理信息系统，顾客可以全天候在世界市场中采购物资，获得可靠的价格和质量信息，国内企业可能面临来自国际市场的竞争。因此，国内企业要想在国际市场竞争中变得更有效率和获得利润，就必须拥有强大的信息处理系统。

### 2.2.3 促进企业向知识经济转化

当今世界中，许多国家的经济正从工业经济转向基于知识和信息的服务经济，即以知识经济为基础的经济时代已经来临。知识经济直接依赖于知识和信息的产生、扩散和应用。一个明显的例子是现在生产软件的 Microsoft 公司的产值已超过美国三大汽车公司产值的总和。目前，从事信息和知识工作的劳动力占美国总劳动力的 55%，而知识和信息产业占其国民生产总值的

60%。提供新的知识和信息密集型产品或服务正在成为新经济的基础，如从事计算机软件生产需要不断地学习大量新知识。软件的发展、网络的产生和虚拟技术的应用，正在使企业资产中的无形资产比例不断增加。知识经济的来临将对人们的生产方式、生活方式、思维方式和管理决策产生重大影响，企业管理将从生产向创新转变，其经济效益将越来越依赖于知识和创新。一个企业要生存和发展，就必须依靠信息系统的支持，用动态的观点来研究面临的新问题。这就是为什么经济发达国家的许多服务行业（如金融、保险和房地产等）甚至将 70%以上的投资都用于发展信息技术。在所有产业中，信息技术已经成为企业的关键战略性资产。管理信息系统可使企业内部的信息与知识进行有效流动，并使企业的知识资源最大化。

### 2.2.4 对企业战略的影响

对于战略问题，有位美国学者曾经指出："一个没有战略的机构就好像一条没有桅杆的船只，只能在原地打圈，又像一条船期不定的航船，不知何时才能驶向终点。"这句话十分形象地描述了战略管理在企业管理中的核心地位，战略管理的作用关系到一个国家、机构和企业发展的生死存亡。

管理信息系统对企业进行战略管理同样具有十分重要的意义。在我国目前的生产力发展水平下，粗放式的规模经营的做法所具有的潜力是非常有限的，需要通过集约化的管理方式来提高企业的经营效率，增强企业的市场竞争能力。因此企业的决策者在制定企业发展的宏观战略时，应该将管理信息系统的建设放在重要的位置，从长远战略的角度，把企业的信息化当作经济发展的"倍增器"来抓。不管是在企业的战略设计阶段，还是在战略实施和战略评估阶段，管理信息系统都可以发挥巨大的作用。在战略管理过程中需要突出处理以下几个方面的问题。

**1. 系统建设的组织核心**

在建设管理信息系统的组织中，领导班子是系统建设成败的最关键因素，这个应该得到极大关注的问题往往并没有引起足够的注意。有的组织中领导班子虽然也懂得管理信息系统的重要性，也很重视系统的建设，但是在如何重视的问题上并不能做得恰到好处，尤其是在选择系统建设的组织核心方面。信息系统建设的组织和指挥工作应该由具有鲜明的现代意识，并掌握丰富的管理知识与经验的业务领导负责，而且该领导必须拥有较高的地位和较大的权力。如果一个人在系统建设的业务上有足够的能力，但不是处在权力的高层，从战略角度考虑，应该将此人提拔到应有的位置，而不是采取中国过去论资排辈的习惯做法。在这个方面，需要企业领导拿出足够的魄力和勇气，至于系统建设领导班子以及其他相关事情，企业领导应完全放手。

**2. 企业级的系统建设的规划方案**

所谓企业级的系统规划方案，是指站在这个企业的高度对信息系统建设规划方案的通盘考虑，包括企业文化建设、资金分配与资金来源、信息管理的基础设施建设、系统的组织管理（包括前面所说的领导问题）等等，必须有明确的规划方案和详细的实施步骤。这也是企业战略管理中需要涉及的一个问题。

**3. 战略管理的三个阶段与管理信息系统建设**

管理信息系统虽然只是企业信息管理的一个工具，但它在企业战略管理的三个阶段即战略设计阶段、战略实施阶段和战略评估阶段都能发挥重要的作用。另外，管理信息系统也需要在战略管理的各个阶段中得到使用以体现它的价值，并且在使用过程中通过不断的信息反馈，对系统进行不断地修改和完善，以增强其生命力。事实上，任何一个管理信息系统的建设都不是一蹴而就的，必须经过多次的修改和反复，并且随着实践的深入可能还会出现较大的变化，因此必须用发展的眼光来看待管理信息系统的建设。它们之间是相互依赖、相互影响的关系。

# 2.3 管理信息系统与管理变革

管理的任务在于通过有效地管理人、财、物等资源来实现企业的目标，要管理这些资源，需要通过反映这些资源的信息来处理。管理信息系统是用信息技术来进行管理变革的。正像革命对社会所带来的影响那样，管理信息系统对管理所带来的影响也是根本性的、彻底的、深远的，可以说已经和正在彻底地改变管理理念、架构和运作规则。

一定的管理方法和管理手段是一定时期社会生产力的产物。现代社会的特点是分工越来越细，各种问题的影响因素越来越错综复杂，对出现的情况的反应要求越来越迅速、及时，管理效能和经营效能越来越取决于信息系统的完善程度，因此对信息的需求不仅在数量上大幅度增加，而且在质量上也要求其正确性、精确性和时效性不断提高。管理信息系统能把生产和流通过程中的巨大数据流收集、组织和控制起来，经过处理、转换、筛选、分析，变换成为对各级管理人员做决定具有重要意义的有用信息。特别是运筹学和现代控制论的发展，使许多先进的管理理论和方法应运而生，而这些理论和方法又都因为计算工作量太大，用手工方式根本不可能及时完成。现代计算机高速、准确的计算能力和海量存储能力，为这些理论从定性到定量方面的指导决策活动开辟了新局面。

一个组织的管理主要包括计划、组织、指挥、协调和控制 5 项职能活动，其中任何一方面都离不开管理信息系统的支持。

## 2.3.1 运营管理变革

对企业进行生产管理或运营管理的过程是计划与控制，其目标是提高效率。

**1. 管理信息系统对计划职能的支持**

计划用于对未来做出安排和部署，是企业运营中的关键环节。任何组织的活动实际上都有计划，只不过有些计划不是正式计划而已。非正式计划容易造成不协调和不完整，正式计划不仅可以作为行动纲领，而且也是对执行结果进行评价的依据。管理的计划职能是为组织及其下属机构确定目标，拟订行动方案，并制定各种计划，使各项工作和活动围绕预定目标去进行，从而达到预期的效果。

管理信息系统对计划的支持包括以下几个方面。

（1）支持计划制定。信息是制定计划和实施计划的基本依据。为了使计划切合实际，必须收集历史的和当前的数据，围绕计划目标进行大量、反复的计算，拟订多种方案。在这个过程中，对每种方案中的个别数据的调整可能引起其他许多相关数据的变动，可以根据这些变化结果，从中选出一个较好的方案，使有限的资源得到有效的利用。

（2）支持计划的预测功能。预测是通过研究对未来状况做出估计的专门技术，而计划则是对未来做出安排和部署，以达到预期的目的，所以计划与预测虽然是两个不同的概念，但计划必须在预测的基础上进行。准确的预测可以帮助决策者做出正确的决策，制定可靠的计划。预测的范围很广，方法很多，所以，必须借助计算机的快速计算和管理信息系统中的大量数据进行求解。

（3）支持计划的优化。在企业制定计划时，经常会遇到有限资源的最佳分配问题。例如，同样的设备可以产出最大；同样的产品质量可以达到产出时间最短；同样数量的原料可以生产出价值最高的产品组合。对于这样一些问题，可以列出数学模型，然后在计算机上通过人机交互的方式进行求解。

2. 管理信息系统对控制职能的支持

控制用于证实各项工作是否与已定计划相符合，是否与下达的指标及已定的原则相符合，否则，就要加以纠正。控制的作用是保证计划得以实现。所以，为了实现管理的控制职能，应随时掌握反映管理运行动态的系统监测信息和调控所必要的反馈信息。在企业管理方面，最主要的控制大多都是由信息系统支持和辅助，其内容包括以下几方面。

（1）人力控制。管理信息系统可以减少劳动力。例如，在 20 世纪末，美国通用汽车公司对其财务部门实施 BPR，结果把原有的 500 人减少到 125 人，劳动生产率差不多提高了 4 倍。

（2）效率控制。管理信息系统可以提高效率。管理信息系统主要是数据处理系统，它比人工进行数据处理的速度要快得多。例如，本章案例中联想公司的 ERP 实施成功后，企业的业务运作效率明显提高，集团结账天数从过去的 20 天降到一天，从需 70 人加班到只需 7 人，报表从 30 天缩至 12 天。

（3）其他控制。管理信息系统可以在库存控制、成本控制、生产进度控制和财务预算控制等方面对企业管理予以支持。

## 2.3.2 管理者行为变革

管理信息系统在生产管理上能提高效率和效益，成为管理者的重要工具和得力助手，久而久之就会改变管理者的行为和习惯。

（1）对管理者行为影响的主要方向是管理科学化。事实上，推行管理信息系统就要求对管理工作本身规范化。要求管理流程、程序、步骤标准化，要求工序清楚，工时定额合理准确，这些就导致了管理科学化，也就促使管理者更加相信科学、学习科学、依靠科学、推行科学，从而在管理者的思想、观念、行为、举止等方面产生深远的影响。

（2）引起管理者行为变革的另一方面就是决策习惯的改变。许多企业的重大决策是凭借管理者的经验决定的，这种方式在巨大的投资、庞大的工程建设项目中已经完全不能适应。科学的决策过程必须是首先进行调查研究，收集资料，然后分析、提出方案，对方案进行比较，选出好的方案，最后进行验证和执行。推行管理信息系统或借助管理信息系统进行决策都要按照这个过程进行。管理信息系统收集了大量的企业内、外的信息，并可依靠管理信息系统对信息进行分析、方案试算、方案运行等。所以说，遇到问题，先想到用管理信息系统成了管理者的一种习惯。

## 2.3.3 组织结构变革

组织是对完成特定使命的人的系统安排。管理组织是保证管理目标实现的重要手段，是管理的重要问题。它与信息技术相互影响又相互支持，所以和管理信息系统有密切的关系。管理信息系统引起组织结构的变革主要表现在组织结构扁平化和虚拟化，这也是当代组织管理发展的方向。扁平化就是减少管理层次，扩大管理幅度；虚拟化就是当一项任务来临时，多个组织组成临时联盟。例如大家熟悉的 DVD6C 联盟就是日立、松下、东芝、JVC、三菱电机、时代华纳和 IBM 7 大技术开发商组成的专利保护联盟，拥有 DVD 核心技术的专利许可权。

"扁平化"管理的实质是"信息技术的进步大大降低了组织内部信息交流的成本，从而使纵向的官僚体制开始崩溃"，"决策层与执行层之间的距离缩小并最终达到合一"。扁平化的组织是一种自适应的组织，组织的架构可以随着环境的变化而自动改变。例如，一个研究所的课题组，如果它的研究做得好，它的项目会越来越多，人员也会越来越多，经费也会越来越多，否则，课题组就可能被取消。信息技术的发展使传统的企业组织结构正在向扁平化结构的非集中管理转变，具体表现为以下几方面。

（1）通信系统的完善使上下级指令可以直接传达，中间管理层显得不再那么重要，所以可以取消一些中间管理层。

（2）部门分工出现非专业化分工的趋向，企业各部门之间的功能相互融合、交叉。如制造部门可能兼有销售、财务等功能。

（3）企业内部上下级之间、各部门之间，企业与外界环境之间的信息交流十分便捷，可以使企业随时根据环境的变化做出统一、迅速的整体行动和应变策略。

尽管"扁平化"的组织结构可以消除沟通障碍，消除官僚主义，提高组织效率，但具体的实践证明不同的管理者的有效管理半径不同，有时适当缩小管理半径，将一些决策交给了解情况的人做，决策效率会更高，这样就要适当增加组织结构的层次。因此，组织结构应因时、因地、因人、因境而异。

**案例思考题：**

1. ERP 实施成功率很低，该企业为什么还要实施 ERP？
2. 该企业为什么要引入 SAP 的 R/3 系统？
3. 该企业在实施 ERP 过程中主要遇到了哪些问题？这些问题是如何解决的？
4. 如何理解 ERP 实施过程中的"一把手工程"？
5. 该企业的 ERP 实施是否成功？

## 习　题

1. 说明管理信息系统的定义、作用与组成。
2. 试述管理信息系统的基本功能。
3. 管理的等级性与管理信息系统功能有没有对应关系？如果有，是一种什么样的对应关系？
4. 管理信息系统对企业的影响有哪些方面？
5. 试述计划与控制对系统的重要性。如何才能正确地实施计划与控制？
6. 信息系统通过哪些方面来支持计划工作？
7. 试述信息技术发展对企业组织的影响。
8. 通过学习管理信息系统几个发展阶段的总结，分析信息处理的演变过程。

# 第 3 章 管理信息系统的技术基础

## 开篇案例——佐丹奴集团 MIS 技术介绍

一直以来，佐丹奴集团都把计算机技术运用于管理中。MIS 保证公司能获得最新的信息，并将各专卖店与总部连成一体，可以对市场的变化以最快的速度做出敏捷的反应。运用 MIS 进行管理，准确掌握生产与库存情况，根据销售动态及时做出科学决策是该公司的致胜手段之一。

**1. 系统概况**

佐丹奴集团在中国有 3 个分公司，分别在广州、大连、上海，总部设在广州。3 个公司都有办公室和仓库，仓库与办公室通过 DDN 专线相连，广州与大连、上海之间也有 DDN 专线相连。 全国有 250 多家零售店铺，大的店铺内部有 LAN。它们与总部用电话线相连。每家店铺有一个 SQL Server 数据库，每台收银机的计算机都运行 Windows XP。零售店铺通过虚拟专用网（VPN）方式与总部相连，在保证数据及时传输的同时，也降低了成本负担。各个仓库都有一台计算机运行 Windows XP，并有一个 SQL Server 数据库，每个办公室也都有一个 SQL Server 数据库。各个 SQL Server 数据库之间通过复制来同步数据。整体结构如图 3-1 所示。

**2. 系统功能**

该公司 MIS 系统的功能见表 3-1。

**3. 使用者的观点**

佐丹奴集团在其内部和零售店铺使用这套 MIS 半年多来，认为该系统适用于企业。原因有以下几点。

（1）维护简单，运行稳定。以往资讯部要花费很大的精力去维护零售店铺的系统，自从在零售店铺使用 MIS 以来，零售店铺几乎没有出现故障，大大减轻了资讯部的工作负担。

（2）配合操作系统，这套 MIS 可以处理多种文字，对佐丹奴集团这种跨国集团来说更是十分便利。佐丹奴集团在世界各地都有店铺，公司内部的文件有英文、简体中文、繁体中文、日文、韩文和一些东南亚的文字。该公司使用 MIS 后，大大方便了用户。这是该集团全面管理信息化的一个重要原因。

（3）安装简便，功能齐全，便于大规模地使用。

（4）安全性良好。系统管理员可以方便地定制用户界面，限定每个用户的功能，保障了系统的安全。

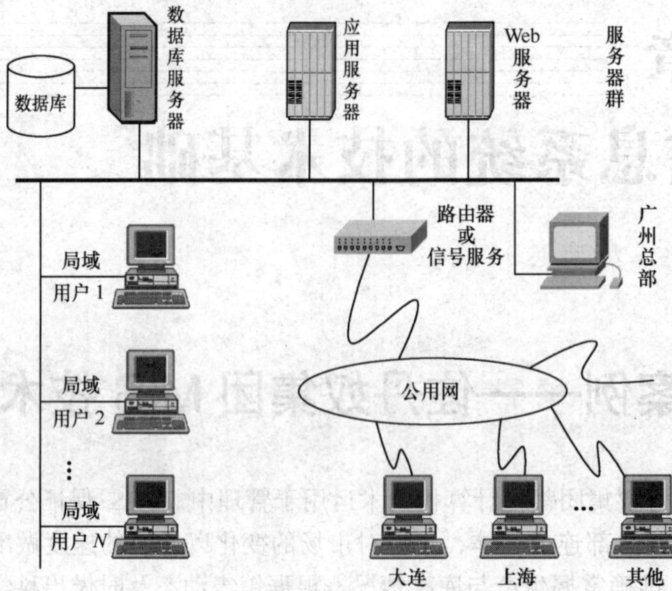


图 3-1 系统整体结构

表 3-1 佐丹奴集团 MIS 系统的功能

| | |
|---|---|
| 采购子系统 | （1）通过 Internet 获取公司在纽约的设计信息，与设计部沟通<br>（2）分析销售与库存的数据<br>（3）下订单<br>（4）监视部分厂家生产的过程 |
| 零售子系统 | （1）管理店铺的库存：进出货、盘点<br>（2）管理销售：店铺收银操作<br>（3）店铺补货：根据店铺的销售及库存情况，自动向仓库补货<br>（4）数据传送：把店铺的库存和销售数据向中心和上一级店铺传送<br>（5）数据分析：提供报表和查询<br>（6）专卖店支援：通过 Internet 访问公司内部网，可在店铺计算机中完成办公室所有的工作，使管理人员能经常下店铺 |
| 专卖店支援 | （1）收集各专卖店的销售和库存数据<br>（2）为专卖店进行补货、发货<br>（3）管理各专卖店的账户<br>（4）传送入货资料给各专卖店 |
| 仓库子系统 | （1）管理厂家收货数据，支付货款<br>（2）仓库内部管理：盘点、仓库位置等<br>（3）对店铺进行补货 |

# 3.1 计算机硬件与软件

一个完整的计算机系统，是由硬件系统和软件系统两大部分组成的。硬件系统是计算机物理设备的总称，是指看得见摸得着的实物，如主机、显示器、键盘、鼠标、音箱、打印机等，概括称为“三内”、“三外”、“两声”、“两显”、“四外”。“三内”是指 CPU、主板、内存，计算机的整体运作都要依靠它们，因此，合理搭配好这三者的协作能力，硬件整体系统的性能就会得到提高。“三外”是指硬盘、光驱、移动存储设备，它们负责计算机系统的“对内对外的联络协调”工作，因为它们存放着大量的数据和信息，如果没有它们的话，那无论是多么大的内存，还是多么快的 CPU，那也只能是“巧妇难为无米之炊”。“两显”指的是显卡、显示器。“两声”指的是声卡、音箱，它们共同负责计算机系统的“宣传和娱乐”工作。“四外”设指的是机箱、电源、键盘和鼠标。

## 3.1.1 CPU

CPU（Central Processing Unit）即中央处理器。由于它担负着计算机大部分的运算和控制任务，因此是一台计算机的核心。CPU 可分为运算器（Arithmetical and Logical Unit）、高速缓冲存储器（Cache）和控制器（Control Unit）3 大部分。

运算器或称算术逻辑单元（Arithmetical and Logical Unit）的主要功能是对数据进行各种运算。计算机中的运算器可以进行的算术运算是加法运算，对于常见的其他算术运算（减、乘、除）是通过加法的转变来完成的，如减法通过补码相加、乘法通过累加、除法通过累减来完成。除此之外，运算器还可以进行逻辑运算（“与”、“或”、“非”）以及数据的比较、移位等操作。

Cache 主要功能是存储运行程序和临时存放数据。存储器是由成千上万个“存储单元”构成的，不同的存储单元用不同的地址来区分，就好像居民区的一条街道上的住户用不同的门牌号码来区分一样。内存的特点是临时存放运行的程序和数据，一旦关机或者停电，其数据全部丢失。要永久保存数据，必须将数据存放在外部存储器上（如硬盘、光盘、U 盘等）。它与内存相比，速度更快，Cache 的运用可以大大改善 CPU 的性能。

控制器（Control Unit）是整个计算机系统的控制中心，它指挥计算机的各部分协调地工作，保证计算机按照预先规定的目标和步骤有条不紊地进行操作及处理。控制器从存储器中逐条取出指令，分析每条指令规定的是什么操作以及所需数据的存放位置等，然后根据分析的结果向计算机其他部分发出控制信号，统一指挥整个计算机完成指令所规定的操作。因此，计算机自动工作的过程实际上是自动执行程序的过程，而程序中的每条指令都是由控制器来分析执行的，它是计算机实现“程序控制”的主要部件。

## 3.1.2 主板

主板（Mainboard 或 Motherboard）全称为计算机主机板，是计算机系统中最大的一块电路板，如图 3-2 所示。主板是计算机中各个部件工作的一个平台和连接者，各个部件通过主板进行数据传输。也就是说，计算机中重要的“交通枢纽”都在主板上，主板工作的稳定性决定着整机工作的稳定性。主板是一块集成了各种电子元件、插槽的矩形电路板，为了规范主板的尺寸大小、形状及各元器件的布局方式，出现了诸如 AT、Baby AT、ATX、Micro ATX 等板型标准。ATX 是目前最常见的主板结构，而 Micro ATX（也叫 Mini ATX）是 ATX 结构的简化版，因为它比前者少了一些扩展槽，所以板型较小，降低了生产成本。

图 3-2　计算机主板

### 3.1.3　内存

内存（Memory）是电子式存储设备，它由电路板和芯片组成，主要工作是架起 CPU 与外存储器联络的桥梁，其特点是体积小，存取速度快。在计算机处于开机状态时，内存可存储数据，关机后将自动清空其中的所有数据。根据不同的技术阶段可分为 SDRAM、DDR（II）、RDRAM 3 类，根据容量的不同还可分为 128 MB、256 MB、512 MB、1~2 GB 等。虽然内存并不直接参与数据的处理，而只是用来临时存放数据，但它的大小直接关系到整个计算机系统的运行性能。DDR 的含义是“双倍速”，如一个 SDRAM 的内存条与一个 DDR 的内存条，它们在工作时，DDR 内存能在单位时间内传送两倍于 SDRAM 的数据。

### 3.1.4　其他硬件

**1. 硬盘**

硬盘（Hard Disk）属于外部存储器，由金属磁片制成，存储到磁片上的数据即使在关闭计算机后仍然不会丢失。硬盘一般放置在计算机的主机箱内，采用 IDE 或者 SCSI 接口与主板相连。由于硬盘以每秒 3 000 ~ 10 000 转的恒定高速度旋转，因此，从硬盘上读取数据只需要很短的时间。在笔记本电脑中，硬盘可以在空闲的时候停止旋转，以便延长电池的使用时间。现在硬盘的存储容量已从以 MB 为单位发展到以 GB、TB 为单位，台式计算机中硬盘使用的碟片直径一般为 3.5 英寸，笔记本电脑中硬盘使用的碟片直径一般为 2.5 英寸。新硬盘一般都在装配工厂中经过低级格式化，目的在于把一些原始的扇区鉴别信息存储在硬盘上。

**2. 光盘驱动器**

光盘驱动器就（CD-ROM Driver）是平常所说的光驱，是用于读取光盘信息的设备。

衡量光驱的最基本指标是数据传输率（Data Transfer Rate），也称为“倍速”。单倍速（1X）光驱是指每秒光驱的读取速率为 150 KB；双倍速（2X）就是指每秒读取速率为 300 KB。目前市面上的 CD-ROM 光驱一般都在 48X、50X 以上，高倍速具有更大的数据传输率，但却使得数据的准确性大为降低，而且会使光驱寿命缩短，增加了用户的投资。光驱读取的对象是光盘（CD-ROM），光盘存储容量大，价格便宜，保存时间长，适宜保存大量的数据如声音、图像、动画、视频、电影等多媒体信息。普通光盘有 3 种，即 CD-ROM、CD-R 和 CD-RW。CD-ROM 是只读光盘；CD-R 只能写入一次，以后不能再次改写；CD-RW 是可重复擦、写光盘。现在又出现了更大容量的 DVD-ROM、DVD-R、DVD+R、DVD-RW、DVD+RW 等盘片。

### 3. 移动存储设备

包括软驱盘片在内的移动存储设备（Portable Storage Devices）由于价格低廉且携带方便，所以受到使用者的欢迎。老式的 3.5 英寸软盘的一般容量是 1.44 MB，但随着近年来硬件技术的不断发展，对移动存储设备的容量要求越来越大，U 盘、移动硬盘等新产品大批涌现。

U 盘是 USB 盘的简称，而“优盘”只是 U 盘的谐音称呼。它最大的特点就是小巧、存储容量大和价格便宜，它已经代替软盘成为人们常备的移动存储工具。一般的 U 盘容量有 64 MB、128 MB、256 MB、512 MB、1 GB、2 GB、4 GB、16 GB，甚至更大。关于 U 盘的发明，却很少有人知道，U 盘其实不是产品名称，而只是一个公司注册的闪存盘商标。它是深圳朗科公司推出的以优盘为商标的闪存盘（Only Disk），也是世界上首创的基于 USB 接口，采用闪存（Flash Memory）介质的新一代存储产品。

### 4. 显卡

显卡（Video Card 或 Graphics Card）又称为显示卡或者显示适配卡，是连接显示器和计算机主板的重要组件，它将计算机系统的显示信息转换成合适的信号并传输给显示器，从而控制显示器的正确显示。显卡一般插在主板的插槽上，按显卡使用主板插槽的不同，可分为 ISA 显卡、PCI 显卡、AGP 显卡等。显示芯片（Graphics Coprocessor）是显卡最核心的部件，直接关系到数据的显示效果。

### 5. 显示器

显示器（Monitor）通常也被称为监视器或屏幕，是将一定的电子文件通过特定的传输设备显示到屏幕上再反射到人眼的一种显示工具。从广义上讲，街头随处可见的大屏幕、电视机的荧光屏、手机、快译通等的显示屏都属于显示器的范畴，但狭义的显示器是指与计算机主机相连的显示设备。它的应用非常广泛，大到卫星监测，小到观看 VCD，可以说在现代社会里，它的身影无处不在。从早期的黑白世界到现在的彩色世界，显示器走过了漫长的历程，目前主要分为两类：CRT 显示器和 LCD 显示器。

CRT 显示器是一种使用阴极射线管（Cathode Ray Tube）的显示器，如图 3-3 所示。其工作原理和电视机的显像管基本一样，可以把它看做是一个图像更加精细的电视机。经典的 CRT 显像管使用电子枪发射高速电子，经过垂直和水平的偏转线圈控制高速电子的偏转角度，最后高速电子击打屏幕上的磷光物质使其发光，通过电压来调节电子束的功率，就会在屏幕上形成明暗不同的光点，从而形成各种图案和文字。它是目前应用最广泛的显示器之一，CRT 纯平显示器具有可视角度大、无坏点、色彩还原度高、色度均匀、可调节的多分辨率模式、响应时间极短等 LCD 显示器难以超过的优点，而且现在的 CRT 显示器价格要比 LCD 显示器便宜很多。

LCD（Liquid Crystal Display）显示器是采用了液晶控制透光度技术来实现色彩的显示器，如图 3-4 所示。和 CRT 显示器相比，LCD 由于通过控制是否透光来控制亮和暗，当色彩不变时，液晶也保持不变，这样就无须考虑刷新率的问题。正常工作的 LCD 显示器具备画面稳定、无闪烁感和低辐射等优点，即使长时间观看 LCD 显示器屏幕也不会对眼睛造成很大伤害。此外，体积小和能耗低也是 CRT 显示器无法比拟的，一般一台 15 寸 LCD 显示器的耗电量也就相当于 17 寸纯平 CRT 显示器的三分之一。由于液晶显示屏主要的光源是通过反射外来光源，因此使用的时候需要有充足的外界光源。

图 3-3　CRT 显示器

图 3-4　LCD 显示器

### 6. 声卡

声卡（Audio Card）也叫音频卡，是计算机进行声音信号处理的适配器。它有 3 个基本功能。一是音乐合成发音功能；二是混音器（Mixer）功能和数字声音效果处理器（DSP）功能；三是模拟声音信号的输入和输出功能。声卡处理的声音信息在计算机中以文件的形式存储。声卡工作时应有相应的软件支持，包括驱动程序、混频程序（Mixer）、CD 播放程序等。声卡可以把来自话筒、录音机、激光唱机等设备的语音、音乐等声音变成数字信号交给计算机处理，并以文件形式保存，还可以把数字信号还原成真实的声音输出。声卡尾部的接口从机箱后侧伸出，上面有连接麦克风、音箱、游戏杆和 MIDI 设备的接口。

现在的声卡一般有集成声卡和独立声卡之分。在早期的计算机上并没有集成声卡，计算机要发声必须通过独立声卡来实现。随着主板整合程度的提高以及 CPU 性能的日益强大，同时主板厂商出于对降低用户采购成本的考虑，集成声卡出现在越来越多的主板中。集成声卡是指芯片组支持整合的声卡类型，比较常见的是 AC'97 和 HD Audio。使用集成声卡的芯片组的主板可以在比较低的成本上实现声卡的完整功能。

### 7. 音箱

音箱（Speaker）是将音频信号变换为声音的一种设备。通俗地讲，就是指音箱、主机箱体或低音炮箱体内自带功率放大器，对音频信号进行放大处理后由音箱本身回放出声音。通常多媒体音箱都是双单元二分频设计，一个较小的扬声器负责中高音的输出，而另一个较大的扬声器负责中低音的输出。目前市场上主流的音箱可分为 2.1 声道、4.1 声道、5.1 声道。一般来说，一台 2.1 声道的音箱就足以满足普通用户的需要。

### 8. 电源

如果把计算机系统比作作战军队，那么电源（Power Supply Unit）就是这支军队的粮草。

随着计算机的发展壮大，除了以前的耗能大户硬盘、光驱、显卡、CPU、PCI 声卡等，现在还有 SCSI 卡、各种外置的 USB 设备、刻录机、机箱风扇、CPU 风扇、显卡风扇等，这对电源的供电能力提出了严峻的考验。当用户发现计算机不像以前那样稳定地工作，或者经常莫名其妙地死机和重启时，很有可能就是因为主机中的设备太多，电源无法为这些设备提供足够的能源，导致应用程序运行时计算机没有响应而瘫痪。由此可见，CPU 是计算机的指挥中心，而电源就是计算机的动力源泉。

### 3.1.5　软件

计算机软件也称为软件（Software）或者软体，是一系列按照特定顺序组织的计算机数据和指令的集合。软件并不只是可以在计算机上运行的程序，与这些程序相关的文档一般也被认为是软件的一部分。简单地说，软件就是程序和文档的集合体。程序是计算机的处理对象和处理规则的描述；文档是为了便于了解程序所需的相关资料。用户主要通过软件与计算机进行交流，因此软件是用户与硬件之间的接口界面，也是计算机系统设计的重要依据。为了方便用户使用并且使计算机系统具有较高的总体效用，在设计计算机系统时，必须通盘考虑软件与硬件的结合，以及用户的要求和软件的要求。

#### 1. 软件的正确含义

（1）运行时，能够提供所要求功能和性能的指令或计算机程序集合。

（2）程序能够处理信息的数据结构。

（3）描述程序功能需求以及程序如何操作和使用所要求的文档。

#### 2. 软件与硬件的区别

（1）表现形式不同。硬件有形、有色、有味，看得见、摸得着、闻得到。而软件无形、无色、无味，看不见、摸不着、闻不到。软件大多存在于人们的脑袋里或纸面上，它的正确与否要到程序在机器上运行后才能知道，这就给设计、生产和管理带来许多困难。

（2）生产方式不同。软件的开发是人的智力的高度发挥，不是传统意义上的硬件制造。尽管软件开发与硬件制造之间有许多共同点，但这两种活动是根本不同的。

（3）要求不同。硬件产品允许有误差，而软件产品却不允许有误差。

（4）维护不同。硬件是会用旧用坏的，在理论上，软件是不会用旧用坏的，但实际上，软件也会变旧变坏。因为在软件的整个生存周期中，软件一直处于改变（维护）状态。

#### 3. 系统软件与应用软件

一般来讲，软件分为系统软件、应用软件和介于这两者之间的中间件。系统软件负责管理计算机系统中各种独立的硬件，使得它们可以协调工作。系统软件使得计算机使用者和其他软件将计算机看做一个整体而不需要知道底层每个硬件是如何工作的。一般来讲，系统软件包括操作系统和一系列基本的工具（如编译器，以及数据库管理、存储器格式化、文件系统管理、用户身份验证、驱动管理、网络连接等方面的工具）。

应用软件是为了某种特定的用途而开发的软件。它可以是一个特定的程序，如一个图像浏览器；也可以是一组功能联系紧密，互相协作的程序的集合，如 Microsoft 公司的 Office 软件；还可以是一个由众多独立程序组成的庞大的软件系统，如数据库管理系统。

系统软件和应用软件见表 3-2。

表 3-2　　系统软件和应用软件

| | |
|---|---|
| 应用软件 | 文字处理软件，如 WPS、Word 等<br>信息管理软件<br>辅助设计软件，如 AutoCAD<br>实时控制软件<br>教育与娱乐软件 |
| 系统软件 | DOS、Linux、Mac OS、Unix、Windows |

**4. 软件开发**

软件开发是根据用户的要求建造软件系统或者系统中的软件部分的过程。软件开发是一项包括需求收集、需求分析、设计、实现和测试的系统工程。软件一般是用某种程序设计语言来实现的。通常，采用软件开发工具进行开发。在后续章节中还会针对软件开发进行详细介绍。

**5. 软件许可**

不同的软件一般都有对应的软件许可，软件的使用者必须在同意所使用软件的许可证的情况下合法地使用软件。从另一方面来讲，某种特定软件的许可条款也不能够与法律相抵触。未经软件版权所有者许可的软件复制将会引发法律问题。一般来讲，购买和使用盗版软件是违法的。

# 3.2　数据库技术的基础知识

在介绍数据库技术之前，首先观察一个现实世界的情景。每个人都有很多亲戚和朋友，为了保持与他们的联系，人们常常用一个笔记本将他们的姓名、地址、电话等信息都记录下来，这样要查谁的电话或地址就很方便。这个“通讯录”就是一个最简单的“数据库”，每个人的姓名、地址、电话等信息就是这个数据库中的“数据”。人们可以在笔记本这个“数据库”中添加新朋友的个人信息，也可以由于某个朋友的电话变动而修改他的电话号码这个“数据”。使用笔记本这个“数据库”最根本的目的是为了能随时查到某位亲戚或朋友的地址、邮编或电话号码这些“数据”。

## 3.2.1　基本概念

数据库是按照数据结构来组织、存储和管理数据的仓库，是对存储在一起的相关联的数据与信息的整合。在经济管理的日常工作中，常常需要把某些相关的数据存放到这样的“仓库”中，并根据管理的需要进行相应的处理。例如，企业或事业单位的人事部门常常要把本单位职工的基本情况（职工号、姓名、年龄、性别、籍贯、工资、简历等）存放在表中，这张表就可以看成是一个数据库。有了这个“数据库”，就可以根据需要随时查询某职工的基本情况，也可以查询工资在某个范围内的职工人数等。这些工作如果都能在计算机上自动进行，那么人事管理就可以达到极高的水平。此外，在财务管理、仓库管理、生产管理中也需要建立众多的这种“数据库”，以便可以利用计算机实现财务、仓库、生产的自动化管理。如图 3-5 所示，在产品信息数据库内有 3 个表用于记录产品信息，每个表的记录之间存在的许多联系均可用箭头表示。

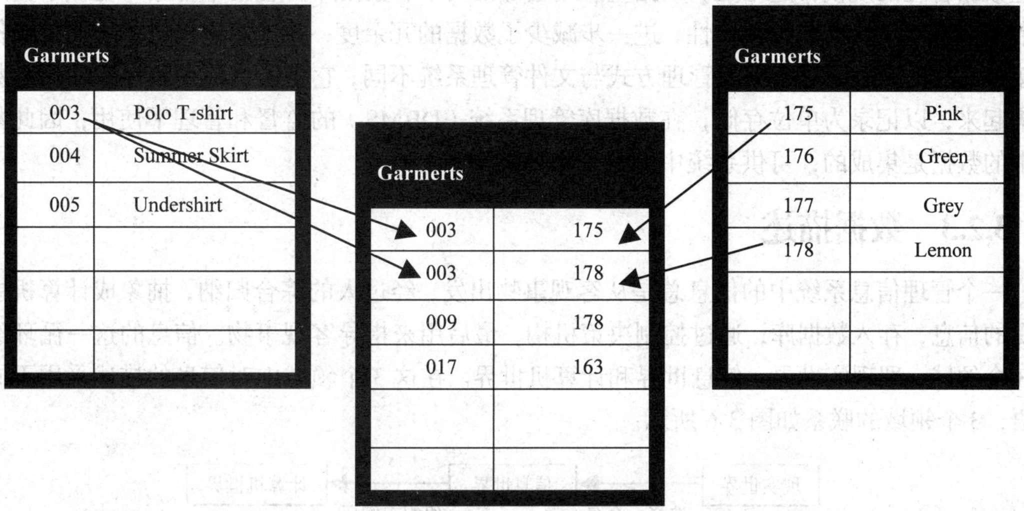


图 3-5　数据库内表之间的关系

对数据库进行操作和管理是指对数据进行收集、管理、加工、传输等工作，而其中的数据管理是指对数据进行组织、存储、检索、维护等工作，是数据处理的核心工作。

### 3.2.2　数据管理的发展过程

**1．人工管理阶段**

20 世纪 50 年代中期以前，数据管理处于人工管理阶段。当时计算机主要用于科学计算，数据量不大，一般不需要将数据长期保存，只需要在输入程序时输入数据。由于当时尚未产生操作系统，因此没有专门的软件对数据进行管理。程序员在设计程序时不仅要规定数据的逻辑结构，而且还要设计其物理结构，即数据的存储地址、存取方法、输入/输出方式等，这样使得数据与程序相互依赖。一旦数据的存储方式稍有改变，就必须修改相应的程序。

**2．文件管理阶段**

20 世纪 50 年代末至 60 年代中期，数据管理处于文件管理阶段。此时计算机不仅用于科学计算，而且大量地用于数据管理，同时磁盘、磁鼓等大容量直接存储设备出现，可以存放大量数据。操作系统中的文件管理系统就是专门用来管理数据的软件。这一阶段，数据可以以文件的形式长期保留在外存上反复使用。文件管理系统对文件进行统一管理，它提供各种例行程序对文件进行查询、修改、插入、删除等操作。这样程序员可以集中精力研究算法，而不必过多地考虑数据存储的物理细节。由于文件的逻辑结构与物理结构分开，使程序与数据具有一定的独立性，即数据在存储器上的物理位置的改变不会影响用户程序。文件由记录组成，记录是数据存取的基本单位。一个文件对应一个或几个程序，如果一个程序想用几个文件中的数据产生一个新的报表，则必须重新编写程序。由于各个应用程序需要建立自己的数据文件，因此各文件之间不可避免地会出现重复项，造成数据冗余。这种数据冗余不仅浪费了存储空间，而且还可能导致数据不一致等问题。

**3．数据库系统管理阶段**

20 世纪 60 年代后期，数据管理进入数据库系统管理阶段。这一时期，文件管理系统已不适应数据管理的规模日趋增大，数据量急剧增加的要求，数据库管理技术为用户提供了更广泛的数据共享和更高的数据独立性，进一步减少了数据的冗余度，并为用户提供了方便的操作使用接口。数据库系统对数据的管理方式与文件管理系统不同，它把所有应用程序中使用的数据汇集起来，以记录为单位存储，在数据库管理系统（DBMS）的监督和管理下使用，因此数据库中的数据是集成的，可供系统中的每个用户共享。

### 3.2.3 数据描述

一个管理信息系统中的信息总是从客观事物出发，经过人的综合归纳，抽象成计算机能够接受的信息，存入数据库，通过控制决策机构，最后用来指导客观事物。信息的这一循环经历了 3 个领域，即现实世界、信息世界和计算机世界。在这 3 个领域中对信息的描述采用不同的术语，3 个领域的联系如图 3-6 所示。

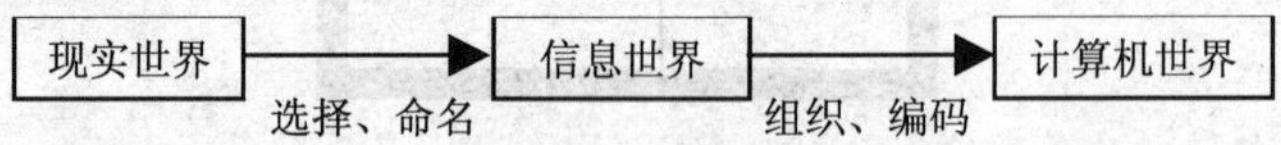


图 3-6 现实世界、信息世界、计算机世界 3 个领域的联系

**1. 现实世界**

现实世界是存在于人们头脑之外的客观世界，由客观事物及其相互联系组成。其使用的术语有以下几个。

（1）客观事物：实际存在的人和事物，如销售人员、销售部门、销售客户等；也可以是事物与事物间的联系，如销售合同、退换货处理等。

（2）事物特征：每一个事物都具有特性，事物通过自身特性与其他事物相区别。例如，销售人员的姓名、性别、学历等。事物特征有名和值之分，具有相同特性的事物属于同一个事物类。

**2. 信息世界**

信息世界中的信息是客观世界中实体的特性在人们头脑中的反映，它用一种人为的文字、符号、标记来表示。其使用的术语有以下几个。

（1）实体：现实世界中客观存在并且可以相互区分的事物称为实体。

（2）实体集：现实世界中的事物类，在信息世界中称为实体集，它是同类实体的集合。

（3）属性：现实世界中事物的特征就是实体的属性。属性也有名和值之分，属性名用来划分实体所属的实体集，属性值则是某个实体在该属性下的具体表现。属性值的集合称为属性的域。

（4）实体标识符：用于和同类实体相互区分的属性集合（不含多余的属性）称为实体标识符。

**3. 计算机世界**

计算机世界又称为数据世界，由于计算机只能处理数据化的信息，因此必须对信息进行数据化处理。其使用的术语有 4 种。（1）记录值：简称记录，表示实体。（2）文件：是记录的集合。（3）字段或数据项：即信息世界的属性。（4）关键字：即信息世界的实体标识符。

3 个领域的术语的联系见表 3-3。

表 3-3　3 个领域术语的联系

| 现实世界 | 信息世界 | 计算机世界 |
| --- | --- | --- |
| 客观事物 | 实体 | 记录 |
| 事物类 | 实体集 | 文件 |
| 事物特征 | 属性 | 字段 |
| 区分事物特征 | 实体标识符 | 关键字 |

### 3.2.4　数据模型

数据模型用于描述数据库中的数据内容及其联系方式，体现数据库的逻辑结构。不同的数据模型就是用不同的数据组织形式来表述实体及其联系。目前最常用的数据模型有层次模型、网状模型和关系模型，其中层次模型和网状模型统称为非关系模型。

**1. 层次模型**

层次模型是数据库系统中最早出现的数据模型，它用树形结构表示各类实体以及实体间的联系。层次模型数据库系统的典型代表是 IBM 公司的信息管理系统（Information Management System，IMS），这是一个曾经广泛使用的数据库管理系统。若用图来表示，层次模型是一棵倒立的树。结点层次（Level）从根开始定义，根为第 1 层，根的孩子为第 2 层，根称为其孩子的双亲，同一双亲的孩子称为兄弟。图 3-7 所示为一个企业机构的层次模型。

在数据库中，满足以下两个条件的数据模型称为层次模型。

（1）有且仅有一个结点无双亲，这个结点称为“根结点”。

（2）其他结点有且仅有一个双亲。

层次模型对具有一对多的关系的描述非常自然、直观，容易理解，这是层次数据库的突出优点。

**2. 网状模型**

在数据库中，满足以下两个条件的数据模型称为网状模型。

（1）允许一个以上的结点无双亲。

（2）一个结点可以有多于一个的双亲。

网状数据模型的典型代表是 DBTG 系统，也称为 CODASYL 系统，它是 20 世纪 70 年代数据系统语言研究会（Conference On Data System Language，CODASYL）下属的数据库任务组（Data Base Task Group，DBTG）提出的一个系统方案。若用图表示，网状模型是一个网络。图 3-8 所示为一个简单的网状模型。

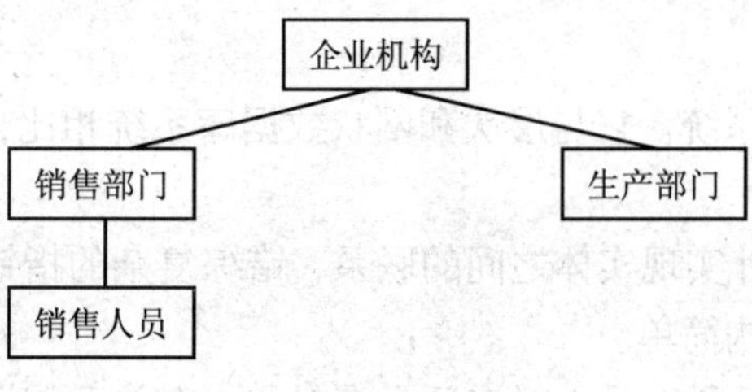


图 3-7　简单的层次模型

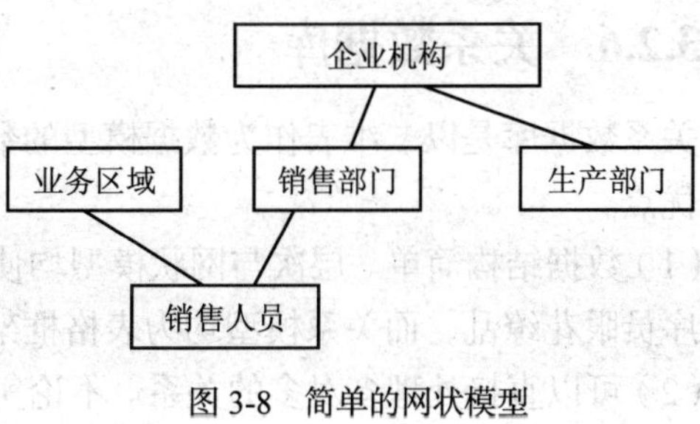


图 3-8　简单的网状模型

3. 关系模型

关系模型是目前应用最广泛的一种模型。美国IBM公司的研究员E.F.Codd于1970年发表题为《大型共享系统的关系数据库的关系模型》的论文，文中首次提出了数据库系统的关系模型。20世纪80年代以来，计算机厂商新推出的数据库管理系统几乎都支持关系模型，非关系模型的产品也大都加上了关系接口。数据库领域当前的研究工作都是以关系方法为基础的。

一个关系模型的逻辑结构是一个二维表，它由行和列组成。每一行称为一个元组，每一列称为一个字段。关系数据模型的操作主要包括查询、插入、删除和更新。这些操作必须满足关系的完整性约束条件。关系的完整性约束条件包括3大类：实体完整性、参照完整性和用户定义的完整性，它们的具体含义将在后面介绍。

## 3.2.5 E-R图

现实世界的事物反映到人的脑中，人们常常把这些事物抽象为一种既不依赖于具体的计算机系统，又不为某一数据库管理系统支持的概念模型，然后再把概念模型转换为计算机上某一数据库管理系统支持的数据模型。概念模型的表示方法很多，最常用的是实体—联系方法。该方法用E-R图来描述现实世界的概念模型。E-R图提供了表示实体、属性和联系的方法。

（1）实体：用矩形表示，矩形框内写明实体名。

（2）属性：用椭圆形表示，并用无向边将其与相应的实体连接起来。

（3）联系：用菱形表示，菱形框内写明联系名，并用无向边将其与有关实体连接起来，同时在无向边旁标上联系的类型（1:1、1:n或m:n）。图3-9所示为一个销售订单的概念模型的E-R图。

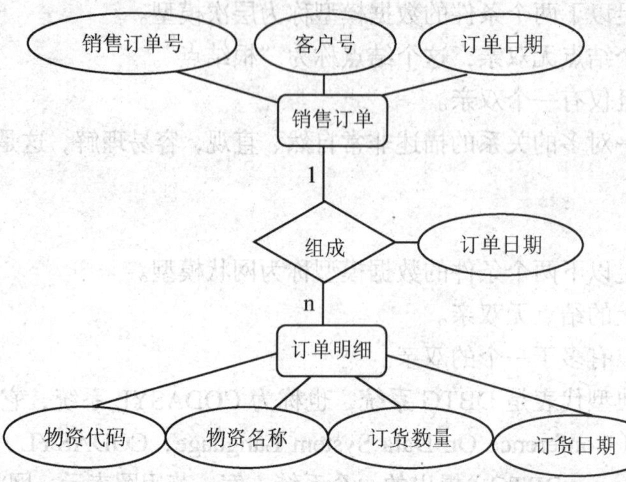


图3-9 销售订单的概念模型

## 3.2.6 关系数据库

关系数据库是以二维表作为数据模型的数据库系统。它与层次和网状数据库系统相比，有下列优点。

（1）数据结构简单。层次与网状模型均使用指针实现实体之间的联系，错综复杂的指针会使程序员眼花缭乱，而关系模型均为表格框架，结构简单。

（2）可以直接处理多对多的关系。不论实体间的联系是一对多还是多对多，在关系数据模型中均可用表格形式表示。

（3）能够一次获取多个记录数据。在层次和网状模型数据库中，每次操作只能得到一个记录值，如果要得到多个记录值，则要借助高级语言的循环、条件等语句才能实现。而在关系数据库中，每一个查找命令可以得到满足该条件的所有记录。

（4）数据独立性较高。在层次和网状数据库中，对于数据的物理组织要进行一定的干预。而在关系数据库中，用户一般只需指出要存放的数据类型、长度等特性，而不必涉及数据的物理存放。

（5）有较坚实的理论基础。层次和网状数据库的设计在很大程度上依赖于设计者的经验和技术水平，关系数据库则是以关系数学理论为基础，从而使关系模型的设计和应用有理论指导，能保证数据库的质量。

### 3.2.7　关系数据库的规范化

范式是关系数据库模型设计的基本理论；一个关系模型可以从第一范式到第五范式进行无损分解，这个过程也称为规范化（Normalize）。在关系数据库的模型设计中目前一般采用第三范式，它有非常严格的数学定义。从其表达的含义来看，每个符合第三范式的关系必须满足以下 3 个条件。

（1）每个属性的值是唯一的，不具有多义性。

（2）每个非主属性必须完全依赖于整个主键，而不是主键的一部分。

（3）每个非主属性不能依赖于其他关系中的属性。

第三范式的定义基本上是围绕主键与非主属性之间的关系而提出的。如果只满足第 1 个条件，则称为第一范式；如果满足前面两个条件，则称为第二范式，依此类推。因此，各级范式是向下兼容的。

### 3.2.8　数据库管理系统

什么是数据库管理系统？例如，图书管理员在查找一本书时，首先要通过目录检索到那本书的分类号和书号，然后在书库找到那一类书的书架，并在那个书架上按照书号的大小次序进行查找，这样很快就能找到所需要的书。如果所有的书都不按规则摆放，胡乱堆在各个书架上，那么图书管理员根本没有办法找到想找的书。数据库里的数据就像图书馆里的图书一样，也要让人能够很方便地找到才行。人们将越来越多的资料存入计算机中，并通过一些编制好的计算机程序对这些资料进行管理，这些程序就被称为“数据库管理系统”。它们可以管理输入到计算机中的大量数据，就像图书管理员。目前主要有两种数据库管理系统。

（1）大型数据库管理系统，如 Oracle、SQL Server、DB2 等。

（2）中小型数据库管理系统，如 FoxPro、Paradox、Access 等。

## 3.3　计算机网络的基础知识

随着计算机应用的深入，特别是个人计算机越来越普及，一方面希望众多用户能共享信息资源，另一方面也希望各计算机之间能互相传递信息。个人计算机的硬件和软件配置一般都比较低，其功能也有限，因此，希望大型与巨型计算机的硬件和软件资源，以及它们所管理的信息资源被众多的微型计算机所共享，以便人们充分利用这些资源。基于这些原因，促使计算机向网络化发展，将分散的计算机连接成网络，组成计算机网络。

### 3.3.1 计算机网络的基本概念

计算机网络是现代通信技术与计算机技术相融合的产物。所谓计算机网络，就是把分布在不同地理区域的计算机与专门的外部设备用通信线路互连成一个规模大、功能强的网络系统，从而使众多的计算机可以方便地互相传递信息，共享硬件、软件、数据信息等资源。通俗地说，网络就是通过电缆、电话线或无线通信等互连的计算机的集合。

通过网络，人们可以和其他连到网络上的用户共享网络资源，如磁盘上的文件打印机等，也可以和他们互相交换数据信息。

20 世纪 60 年代末，在美国，主要的联邦基金研究中心，包括纯商业性组织、大学，都有了由美国新兴计算机工业提供的最新技术的计算机设备。计算机中心互连通过共享数据的思想得到了迅速发展。美国国防部认为，如果仅有一个集中的军事指挥中心，万一这个中心被核武器摧毁，那么全国的军事指挥将处于瘫痪状态，其后果将不堪设想，因此有必要设计一个分散的指挥系统。它由一个个分散的指挥点组成，当部分指挥点被摧毁后其他点仍能正常工作，而这些分散的点又能通过某种形式的通信网取得联系。1969 年，美国国防部高级研究计划管理局（Advanced Research Project Agency，ARPA）开始建立一个名为 ARPANET 的网络，把美国的几个军事及研究机构用计算机连接起来。最初的计算机网络就这样诞生了。

### 3.3.2 计算机网络的分类

按计算机网络的区域大小，可以把网络分为局域网（Local Area Network，LAN）和广域网（Wide Area Network，WAN）。局域网（LAN）是指在一个较小的地理范围内各种计算机网络设备互连在一起的通信网络，可以包含一个或多个子网，通常局限在几千米的范围之内，如在一个房间、一座大楼，或一个校园内的网络。广域网（WAN）连接的地理范围较大，常常是一个国家或一个洲。其目的是为了将分布较远的各局域网互连。平常讲的 Internet 就是最大、最典型的广域网。

如果一个网络只连接几台设备，最简单的方法是将它们直接连在一起，这种连接称为点对点连接，用这种方式形成的网络称为全互连网络，如图 3-10 所示。该网络中有 6 个设备，在全互连情况下，需要 15 条传输线路。如果要连的设备有 $n$ 个，所需线路将达到 $n(n-1)/2$ 条。显而易见，这种方式只有在涉及地理范围不大，设备数量很少的情况下才有使用的可能。

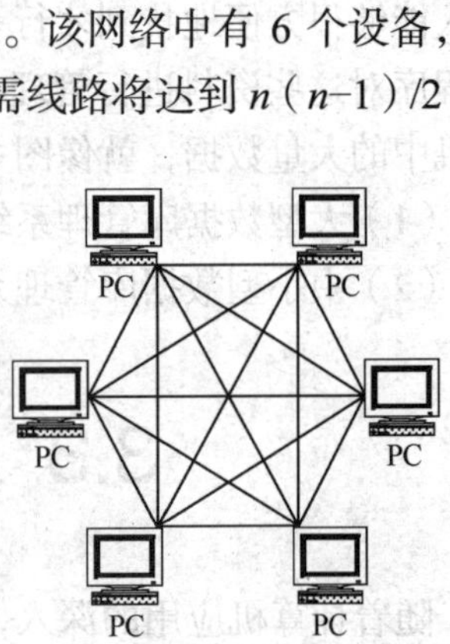

图 3-10 全互连网络

按照网络拓扑结构来划分，局域网可以分为全互连网络、星形网、环形网、总线型网和混合型网。网络拓扑结构是指用传输介质互连各种设备的物理布局。

**1. 星形拓扑结构**

星形结构是最古老的一种连接方式，人们使用的电话就属于这种结构，如图 3-11 所示。其中，左半部分为电话网的星形结构；右半部分为目前使用最普遍的以太网（Ethernet）

星形结构，处于中心位置的网络设备称为集线器，英文名为 Hub。

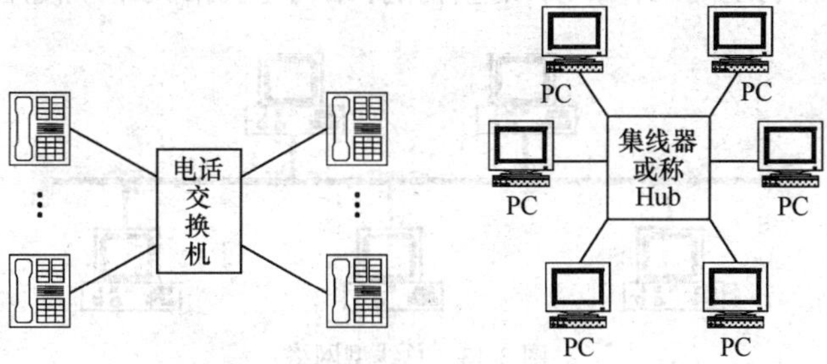


图 3-11　星形拓扑结构

这种结构便于集中控制，因为端用户之间的通信必须经过中心站。由于这一特点，这种结构具有易于维护和安全等优点。当一个端用户设备因为故障而停机时不会影响其他端用户间的通信。但这种结构非常不利的一点是，中心系统必须具有极高的可靠性，因为中心系统一旦损坏，整个系统便处于瘫痪状态。因此中心系统通常采用双机热备份，以提高系统的可靠性。

这种网络拓扑结构的一个扩展便是网状结构。每个 Hub 与端用户的连接仍为星形，Hub 的级连形成树。应当指出，Hub 级连的个数是有限的，并根据厂商的不同而有所不同。

### 2. 环形拓扑结构

环形拓扑结构在 LAN 中使用较多。这种结构中的传输介质从一个端用户到另一个端用户，直到将所有端用户连成环形，如图 3-12 所示。这种结构明显地消除了端用户通信时对中心系统的依赖性。它的特点是，每个端用户都与两个相临的端用户相连，因而存在点到点链路，但总是以单向方式操作，于是，有上游端用户和下游端用户之称。在图 3-12 中，用户 N 是用户 N+1 的上游端用户，N+1 是 N 的下游端用户。如果 N+1 端需将数据发送到 N 端，则几乎要绕环一周才能到达 N 端。

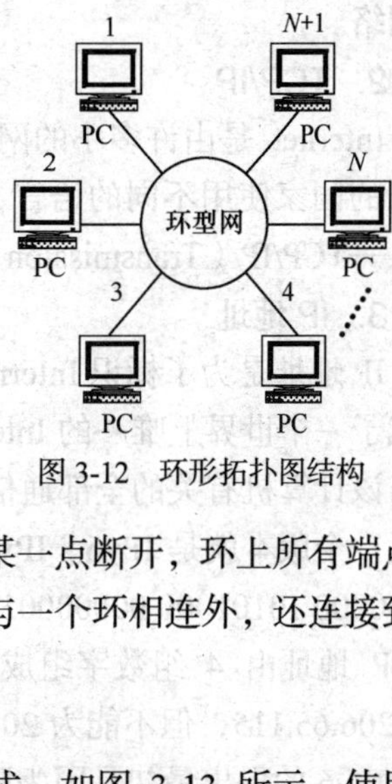


图 3-12　环形拓扑图结构

环上传输的任何报文都必须穿过所有端点，因此，如果环的某一点断开，环上所有端点间的通信便会终止。为了克服这种拓扑结构的脆弱性，每个端点除与一个环相连外，还连接到备用环上，当主环有故障时，自动转到备用环上。

### 3. 总线拓扑结构

总线拓扑结构是使用同一传输介质连接所有端用户的一种方式，如图 3-13 所示。使用这种拓扑结构必须解决的一个问题是确保端用户使用同一传输媒体发送数据时不会出现冲突。在进行点到点链路配置时，这是相当简单的。如果这条链路是半双工操作，只需使用很简单的机制便可保证两个端用户轮流工作。在一点到多点方式中，对线路的访问依靠控制端的探询来确定。在 LAN 环境下，由于所有数据站都是平等的，不能采取上述机制，因此，提出了一种在总线共享型网络中使用的媒体访问方法，即带有冲突检测的载波侦听多路访问，英文缩写为 CSMA/CD。

这种拓扑结构具有费用低，数据端用户入网灵活，站点或某个端用户失效不影响其他站点或端用户通信等优点。缺点是一次只能一个端用户发送数据，其他端用户必须等待，直到获得发送权，其媒体访问获取机制较复杂。尽管有上述一些缺点，但由于布线要求简单，扩充容易，端用户失效、增删不影响全网工作，所以这种拓扑结构是网络技术中使用最普遍的一种。

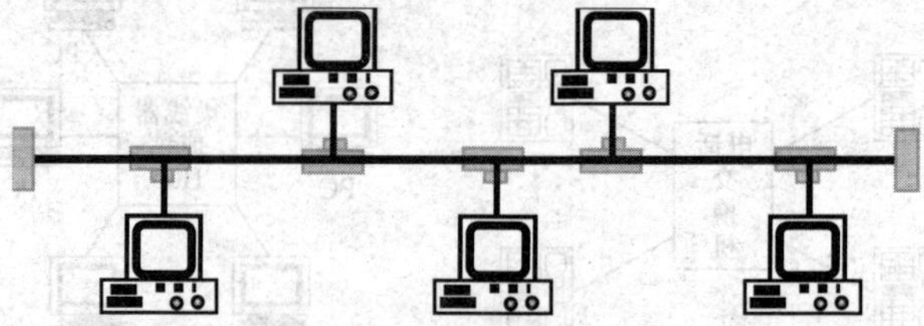

图 3-13　总线型网络

### 3.3.3　计算机网络的相关术语和工作原理

**1. 地址和协议的概念**

Internet 的本质是计算机与计算机之间互相通信并交换信息，只不过大多是个人计算机从服务器获取各类信息。这种通信跟人与人之间的信息交流一样必须具备一些条件，比如给一位美国朋友写信，首先必须使用一种对方也能看懂的语言，然后还得知道对方的通信地址，才能把信发出去。同样，计算机之间通信，首先也得使用一种双方都能接受的“语言”，这就是通信协议，然后还得知道彼此的计算机地址。通过协议和地址，计算机之间就能交流信息从而形成网络。

**2. TCP/IP**

Internet 是由许多小的网络构成的国际性大网络，各个小网络内部使用不同的协议，正如不同的国家使用不同的语言，那如何使它们之间能进行信息交流呢？这就要靠网络上的世界语——TCP/IP（Transmission Control Protocol/Internet Protocol，传输控制协议/网际协议）。

**3. IP 地址**

IP 地址是为了标识 Internet 上主机的位置而设置的。理论上，Internet 上的每一台计算机都被赋予一个世界上唯一的 Internet 地址（Internet Protocol Address，IP Address），这一地址可用于与该计算机有关的全部通信。目前 IP 的版本号是 4（简称为 IPv4，v 是 version 即版本），它的下一个版本就是 IPv6。IPv4，即将 IP 地址是 32 位的二进制数值分成 4 个 8 位域表示，如 11000000 10101000 00000001 00000110，以点分十进制的形式表示就是 192.168.1.6。这个版本的 IP 地址由 4 组数字组成，每组数字介于 0～255 之间，如某一台计算机的 IP 地址可为 202.206.65.115，但不能为 202.206.259.3。

IPv6 的提出最初是因为随着 Internet 的迅速发展，IPv4 定义的有限地址空间将被耗尽，地址空间的不足必将妨碍 Internet 的进一步发展。为了扩大地址空间，拟通过 IPv6 重新定义地址空间。IPv6 采用 128 位地址长度，几乎可以不受限制地提供地址。在 IPv6 的设计过程中除了解决了地址短缺问题以外，还考虑了在 IPv4 中解决不好的其他问题，主要有端到端 IP 连接、服务质量（QoS）、安全性、多播、移动性、即插即用等。

IPv6 与 IPv4 相比有以下特点和优点。（1）更大的地址空间。IPv4 中规定 IP 地址的长度为 32，即有 $2^{32-1}$ 个地址；而 IPv6 中 IP 地址的长度为 128，即有 $2^{128-1}$ 个地址。（2）更小的路由表。IPv6 的地址分配一开始就遵循聚类（Aggregation）的原则，这使得路由器能在路由表中用一条记录（Entry）表示一片子网，大大减小了路由器中路由表的长度，提高了路由器转发数据包的速度。(3) 增强的组播（Multicast）支持以及对流的支持（Flow Control）。这使得网络上的多媒体应用有了长足发展的机会，为服务质量（QoS）控制提供了良好的网络平台。(4) 加入了对自动配置（Auto Configuration）的支持。这是对 DHCP 的改进和扩展，使得网络（尤其是局域网）的管理更加方便和快捷。(5) 更高的安全性。在使用 IPv6 的网络中，用户可以对网络层的数据进行加密并对 IP 报文进行校验，这极大地增强了网络安全。

**4. 域名**

由于 IP 地址是数字型的，用户记忆这类数字十分不方便，所以人们常用另一套字符型的地址方案——域名。IP 地址和域名是一一对应的，如广东外语外贸大学的主页域名是 www.gdufs.edu.cn，IP 地址为 202.116.192.20。这对域名地址的信息存放在一个叫域名服务器（Domain Name Server，DNS）的主机内，使用者只需了解域名地址，其对应的转换工作就留给 DNS。DNS 就是提供 IP 地址和域名之间的转换服务的服务器。域名地址是从右至左来表述其意义的，最右边的部分为顶层域，最左边的则是这台主机的机器名称。一般域名地址可表示为：主机机器名.单位名.网络名.顶层域名。如 www.gdufs.edu.cn，这里的 www 是大学的一个主机的机器名，gdufs 代表广东外语外贸大学，edu 代表中国教育科研网，cn 代表中国。顶层域一般是网络机构或所在国家地区的名称缩写。

**5. 网络的工作原理**

掌握了 TCP/IP 和 IP 地址的概念，就很好理解 Internet 的工作原理。当一个用户想给其他用户发送一个文件时，TCP 先把该文件分成一个个小的数据包，并加上一些特定的信息（可以看成是装箱单），以便接收方的机器确认传输是正确无误的，然后 IP 再在数据包上标上地址信息，形成可在 Internet 上传输的 TCP/IP 数据包。

当 TCP/IP 数据包到达目的地后，计算机首先去掉地址标志，利用 TCP 的装箱单检查数据在传输过程中是否有损失。如果接收方发现有损坏的数据包，就要求发送端重新发送被损坏的数据包，确认无误后再将各个数据包重新组合成原文件。

### 3.3.4　网络互连设备

网络互连通常是指将各种网络用互连设备连接在一起而形成一个范围更大的网络，也可以为了增加网络性能和易于管理而将一个原来很大的网络划分为几个子网或网段。对局域网而言，所涉及的网络互连问题有：网络距离延长；网段数量的增加；不同 LAN 之间的互连及广域互连等。网络互连中常用的设备有集线器（Hub）、交换机（Switch）和路由器（Router）。

**1. 集线器**

集线器（Hub）的主要功能是信息转发，它把从一个端口接收的数据不做任何处理直接向所有连接的端口分发出去。它可以将收到的相对较弱的数据信号进行整形放大后向所有的端口转发，从而扩大网络的传输距离，同时把所有端口集中在以它为中心的结点上。集线器与网卡、网线等传输介质一样，均属于局域网中的基础设备，它采用 CSMA/CD（载波侦听多路访问/冲突检测）访问方式。集线器如图 3-14 所示。

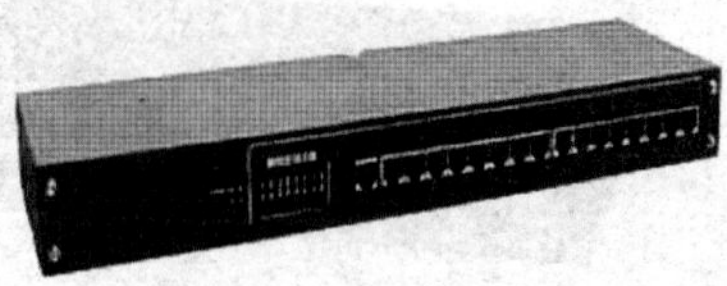

图 3-14　集线器

集线器按总线带宽的不同可分为 10 Mbit/s、100 Mbit/s 和 10/100 Mbit/s 等类型；按照工作方式的不同，可分为智能型和非智能型；按照配置形式的不同，可分为固定式、模块式、堆叠式；按照一个集线器所包含的端口数目的不同可分为 4 口、8 口、24 口、32 口等。

集线器属于纯硬件网络底层设备，不具有类似于交换机的存储和寻址转发能力，所以它不具备交换机所具有的 MAC 地址表，因此它发送数据时是没有针对性的，而是采用广播方式发送。也就是说当它要向某节点发送数据时，不是直接把数据发送到目的节点，而是把数据包发送到与集线器相连的所有节点。这种广播发送数据的方式有以下几方面的不足。

（1）由于集线器把用户数据包向所有节点广播发送，与它直接连接的端口都能接收到它广播的数据，一些别有用心的人很容易就能非法截获他人的数据包，降低了数据传输过程中的安全性。

（2）由于所有数据包都是向所有节点同时发送，并且所有的端口都采用共享带宽方式，这就可能造成网络上数据的堵塞现象，降低了网络传输的效率。

（3）由于集线器在同一时刻只能允许一个端口向外发布广播数据，而且每一个端口只能进行一个方向的数据通信，而不能同时进行双向双工传输，所以网络的数据传输效率低，不能满足大数据量的网络通信需求。

尽管集线器技术在不断改进，现在还有具有堆叠技术的堆叠式集线器，而且有的集线器还具有智能交换功能，具备了一定的智能性和数据交换能力。但是由于目前交换机价格不断下降，功能不断增强，越来越多的用户开始放弃使用集线器而改用交换机，因此集线器的市场越来越小，集线器已经开始淡出网络接入市场。

**2. 交换机**

交换机（Switch）是集线器的升级换代产品，采用与集线器不同的工作原理。从产品的外观来看，交换机与常用的集线器基本上没有多大区别。一般交换机都是一个具有金属外壳的扁形长方体，在面板上有多个 RJ-45 接口，如图 3-15 所示。

交换机可以根据被传送的数据中所包含的地址信息，按照一定的选择目的端口的方法，把数据从发送方的端口传输到数据指定的接收端口上。如果不加以严格的定义，可以认为交换机就是在数据通信中能够完成信息交换的一种设备。

通常交换机应该具备的基本功能有：物理编址、错误校验、帧序列、流量控制等。由于交换技术的发展速度相对较快，三层交换、线序自动识别等新技术不断被应用到交换机中，现在市面上出现的交换机的功能已经有了很大的提高，价格也越来越低，并且还增加了一些新的功能，如对 VLAN（虚拟局域网）、VPN（虚拟专用网）的支持，网管功能等。在新建设的计算机网络中，大部分采用的是交换机。

**3. 路由器**

要解释路由器的概念，首先需知道什么是路由。所谓“路由”，简单地说，就是把需要传送的数据从一个地方通过一系列的传输路径传送到指定的另一个地方的行为和动作，路由器（Router）如图 3-16 所示，它就是执行这种行为动作的设备。

图 3-15　交换机

图 3-16　路由器

路由器的主要工作就是为经过路由器的每个数据分组寻找一条最佳传输路径，将该数据有效地传送到目的地址，并且在数据传输过程中对来自网络的数据流量及拥塞情况进行控制。路由器可以连接多个网络或网段。如果不同的网段采用不同的协议，那么这些网段将不能直接进行通信，这时需要路由器对不同网络或网段之间的数据信息进行“翻译”，以使不同网段之间能够相互“读懂”对方的数据，从而构成一个更大的网络。

在路由器中涉及两个有关地址的概念，那就是静态路由表和动态路由表。由系统管理员事先设置好的固定的路由表称为静态（Static）路由表，一般是在系统安装时根据网络的配置情况预先设定的，它不会随未来网络结构的改变而改变。动态（Dynamic）路由表是路由器根据网络系统的运行情况而自动调整的路由表。路由器根据路由选择协议（Routing Protocol）提供的功能，自动学习和记忆网络运行情况，在需要时自动计算数据传输的最佳路径。路由器通常依靠所建立及维护的路由表来决定如何转发。

# 现实世界案例——销售管理子系统的数据描述

### 1. ERP 销售管理子系统的需求分析

- 销售部门制订销售预测、计划或客户订单后，将产品订货和交货情况汇总，通知计划部门或生产部门制作生产计划。
- 生产部门根据计划安排生产，产品完工后进入仓库。
- 仓库部门对入库产品按销售单（销售合同）组织出货，并将相关单据转给财务部门。
- 财务部门收款结账。
- 销售部门记录有关的售前、售中、售后服务情况，将有关的质量问题提交给质量部门进行产品质量分析。

根据企业销售管理的业务流程及销售管理的功能分析，可以得到 ERP 销售管理子系统的第一层数据流图，如图 3-17 所示。

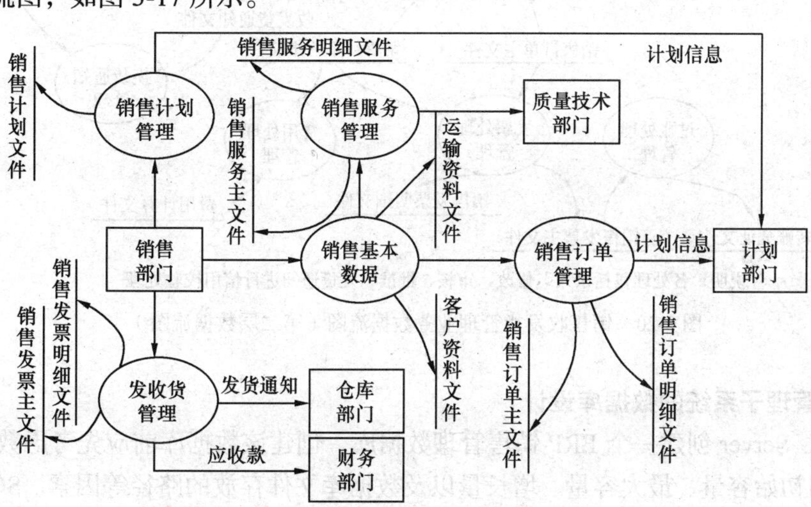


图 3-17　ERP 销售管理子系统的第一层数据流图

根据第一层数据流图，可以继续分解得到第二层数据流图，如图 3-18～图 3-21 所示。图 3-22 所示为 ERP 销售管理子系统的 E-R 关系图。

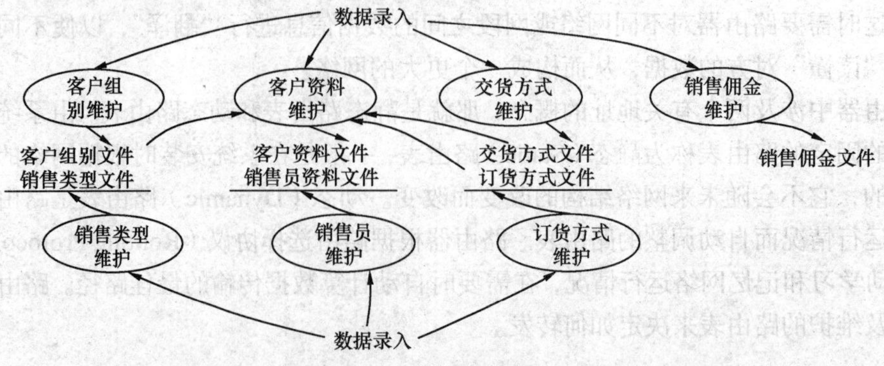


图 3-18　销售基础数据管理业务数据流图（第二层数据流图）

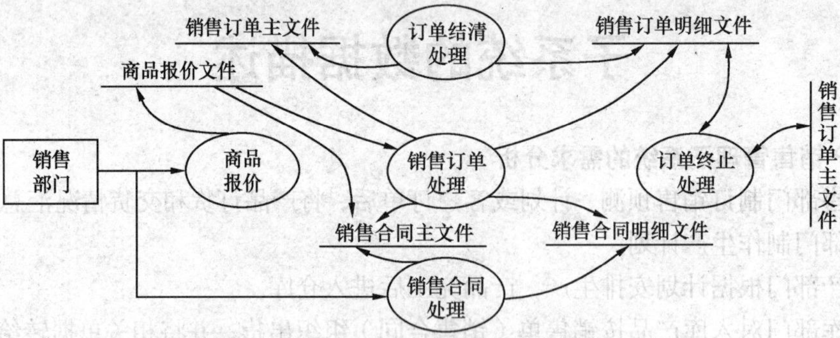


说明：订单、合同处理的内容包括：录入、修改、审核、确认

图 3-19　销售订单管理业务数据流图（第二层数据流图）

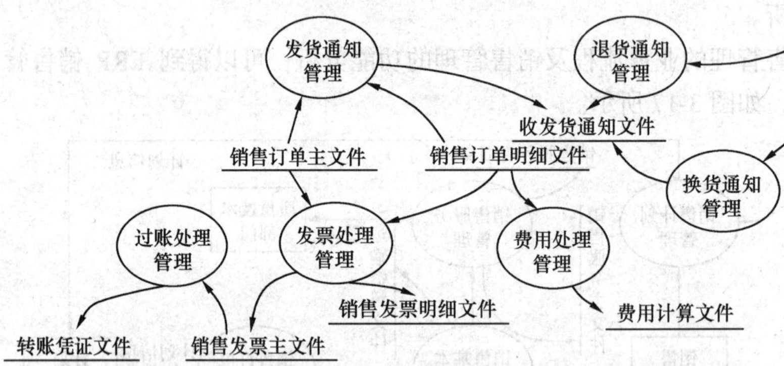


说明：各处理包括录入、修改、审核、批准；发货通知进行信用校验处理

图 3-20　销售收发货管理业务数据流图（第二层数据流图）

### 2. 销售管理子系统的数据库设计

使用 SQL Server 创建一个 ERP 销售管理数据库。创建该数据库前应先考虑数据库的拥有者、数据库的初始容量、最大容量、增长量以及数据库文件存放的路径等因素。SQL Server 中的数据存放在不同的表中，数据表是 SQL Server 存储、管理及操作数据的地方。

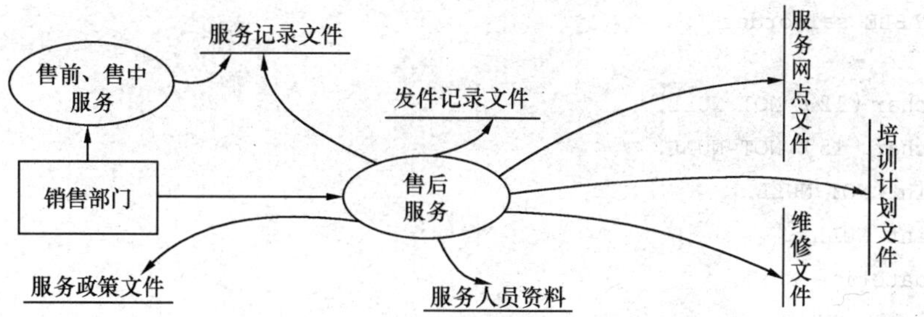


图 3-21　销售服务管理业务数据流图（第二层数据流图）

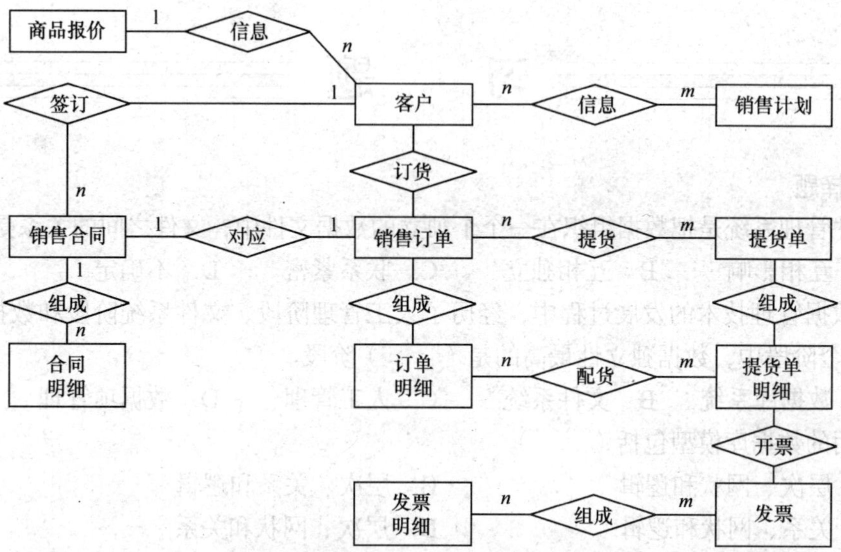


图 3-22　ERP 销售管理子系统的 E-R 关系图

数据表存放在数据库中，表中有字段和记录两个基本对象。字段也称属性，就是表中的列，列值称为属性值，属性值的取值范围称为值域。记录是字段的有序集合，一个记录描述一个实体。

SQL Server 中的数据表的结构要描述表中应包含的字段，字段的名称，以及字段的数据类型、长度、精度以及是否允许空值等信息。

**【例 3.1】** 创建 ERP 销售管理数据库。

```
CREATE DATABASE  salemanage
ON PRIMARY
（NAME=' salemanage_data ',
FILENAME=' d:\data\ salemanage_data .mdf ',
SIZE=1,
FILEGROWTH=10%）
LOG ON
（NAME=' salemanage_log ',
FILENAME=' d:\data\ salemanage_log.ldf ',
SIZE=1,
FILEGROWTH=10%）
```

**【例 3.2】** 创建 ERP 销售管理数据库的销售订单明细信息表。

```
CREATE TABLE saleorder
(
订单编号 char（12） NOT NULL,
物资代码 char（15） NOT NULL,
订货数量 int NOT NULL,
销售金额 int NULL,
交货日期 datetime NULL,
已交货数量 int NULL
）
```

# 习　题

## 一、选择题

1. 文件管理系统是把数据组织在一个个独立的数据文件中，文件之间的关系是（　　）。

A. 互相影响　　B. 互相独立　　C. 联系紧密　　D. 不确定

2. 在数据管理技术的发展过程中，经历了人工管理阶段、文件系统阶段和数据库系统阶段。在这几个阶段中，数据独立性最高的是（　）阶段。

A. 数据库系统　　B. 文件系统　　C. 人工管理　　D. 数据项管理

3. 常用的数据库模型包括（　　）。

A. 层次、网状和逻辑　　B. 层次、关系和逻辑

C. 关系、网状和逻辑　　D. 层次、网状和关系

4. E-R 图是数据库的（　）。

A. 外模式　　B. 逻辑模式　　C. 内模式　　D. 网络模式

5. 在计算机信息处理中，数据组织的层次是（　）。

A. 数据、记录、文档、数据库　　B. 数据、记录、文件、数据库

C. 数据项、记录、字段、数据库　　D. 数据项、记录、文件、数据库

6. 数据库 DB、数据库系统 DBS、数据库管理系统 DBMS 三者之间的关系是（　）。

A. DBS 包括 DB 和 DBMS　　B. DBMS 包括 DB 和 DBS

C. DB 包括 DBS 和 DBMS　　D. DBS 就是 DB，也是 DBMS

7. 数据库管理系统的职能是（　　）。

A. 维护数据库，实现管理系统各程序之间的共享

B. 维护数据库，尽量减少用户程序文件的冗余度

C. 维护数据库，接收和完成用户程序或命令请求

D. 程序、数据、用户的有机统一体

## 二、填空题

1. 数据库就是长期存储在计算机内________、________的数据集合。

2. 数据库技术经历了________、________和________三个发展阶段。

3. 目前最常用的数据模型有________、________和________。20世纪80年代以来，________逐渐占主导地位。

### 三、简答题

1. 什么是操作系统？它有哪些功能？
2. 简述计算机数据管理技术发展的三个阶段。
3. 计算机网络的互连设备主要有哪些？请分别说明它们的功能和特点。
4. 数据库管理系统有哪些主要功能？
5. 试分析关系模型的优、缺点。

# 第4章 管理信息系统的整体建设

## 开篇案例——天坛医院管理信息系统建设

**1. 系统需求**

天坛医院是一所以神经外科为重点的大型综合医院，是世界三大神经外科研究中心之一和亚洲最大的神经外科临床、科研、教学基地，设有24个临床和医技科室。

20世纪90年代初开始，天坛医院陆续引进了CR、DSA、CT、MR等大批先进的医学图像设备，这些设备所产生的大量影像资料对医院的管理提出了更高的要求。传统的胶片备份、人工管理的方法需要较大的存储空间，耗费大量的资金和管理人员的精力，而且存在着资料丢失、查找困难、保存时间短等问题，已不能适应现代化医院迅速增长的业务要求。天坛医院急需一种自动化的影像管理系统来代替传统模式。

**2. 开发方式的选择及实现**

天坛医院拥有自己的科研和教学基地，具有一定的技术能力，但它不是专业的信息系统研发单位，也不能独立完成系统的开发和实施。于是，天坛医院选择了某软件股份有限公司（以下简称公司）联合开发医院管理信息系统，该系统是包括医院门诊管理、住院管理、实验室管理以及PACS系统（影像存档与通信系统）的综合系统。该项目于2000年4月启动，双方在系统开发和实施过程中经历了大量的磨合过程。

（1）关于系统需求的磨合

由于公司在早期开发时与医院合作方沟通不到位，在实施时遇到了阻力，受到部分医生的抵制。其中，放射科主任某医生的抵制情绪最激烈，一度拒绝使用该系统，原因是系统使用不方便，等待时间太久等技术问题。

为此，公司付出了两年多的时间与最终用户进行需求的反复磨合，不得不将原有版本推倒后重新进行开发。例如，原有版本中调图像和看报告是两个独立的程序模块PACS和RIS，对程序开发人员而言这似乎很正常，但对医生来说这是一个需要整合在一起的连续过程，新版本需要对此进行改进。与此类似，新系统还做出了多种影像资料对比、多线下载及边下载边浏览等技术方面的大改进。改进后，该主任欣然接受新系统，养成了每天使用的习惯，并在相关的学术研讨会上对该系统表示赞赏。由此可见，对于技术性要求高的系统，其成功开发和实施离不开合作双方在行业背景和技术优势上的互补。

（2）关于跨部门信息沟通的磨合

信息只有在各部门之间流动起来，才能真正地实现共享，消除信息孤岛。尤其是临床信息更要进行跨部门的沟通和融合，才能真正实现“医院为中心”的模式向“病人为中心”的模式的转变。

为此，开发小组做了大量的工作，使系统在天坛医院 25 个病区以及手术麻醉、药房、检查化验等 35 个部门投入运行后，能实现影像资料在临床各科室的共享，使信息真正流动起来。医生在会诊时可以方便地调阅各种影像资料进行对比，在病房工作站也可以方便地查阅病人的 X 光片、血管造影、超声波、胃镜等临床资料。该系统明显改变了手工管理胶片时相关资料查找极度困难，影像资料几乎成为一种“死数据”的情况。

不仅如此，在系统的帮助下天坛医院开展了远程医疗业务。医院建立了远程医疗部，该部门利用影像设备 DICOM 接口，通过卫星等宽带方式，将数字图像传送到天坛医院，由专家进行会诊。目前该部门已经拥有 20 多家会员，成功诊疗了 200 多个病例。系统实施后，医院、医生、病人以及整个社会都从中受益。由于医学影像信息占天坛医院信息量的 90%以上，系统通过信息化节省了影像科室的存档胶片，为医院带来了明显的经济效益，提高了医生的工作效率和准确性，减少了病人的候诊时间。此外，通过典型病历报告、病例的保存和交流，有助于提高医生的诊断水平，并可用于教学中的调研和研讨；远程会诊功能的实现，使医院能为更多患者服务，具有明显的社会效益。

**3. 评价**

在本案例中，天坛医院先期引进了大批设备，新系统需要适应医院已有的信息环境，个性化需要比较明显，不能通过外购标准软件实现。而医生诊疗的系统需求具有很强的专业背景，尤其是本案例中的医院还是以神经外科为主的专业医院，软件开发公司难以预测系统需求，系统供需双方需要发挥各自的技术优势和专业知识，才能保证系统应用成功。因此，合作开发成为一种理想的开发方式。

需要强调的是，合作开发必须切实形成意识并落实到行动，而不能只停留在形式上。本案例中公司第一版本系统就因为与联合方的沟通不足，导致实施时遇到用户抵制，从而不得不付出两年多的时间进行需求沟通，并把第一版推翻重新开发，而第二版由于沟通到位赢得了用户的赞赏。

联合开发的双方由于隶属单位不同，并不具有自觉合作的保障。软件商不能要求联合方具有与自己一样的技术水平来平等地参与开发，也不能因为联合方开发能力较弱而因此忽视联合方的重要性，甚至因此放弃与联合方的沟通与合作。事实上，联合方参与到开发过程，是他们对系统需求、专业知识和用户习惯的熟悉。只有联合双方充分进行优势互补，才能保证系统开发及实施的成功。

# 4.1 管理信息系统的分类

管理信息系统是一个广泛的概念，涵盖了运作及功能、目标、特点、服务对象等。管理信息系统从运作模式上可以分为 B/S、C/S 以及它们的混合模式；从系统的功能和服务对象，可分为国家经济信息系统、企业管理信息系统、事务型管理信息系统、行政机关办公型管理信息系统、专业型管理信息系统等。

## 4.1.1 根据运作模式分类

### 1. 客户机/服务器模式

客户机/服务器（Client/Server，C/S）模式是一种由各种机型互连构成的分布式网络平台。在这种结构中，网络中的计算机根据功能分为客户机和服务器两个部分，并有机地联系起来。客户机由功能一般的微型计算机来担任，它可以使用服务器中的资源，即客户机提出服务请求；服务器是提供服务的一方，即服务器接收需求方的请求而“提供服务”。如图 4-1 所示为 C/S 模式。

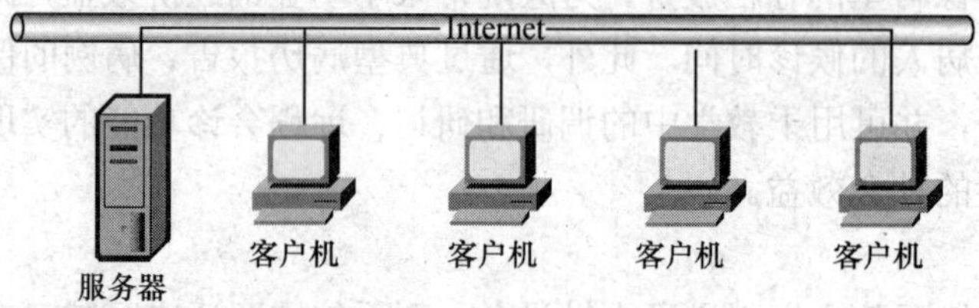


图 4-1 C/S（客户机/服务器）模式

C/S 模式的核心是数据的集中管理，即在服务器上保存了企业中的各种管理信息。客户机通常向服务器提出数据请求，服务器端的存储过程不仅可以从数据库中找出客户要求的数据，而且还可以对数据进行各种计算，仅将最后处理的结果通过网络传送至客户端。客户端可以显示请求数据，也可以对数据进行相应的处理，如有必要，可将处理的结果返回给服务器端。该模式的一部分数据处理由服务器完成，一部分由客户机完成，所以可以均衡事务的处理；客户机处理的数据来自服务器，处理后的数据又返回服务器，充分保证了数据的完整性和一致性。客户机应用软件一般包括用户界面、本地临时数据库等。当用户调用服务器资源时，客户机将请求传送给服务器，并根据服务器回送的处理结果进行分析，然后显示给用户。

C/S 模式利用服务器本身的数据处理能力，只传回客户机请求需要的数据，这样不但减轻了网络的负荷，而且使网络的利用率提高。在 C/S 模式中的服务器所提供的功能不只是数据库查询，还有计算、通信等功能。工作的负担如计算或通信功能由客户机和服务器各自负担一部分。

从传统的集中式系统转入 C/S 模式是信息技术的重要发展。集中式系统是采用一台主机连接若干台终端，终端没有数据处理能力，所有处理都是依靠主机来完成的。但随着 PC 价格的下降，终端机逐步被具有数据处理能力的 PC 所替代，集中式系统也逐步过渡到基于网络的 C/S 模式。C/S 模式的优点主要体现在以下 3 个方面。

（1）C/S 模式使用开放式设计，可以不局限于特定的硬件。因此具体实现可以多元化，不仅成本降低，而且也可使用最新的技术。

（2）可以有效使用资源，提高可靠性。如果某一台服务器发生故障，另一台服务器可以迅速地支持必要的信息传输。

（3）因为服务器可以分担客户机的负担，因此请求可以得到很快的响应。

但发展至今，基于 C/S 模式构建的商用计算体系结构表现出越来越大的局限性。它的网络优势局限于企业内部，难以突破企业之间的组织边界，企业与企业之间的信息交流受到很大制约。人员素质等各方面的原因也容易造成这种内部网的“失效”现象，而且维护、维修也相当麻烦，一旦用户的计算机知识不足，网管人员会将大量时间消耗在客户端硬件设备的维修和客户端软件的安装上。同时它还存在软件购置开销过大等诸多不足之处。

由于这种 C/S 模式下的网络设备需要不断升级，企业的客户端设备（即 PC）为了能够运行更新的软件，也不得不随之进行升级，使得企业的网络投资年复一年地不断增大。这种模式的网络安全性较差，因为这种模式下的 PC 有着强大的本地处理能力和高度的灵活性，因此客户端操作人员在一些无意识（或恶意）的操作中，都有可能将病毒从内部带入企业网，为企业带来巨大的损失。另一方面，企业的部分资料和数据也可能由于 PC 的存储能力而被人恶意盗用，造成不必要的损失。C/S 模式的缺点主要归纳为以下 3 方面。

（1）管理较为困难。因为 C/S 模式属于分布式方法，因此管理比集中式方法复杂。

（2）开发环境较为复杂。因为 C/S 模式采取开放式设计，允许不同厂商的技术相互运用，因此开发环境比集中式要复杂得多。而且每个客户机都安装了相应的应用程序，所以维护困难。

（3）不同客户机安装不同的系统软件，用户界面风格不一，操作使用难度增大。

**2. 浏览器/服务器模式**

随着 Internet 的发展，现在很多基于大型数据库的信息系统正在采用以 Web 技术为基础的浏览器/服务器（Browser/Server，B/S）模式。B/S 模式由浏览器、Web 服务器、数据库服务器 3 个层次组成，如图 4-2 所示。

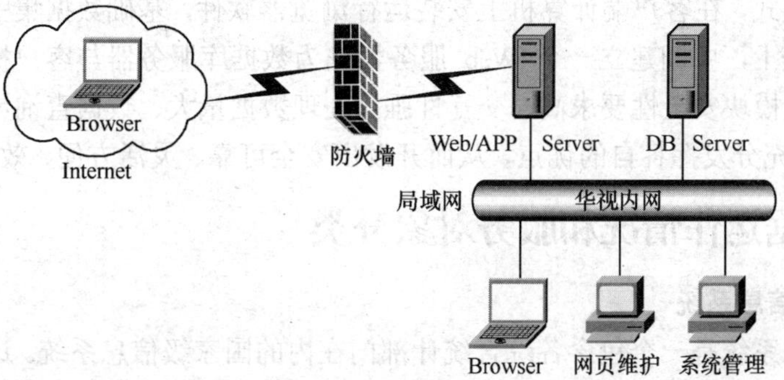


图 4-2　B/S（浏览器/服务器）模式

在这种模式下，客户端使用一个通用的浏览器，用户的所有操作都是通过浏览器进行的。该结构的核心部分是 Web 服务器，它负责接受远程（或本地）的 HTTP 查询请求，然后根据查询的条件从数据库服务器获取相关数据，再将结果翻译成 HTML 和各种页面描述语言，并传送回提出查询请求的浏览器。同样，浏览器也会将更改、删除、新增数据记录的请求发送至 Web 服务器，由 Web 服务器与数据库联系完成这些工作。

在今天和未来的信息化时代，Internet 的自由、开放已经将数字化的市场范围扩展到了全球各地，企业的经营管理理念将发生根本性的变化。全球化、协作化、个性化决定了商用计算必将采用全新的计算模式——基于 Internet 的 B/S 模式。通过 B/S 模式，企业能够实现全球化、高效率的协作和个性化的服务。基于 Internet 的 B/S 模式将帮助企业建立一个能够真正面向未来、面向全球、完全开放的电子商务系统。

与传统的 C/S 模式的应用体系结构相比，基于 Internet 的 B/S 模式的应用体系结构具有更简单，更低成本，能提供更多信息等诸多优势。在具体使用时，前端用户只需通过标准的桌面浏览器，就可根据权限访问企业的关键应用，完成包括报价、订单、支付、执行、服务等在内的企业供应链管理的所有环节。而且，从建设投资方面看，采用 B/S 模式的应用体系结构，企业还能在开展信息化管理的同时有效减少 IT 基础设施的成本。

在 B/S 模式中，数据中心是企业生存和发展的最大核心因素，网络数据的重要性远远高于网络硬件产品本身，企业将从关注网络硬件组成向关注网络数据分布发展。可靠性、安全性、可管理性将在网络数据平台中占据重要的地位。如何保证信息系统和数据安全成为采用 B/S 模式开发的信息系统需要解决的重大问题。

**3. B/S 与 C/S 的混合模式**

B/S 模式和 C/S 模式有以下特点。

（1）C/S 模式的优点是速度快。其原因一是它只将经过处理的数据在客户机与服务器之间传递，而不是所有需要的数据；其原因二是 C/S 的客户端软件中包含了客户机的界面，客户机与服务器之间只传递数据，而无须传递界面信息。缺点是 C/S 模式中的客户机软件可以避免界面传递，但必须在所有的客户机上安装软件，客户端软件更新时所有的客户机都必须升级。

（2）B/S 模式的优点是使用简单，所有的客户机无须安装任何软件，只需要利用浏览器就可以对服务器进行访问，软件更新只需在服务器端进行软件更新即可。其缺点是速度较慢，而且由于所有用户都可以通过浏览器访问，这样会给恶意木马程序可乘之机，安全性较差。

可以将 B/S 与 C/S 两种模式的优势结合起来，形成混合模式。对于面向大量用户使用的模块采用三层 B/S 模式，在客户端计算机上安装运行浏览器软件，基础数据集中放在具有较高性能的数据库服务器上，中间建立一个 Web 服务器作为数据库服务器与客户机浏览器交互的连接通道。对于系统模块安全性要求高、交互性强、处理数据量大、数据查询灵活的地方则使用 C/S 模式，这样能充分发挥各自的优点，从而开发出安全可靠、灵活方便、效率高的软件系统。

### 4.1.2 根据运作情况和服务对象分类

**1. 国家经济信息系统**

国家经济信息系统是一个包含各综合统计部门在内的国家级信息系统。这个系统纵向联系各省市、地市、各县直至各重点企业的经济信息系统，横向联系外贸、能源、交通等各行业信息系统，形成一个纵横交错、覆盖全国的综合经济信息系统。国家经济信息系统由国家经济信息中心主持，在“统一领导、统一规划、统一信息标准”的原则下，按“审慎论证、积极试点、分批实施、逐步完善”的 16 字方针边建设，边发挥效益。

**2. 企业管理信息系统**

企业管理信息系统面向工厂、企业，主要进行管理信息的加工处理。这是一类最复杂的管理信息系统，一般具备对工厂生产监控、预测和决策支持的功能。企业复杂的管理活动给管理信息系统提供了典型的应用环境和广阔的应用舞台。大型企业的管理信息系统都很大，“人、财、物”、“产、供、销”，以及质量、技术应有尽有，同时技术要求也很复杂，因而常被作为典型的管理信息系统进行研究，从而有力地促进了管理信息系统的发展。

**3. 事务型管理信息系统**

事务型管理信息系统面向事业单位，主要进行日常事务的处理，如医院管理信息系统、饭店管理信息系统、学校管理信息系统等。由于不同的应用单位处理的事务不同，因此这些管理信息系统的逻辑模型也不尽相同，但基本处理对象都是管理事务信息。决策工作相对较少，因而要求系统具有很高的实时性和数据处理能力。

**4. 行政机关办公型管理信息系统**

办公管理系统的特点是办公自动化和无纸化，其特点与其他各类管理信息系统有很大不同。在行政机关办公服务系统中，主要应用局域网、打印、传真、印刷、缩微等办公自动化技术，以提高办公事务效率。行政机关办公型管理信息系统对下要与各部门下级行政机关信息系统互连，对上要与行政领导决策服务系统整合，为行政领导提供决策支持信息。

**5. 专业型管理信息系统**

专业型管理信息系统指从事特定行业或领域管理的信息系统，如人口管理信息系统、材料管理信息系统、科技人才管理信息系统、房地产管理信息系统等。这类信息系统的专业性很强，信息相对专业，主要功能是收集、存储、加工、预测等，技术相对简单，规模一般较大。另一类专业性很强的管理信息系统如铁路运输管理信息系统、电力建设管理信息系统、银行信息系统、民航信息系统、邮电信息系统等，其特点是综合性很强，包含了上述各种管理信息系统的特点，也称为“综合型信息系统”。

# 4.2　组织与管理信息系统的选择

## 4.2.1　组织的特征

根据第 1 章中组织的定义和描述，从管理的角度来看，组织应该包括如下 3 个特征。

**1. 有明确的目标**

没有目标就不是组织，而仅是一个人群。目标是组织的愿望和外部环境结合的产物，所以组织的目的性不是无限的，而是受环境影响和制约的，这个环境包括物质环境及社会文化环境，有了目标后组织才能确定方向。如前所述，只有确立了目标和方向才能立起大旗，才能有号召力和吸引力去组建一支队伍。而管理信息系统的建立也是为了帮助组织实现此目标。

**2. 拥有资源**

这种资源主要包括 5 大类，即人、财、物、信息和时间，它们都能够被应用于管理信息系统。

（1）人的资源是组织最大的资源，是组织创造力的源泉。

（2）财的资源主要是指资金，资金不同于资本，资本具有所有权，而资金是流动中的货币，主要是使用权。组织在其存在和发展过程中需要大量的资金，这些资金有一部分是归组织或股东所有的，还有相当一部分是通过各种渠道聚集起来的，如银行贷款。有了资金，组织的各项工作才能运转起来。

（3）物的资源。“兵马未动，粮草先行。”做任何事情，物资管理都非常重要，仅有资金是不够的。货币是一种抽象的资源，只有转化成物资，才完成了从抽象到具体、从一般到特殊的过程，从而满足组织发展的特定需要。

（4）信息资源。信息实际上是一种可以认知其意义的符号，例如，微笑就是一种信息，这种信息可以代表读者对本书的内容感兴趣，一旦能读到这样的含义，那么微笑信息就完成了其传递过程。现代社会信息传输、交换、存储的手段已经非常发达，信息量激增，它给管理带来了许多好处，同时也提出了挑战。在海量的信息中如何找到最有价值的信息，在信息不完全的情况下如何进行经营决策，这些都是对每一个管理者的考验。运用好信息资源对一个企业来说是非常关键的。所以在谈到企业组织的运营特色的时候，管理学大师德鲁克曾说过：一个管理者最不同于其他岗位和领域的人员的 3 大特征，一是他要交换和处理信息；二是基于前者做出决策；三是要为组织进行战略规划。可见信息对管理是非常重要的。

（5）时间。时间是生命的尺度，具有不可重复性、不可再生性，而且是不可替代的。科学管理起源于工业革命后期企业家对效率的追求，而效率就是对时间的节约，同样的时间做更多的事，取得更多的成果就是效率。从这点上看，可以说管理学这门学科的发展起源于人类理性对时间的珍爱和对于充分利用自己时间资源的追求。

**3. 保持一定的权责结构**

权责结构表现为层次清晰，任务有明确的承担者，并且权力和责任是对等的。有多大的权力就有多大的责任，这是非常重要的。例如，一个企业的领导者带领下属研发一种产品，他对大家说：“本人是领导，你们要服从我，但失败了是你们自己的责任，跟我没关系。”如果他这样说，就会有人反对他做领导。权力和责任一定要对等，这是行使管理权的前提。如果哪个管理者要坐享其成，却又努力逃避责任风险，那么被管理者就一定会站出来反对他。此权责结构也体现于管理信息系统的架构之中。

### 4.2.2 管理信息系统的战略作用

**1. 管理信息系统在组织或企业中的作用**

管理信息系统在组织或企业中的作用有以下几方面（见表 4-1）。

（1）提高效率。效率（Efficiency）意味着正确地做事情，如一个保险公司的推销员在一天内给客户打了上百个电话进行联系，一个汽车总装厂的流水线每天能装配 300 辆汽车等。

（2）提高有效性。有效性（Effectiveness）意味着做正确的事情，如在衡量保险公司推销员的业绩时，不仅要看他打电话的数量即工作量，更重要的是要评估他的工作质量，即花费时间打电话的最后工作实绩，有多少客户决定购买保险。

（3）促进改革。改革（Transformation）在这里是指利用信息技术改变企业的管理流程或工作方式。例如，酒店引进视频会议设备，改进服务质量。

表 4-1　信息系统的作用

| | 个　人 | 职能部门 | 组　织 |
|---|---|---|---|
| 效率 | 工作机械化 | 处理自动化 | 扩大边界 |
| 有效性 | 工作改进 | 增强功能 | 增强服务 |
| 改革 | 角色扩展 | 功能重定义 | 产品创新 |

2. 什么是战略信息系统

改变组织的目标、优化组织的经营管理、完善组织的产品和服务、协调组织与环境的关系，从而使组织领先于竞争者，具有这种作用的系统称为战略信息系统。战略信息系统不同于战略层的信息系统，战略信息系统可以用于组织的任何层次。战略信息系统的建立，将根本改变企业的目标、产品、服务以及内外关系。战略信息系统的目的是改进组织的经营管理方式，保障组织将来能够生存和繁荣。

3. 战略信息系统的实例

（1）银行电子核算系统：中国各个银行从 20 世纪 80 年代后期开始建立的电子核算系统，是战略性的信息系统。因为它不是简单地改善工作环境，而是彻底改变了银行的服务方式、管理方式，为内部员工提供了一种新型的协作配合工作方式，对外部同行造成威胁和压力，对银行的发展产生深远影响。

（2）发展中的电子商务系统：目前许多公司正在建立的电子商务系统其实并非当前的需要，其目的是为企业的长远发展和竞争创造条件。这是一个典型的战略信息系统。它的目的在于创造一种“领先地位”，威胁竞争者，抢占有利条件，开拓新的产品和新的服务，改进企业目前的经营方式和管理方式，用现代信息技术为企业未来的繁荣奠定基础。

4. 其他作用

管理信息系统的其他作用见表 4-2。

表 4-2　管理信息系统的其他战略作用

| | |
|---|---|
| 提供信息产品和服务 | 当企业用信息系统提供难以复制的产品或服务，或提供面向高度专业化市场的产品或服务时，它们就能提高竞争者的入市成本 |
| 侧重市场定位的系统 | 信息系统通过加工数据及快速提供信息来提高公司的销售与日常经营技术，从而能为公司带来竞争优势 |
| 与客户和供应商紧密相连 | 通过“套牢”顾客和供应商，使客户跳槽的成本增高。战略信息系统能为企业对抗外部竞争威胁提供有效手段 |
| 降低成本的系统 | 通过降低生产成本，提高利润，并使公司的效率更高，这类系统有助于公司的生存和繁荣 |

## 4.2.3 组织类型与管理信息系统的选择

由于信息是为企业的经营管理服务的，信息质量的高低在很大程度上直接影响着企业的经营结果，因此，要保持信息服务的及时性、准确性、系统性和稳定性，就要根据组织的类型和特征建立相应的管理信息系统。行之有效的信息系统可以保证企业的资金流、信息流和物流的顺利运行，保证企业经营活动的正常运转。

以第 3 章开篇案例为例，对于连锁集团（企业），信息系统的功能主要体现在以下几个方面。

（1）使连锁企业与加工制造业、各类批发企业和消费者保持最紧密的联系，及时进行市场信息的反馈，使生产企业按照市场需求调整产品结构和生产量，使批发企业按照市场需求调整库存结构和吞吐量，使消费者了解商品的性能及特点，起到引导消费的作用。

（2）实时采集信息，进行整理分析，使经营者及时掌握企业的进、销、存动态及企业整体物流变化情况，实现单品管理，达到以销定进，以销定存，保证进货质量，优化库存结构，及时调整经营布局和商品结构的目的。

（3）对企业的人、财、物进行系统管理，随时监测企业的资金流向，及时进行企业的成本核算和资金核算，以及效益分析和损益分析。

（4）准确地对大量的市场信息进行整理分析，有助于系统地进行市场调查和市场预测，帮助连锁企业进行开店的可行性分析和经营过程中的阶段性调查分析，使企业在复杂激烈的市场竞争中随时掌握第一手资料。

（5）通过学习、掌握和使用现代科技手段，使员工从大量的具体事务中解脱出来，提高了工作效率，同时，也提高了企业的整体素质和管理水平，为企业进一步发展创造了条件。

连锁企业的信息系统（见图 4-3）从体系结构上可以分为两个层次。

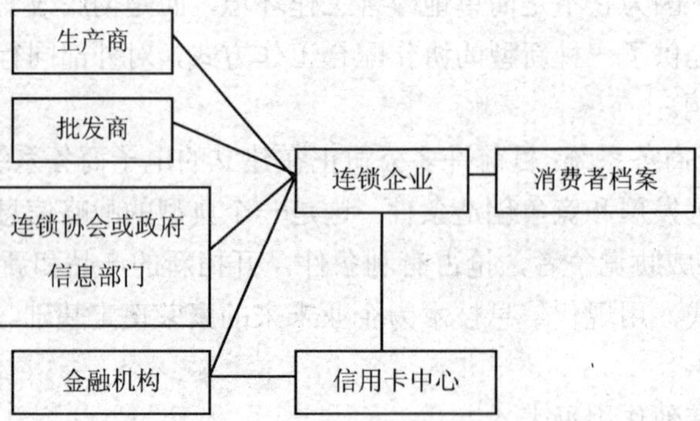


图 4-3　连锁企业信息系统

第一个层次是联系生产商、批发商、消费者以及金融机构、连锁协会、政府综合信息统计部门的信息系统。它承担的主要任务是将生产商的产品信息和批发商的进货信息及时传送到连锁企业，将连锁企业的商品需求信息传送给生产商和批发商，通常这些信息的传递是靠电子订货系统（Electronic Ordering System，EOS）来实现的。同时，连锁企业必须加强同金融机构包括信用卡中心的信息联系，确保商品销售服务结算转账快速、准确和安全，以维护企业的合法利益。此外，连锁企业也有责任和义务向连锁协会和政府的综合信息统计部门报送所需的信息，为保持有序的流通秩序和政府实现宏观调控服务。

第二个层次是连锁企业内部的管理信息系统（见图 4-4）。企业建立管理信息系统的目的是通过信息系统向管理要效益。建立管理信息系统是取得效益的基础，通过这一系统优化管理是取得效益的关键。连锁企业管理信息系统的主要作用是充分发挥总部（决策系统）统一管理、经营、运作的职能，使企业的效率和效益能够充分地发挥出来。

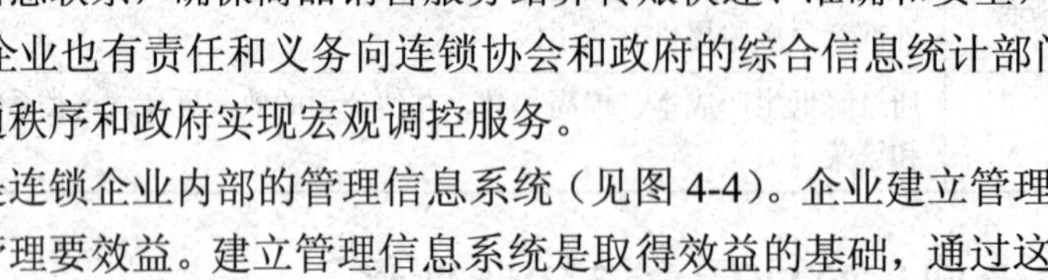


图 4-4　连锁企业内部信息管理系统

连锁企业内部的管理信息系统主要包括 3 个方面。

（1）总部（信息中心）与各店铺之间的信息联系。通过建立销售时点管理系统（Point of Sale，POS），使各店铺前台收款机与后台的 PC 进行连网，并与总部信息中心的微机或小型机相连。

总部对各店铺汇总上来的信息进行加工整理，根据不同内容分转到各专业子系统，最终为决策系统提供服务。这部分信息主要包括商品销售信息、订货信息、顾客消费信息、员工考勤信息、各店铺的商圈调查信息以及总部对各店铺的经营指导等。

（2）各店铺通过总部与配送中心进行信息联系，使各店铺当日的商品货源需求信息及时传送到配送中心，再由配送中心根据各店铺的需求，通过电子订货系统（EOS）统一组织货源，并在规定时间内统一配送至各个店铺。EOS 也可进行退货信息的处理。

（3）建立 POS 系统，使企业内部的各职能管理部门通过各个专业管理子系统，及时从信息中心得到本部门所需要的专业信息，结合本部门的实际情况进行分析处理（运用专业软件），为企业决策层提供决策依据。

# 4.3　管理信息系统的开发方法和开发方式

管理信息系统的开发方法包括结构化系统开发方法、原型法、面向对象方法、CASE 方法等，开发方式有委托开发、自行开发、购买软件等。

## 4.3.1　结构化系统开发方法

结构化系统开发方法（Structured System Development Methodology）是目前应用最普遍的一种开发方法。

### 1. 基本思想

用系统的思想和系统工程的方法，按照用户至上的原则，自顶向下地对系统进行分析与设计。先将整个信息系统开发过程划分为若干个相对独立的阶段（系统规划、系统分析、系统设计、系统实施系统维护五个阶段），在前 3 个阶段坚持自顶向下地对系统进行结构化划分。在系统调查和熟悉管理业务时，应从最顶层的管理业务入手，逐步深入至最基层；在系统分析、目标系统方案构建和系统设计时，应从宏观整体角度入手，先考虑系统整体的优化，然后再考虑局部的优化问题。

在系统实施阶段，则坚持自底向上地逐步实施，即组织人员从最基层的模块做起（编程），然后按照系统设计的结构，将模块一个个拼接到一起进行调试，自底向上、逐步地构成整个系统。

### 2. 开发过程

用结构化系统开发方法开发一个系统，需要将整个开发过程划分为首尾相连的 5 个阶段，即一个生命周期（Life Cycle），如图 4-5 所示。

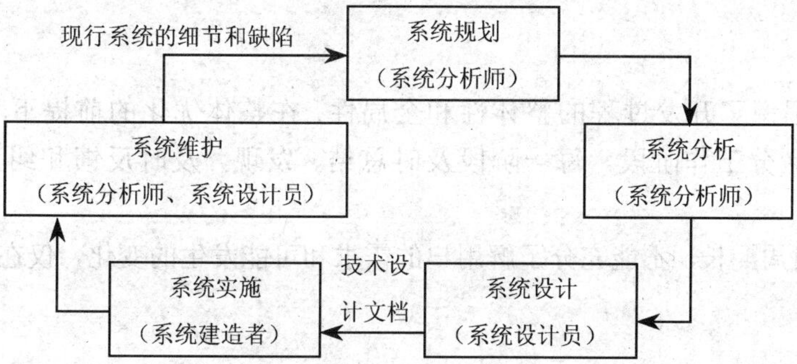


图 4-5　结构化系统开发方法的生命周期

（1）系统规划：根据用户的系统开发请求进行初步调查，明确问题，确定系统目标和总体结构，确定分阶段实施进度，然后进行可行性研究。

（2）系统分析：分析业务流程、数据与数据流程、功能与数据之间的关系，最后提出分析处理方式和新系统的逻辑方案。

（3）系统设计：进行总体结构设计、代码设计、数据库（文件）设计、输入/输出设计、模块结构与功能设计，根据总体设计，配置与安装部分设备，进行试验，最终给出设计方案。

（4）系统实施：编写程序（由程序员执行）和人员培训（由系统分析、设计人员培训业务人员和操作员），然后进行数据准备（由业务人员完成），最后投入试运行。

（5）系统运行与维护：进行系统的日常运行管理、评价、监理审计，以及修改、维护、局部调整。在出现不可调和的大问题时，进一步提出开发新系统的请求，老系统生命周期结束，新系统诞生，从而构成系统的一个生命周期。

在每一阶段中又包含若干步骤，步骤可以不分先后，但仍有因果关系，总体上不能打乱。

**3. 开发要求**

开发要求主要用于控制开发质量，包括：开发计划阶段化；管理业务流程化；工作步骤程序化；文档资料规范化；进度安排网络化。

**4. 特点**

（1）该方法是自顶向下整体地进行分析与设计和自底向上逐步实施的系统开发过程。在系统规划、分析与设计时，从整体全局考虑，自顶向下地工作；在系统实施阶段则根据设计的要求，先编制一个个具体的功能模块，然后自底向上逐步实现整个系统。

（2）用户至上是影响系统开发成败的关键因素。整个开发过程中，要面向用户，充分了解用户的需求与愿望。

（3）符合实际、客观性和科学化，即强调在设计系统之前，深入实际，进行详细地调查研究，努力弄清实际业务处理过程的每一个细节，然后分析研究，制订出科学合理的目标系统设计方案。

（4）严格区分工作阶段。把整个开发过程划分为若干工作阶段，每一个阶段有明确的任务和目标以及预期达到的工作成效，以便计划和控制进度，协调各方面的工作。前一阶段的工作成果是后一阶段的工作依据。

（5）充分预料可能发生的变化，包括环境变化、内部处理模式变化、用户需求变化。

（6）开发过程工程化，要求开发过程的每一步都要按工程标准规范化，工作文件或文档资料要标准化。

**5. 优缺点**

优点包括：强调了开发过程的整体性和全局性，在整体优化的前提下考虑具体的分析设计问题；严格区分工作阶段，每一阶段及时总结、发现，及时反馈和纠正，避免造成浪费和混乱。

缺点是：开发周期长，不能充分了解用户的需求和可能发生的变化，仅在开始几个阶段与用户沟通较多。

**6. 适用范围**

结构化系统开发方法适用于大型系统、复杂系统。

## 4.3.2　原型法

原型（Prototyping）是一个可以实际运行，反复修改，不断完善的系统。

**1. 基本思想**

在管理信息系统开发的初始阶段，凭借系统开发人员对用户需求的理解，与用户共同确定系统的基本要求和主要功能，在强有力的人力、软件环境的支持下，给出一个满足用户需求的初始系统原型，然后与用户反复协商并进行修改，最终形成 MIS 系统。

**2. 开发过程**

确定系统的基本要求和功能，构造初始原型，运行、评价、修改原型，最终形成系统。工作流程如图 4-6 所示。

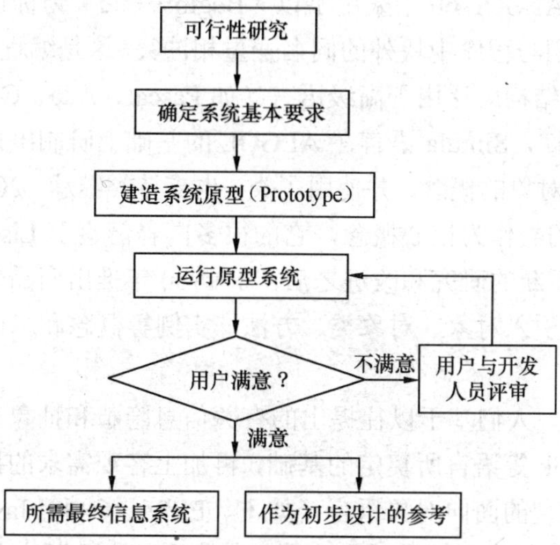


图 4-6　原型法的工作流程

**3. 特点**

（1）遵循人们认识事物的客观规律，易于掌握和接受。

（2）将模拟的手段引入系统分析的初始阶段，沟通人们（用户和开发人员）的思想，缩短了用户和系统分析人员之间的距离，解决了结构化方法中最难以解决的一环。该方法强调用户的参与、描述、运行、沟通。

（3）充分利用最新的软件工具，摆脱了传统的方法，使系统开发的时间、费用大大减少，效率、技术等方面都大大提高。该方法强调软件工具的支持。

**4. 优缺点**

优点包括：从原理到流程十分简单，最终都可以获得一个满意的 MIS；用户与开发者易于沟通；使用软件工具，因此效率高，摆脱了传统的方法。

缺点是，要求管理基础工作完整、准确，一般只适用于小型系统。

**5. 应用范围**

该方法适用于处理过程明确、简单的系统和涉及面窄的小型系统。

该方法不适用于大型、复杂系统，难以模拟；存在大量运算、逻辑性强的处理系统；管理基础工作不完善，处理过程不规范的系统；执行大量批处理的系统。

### 4.3.3 面向对象方法

**1. 面向对象方法的形成**

传统的功能分解方法强调的是确定和分解系统功能，这种做法虽然是最直接的实现目标的方式，但是由于功能是软件系统中最不稳定、最容易变化的方面，因而使系统难以维护和扩展。面向对象方法（Object-Oriented Method）是一种把面向对象的思想应用于软件开发过程中，指导开发活动的系统方法，简称 OO（Object-Oriented）方法。面向对象方法是建立在“对象”概念基础上的方法学。

面向对象方法起源于面向对象的编程语言（简称为 OOPL）。20 世纪 50 年代后期，在用 FORTRAN 语言编写大型程序时，常出现变量名在程序不同部分发生冲突的问题。鉴于此，ALGOL 语言的设计者在 ALGOL 60 中采用了以“Begin…End”为标识的程序块，使块内变量名成为局部的，以避免它们与程序中块外的同名变量相冲突。这是编程语言中首次提供封装（保护）的尝试。此后程序块结构广泛用于高级语言（如 Pascal、Ada、C）之中。

20 世纪 60 年代中后期，Simula 语言在 ALGOL 的基础上研制出来，它将 ALGOL 的块结构概念向前发展，提出了对象的概念，并使用了类，也支持类继承。20 世纪 70 年代，Smalltalk 语言诞生，它将 Simula 的类作为核心概念，它的很多内容借鉴于 Lisp 语言。Xerox 公司经过对 Smalltalk 72、76 持续不断的研究和改进之后，于 1980 年推出商品化的产品。它在系统设计中强调对象概念的统一，引入对象、对象类、方法、实例等概念和术语，采用动态联编和单继承机制。

从 20 世纪 80 年代起，人们基于以往提出的有关信息隐蔽和抽象数据类型等概念，以及由 Modula 2、Ada 和 Smalltalk 等语言所奠定的基础，再加上客观需求的推动，进行了大量的理论研究和实践探索。不同类型的面向对象语言（如 C、Eiffel、C++、Java、Pascal 等）逐步地发展和建立起来，OO 方法的概念理论体系和实用的软件系统也不断完善。

所谓面向对象就是基于对象的概念，以对象为中心，以类和继承为构造机制，来认识、理解、刻画客观世界并设计、构建相应的软件系统。对象是由数据和相应的操作组成的封装体，与客观实体有直接对应关系，一个对象类定义了具有相似性质的一组对象。而继承是对具有层次关系的类的属性和操作进行共享的一种方式。概括地说，面向对象开发方法把数据和过程包装成对象，是一种综合性的开发方法。

**2. 面向对象方法的实施**

面向对象方法主要包括：面向对象分析（OOA）、面向对象设计（OOD）和面向对象实现（OOP）3 个环节。

（1）面向对象分析（OOA）：是指在一个系统的开发过程中进行了系统业务调查以后，按照面向对象的思想来分析问题。OOA 与结构化分析有较大的区别。OOA 所强调的是在系统调查资料的基础上，针对 OO 方法所需要的素材进行的归类分析和整理，而不是对管理业务现状和方法的分析。该方法从问题陈述入手，分析和构造所关心的现实世界问题域的模型，并用相应的符号系统表示。OOA 方法遵循如下 5 个步骤。

① 确定对象和类。这里所说的对象是对数据及其处理方式的抽象，它反映了系统保存和处理现实世界中某些事物的信息的能力。类是多个对象的共同属性和方法集合的描述，它包括如何在一个类中建立一个新对象的描述。

② 确定结构（Structure）。结构是指问题域的复杂性和连接关系。类成员结构反映了泛化—特化关系，整体—部分结构反映整体和局部之间的关系。

③ 确定主题（Subject）。主题是指事物的总体概貌和总体分析模型。

④ 确定属性（Attribute）。属性就是数据元素，可用来描述对象或分类结构的实例，可在图中给出，并在对象的存储中指定。

⑤ 确定方法（Method）。方法是在收到消息后必须进行的一些处理方法，方法要在图中定义，并在对象的存储中指定。对于每个对象和结构来说，那些用来增加、修改、删除和选择的方法本身都是隐含的（虽然它们要在对象的存储中定义，但并不在图上给出），而有些则是显示的。

（2）面向对象设计（OOD）：面向对象的设计方法是 OO 方法的一个中间过渡环节。其主要作用是对 OOA 分析的结果进行进一步的规范化整理，以便能够被 OOP 直接接收。在 OOD 的设计过程中，要展开的工作主要有如下几项。

① 对象定义规格的求精过程：对于 OOA 所抽象出来的对象、类以及汇集的分析文档，OOD 需要有一个根据设计要求进行整理和求精的过程，使之更能符合 OOP 的需要。这个整理和求精的过程主要有两个方面。一是要根据面向对象的概念模型整理和分析所确定的对象结构、属性、方法等内容，改正错误的内容，删去不必要和重复的内容等。二是进行分类整理，以便满足下一步数据库设计和程序处理模块设计的需要。整理的方法主要是进行归类，对类、对象、属性、方法和结构、主题进行归类。

② 数据模型和数据库设计：数据模型的设计需要确定类、对象、属性的内容，消息连接的方式，系统访问、数据模型的方法等。最后每个对象实例的数据都必须落实到面向对象的数据库结构模型中。

③ 优化：OOD 的优化设计过程是从另一个角度对分析结果和业务处理过程的整理归纳，优化包括对象和结构的优化、抽象、集成。

（3）面向对象实现（OOP）：使用面向对象语言，如 C++、C#或者 Java 来实现面向对象的程序设计。OOP 的许多原始思想都来自于 Simula 语言，并在 Smalltalk 语言的完善和标准化过程中得到更多的扩展和对以前的思想的重新注解。可以说 OO 方法和 OOPL 几乎是同步发展，相互促进的。与函数式程序设计（Functional Programming）和逻辑式程序设计（Logic Programming）所代表的接近于机器的实际计算模型所不同的是，OOP 几乎没有引入精确的数学描述，而是倾向于建立一个对象模型，它能够近似地反映应用领域内的实体之间的关系，其本质上是一种更接近于人类认知事物所采用的哲学观的计算模型。OOP 使人们的编程与实际的世界更加接近，所有的对象都被赋予属性和方法，从而使编程更加富有人性化。

**3. 面向对象方法的特点**

（1）封装性。面向对象方法中，程序和数据是封装在一起的。对象作为一个实体，其操作隐藏在方法中，其状态由对象的“属性”来描述，并且只能通过对象的“方法”来改变，外界无从得知。封装性构成了面向对象方法的基础。因而，这种方法的创始人 Codd 等认为，面向对象就是“对象+属性+方法”。

（2）抽象性。面向对象方法中，把从具有共同性质的实体中抽象出的事物本质特征称为“类”（Class）。对象是类的一个实例。类中封装了对象共有的属性和方法，通过实例化一个类创建的对象，自动具有类中规定的属性和方法。

（3）继承性。继承性是类特有的性质，类可以派生出子类，子类自动继承父类的属性与方法。这样，在定义子类时，只需说明它不同于父类的特性，从而大大提高软件的可重用性。

（4）动态链接性。对象间的联系是通过对象间的消息传递动态建立的。

**4. 面向对象方法的应用范围**

面向对象方法已经在很多应用领域被证明是成功的，包括空中交通管理、银行、商业数据处理、命令和控制系统、CAD、CIM、数据库、专家系统、图像识别、数学分析、音乐合成、操作系统、过程控制、空间站软件、机器人、远程通信、界面设计和 VLSI 设计。毫无疑问，面向对象技术的应用已经成为软件工业发展的主流。

**5. 面向对象方法当前的研究领域**

当前，面向对象方法主要有以下几个研究领域。

（1）智能计算机的研究。因为 OO 方法可将知识片看做对象，并为相关知识的模块化提供方便，所以在知识工程领域越来越受到重视。OO 方法的设计思想被引入到智能计算机的研究中。

（2）新一代操作系统（OS）的研究。采用 OO 方法组织设计新一代操作系统具有的优点包括：采用对象来描述 OS 所需要设计、管理的各类资源和信息，如文件、打印机、处理机和各类外设等更为自然；引入 OO 方法来处理 OO 的诸多事务，如命名、同步、保护、管理等，会更易实现，更便于维护；OO 方法对于多机、并发控制可提供有力的支持，并能得当地管理网络，使其更丰富和协调。

（3）多学科的综合研究。当前，人工智能、数据库、编程语言的研究有汇合趋势。例如，在新一代数据库系统（智能数据库系统）中，能否用人工智能思想与 OO 方法建立描述功能更强的数据模型；能否将数据库语言和编程语言融为一体。为了实现多学科的综合，OO 方法是一个很有希望的汇聚点。

（4）新一代面向对象的硬件系统的研究。要支持采用 OO 方法设计的软件系统的运行，必须建立更理想的能支持 OO 方法的硬件环境。目前采用松耦合（分布主存）结构的多处理机系统更接近于 OO 方法的思想。作为最新出现的神经网络计算机的体系结构与 OO 方法的体系结构具有惊人的类似，并能相互支持与配合。一个神经元就是一个小粒度的对象；神经元的连接机制与 OO 方法的消息传送有着天然的联系；一次连接可以看做一次消息的发送。可以预料，将 OO 方法与神经网络研究相互结合，必然可以开发出功能更强、更迷人的新一代计算机硬件系统。

在大型管理信息系统开发中，若不进行自顶向下的整体划分，而是一开始就自底向上地采用 OO 方法开发系统，会造成系统结构不合理，各部分关系失调等问题。OO 方法和结构化方法在系统开发中相互依存、不可替代。

### 4.3.4 CASE 方法

20 世纪 80 年代，计算机图形处理技术和程序生成技术的出现，有效地解决了系统开发过程中的系统分析、系统设计和开发“瓶颈”，即主要靠图形处理技术、程序生成技术、关系数据库技术和各类开发工具为一身的 CASE（Computer Aided Software Engineering，计算机辅助软件工程）工具代替人在信息处理领域中的重复性劳动。计算机辅助软件工程（CASE）是系统开发工具与方法的结合，它是一种自动化或半自动化的系统开发环境，能够全面支持除系统调查外的每一个开发步骤，可使系统开发由原来手工完成的开发过程转变为由自动化工具和支撑环境支持的自动化开发过程，并由计算机自动生成合适的计算机程序。严格地讲，CASE 只是一种开发环境，而不是一种开发方法。

### 1. CASE 方法的基本思路

CASE 方法解决问题的基本思路是：在前面所介绍的任何一种系统开发方法中，如果在完成系统调查后，系统开发过程中的每一步都可以在一定程度上彼此形成对应关系的话，那么就完全可以借助专门研制的软件工具来实现上述系统开发过程。系统开发过程中的对应关系，与所采用的具体系统开发方法有关。大致包括：结构化方法中的业务流程分析—数据流程分析—功能模块设计—程序实现；业务功能一览表—数据分析、指标体系—数据/过程分析—数据分布和数据库设计—数据库系统等；OO 方法中的问题抽象—属性、结构和方法定义—对象分类—确定范式—程序实现等。

### 2. CASE 环境介绍

以 Oracle 公司推出的 CASE 产品为例进行介绍。它是以 CASE 库为中心外加若干工具软件所构成的一个大型、综合的计算机辅助开发环境，如图 4-7 所示。

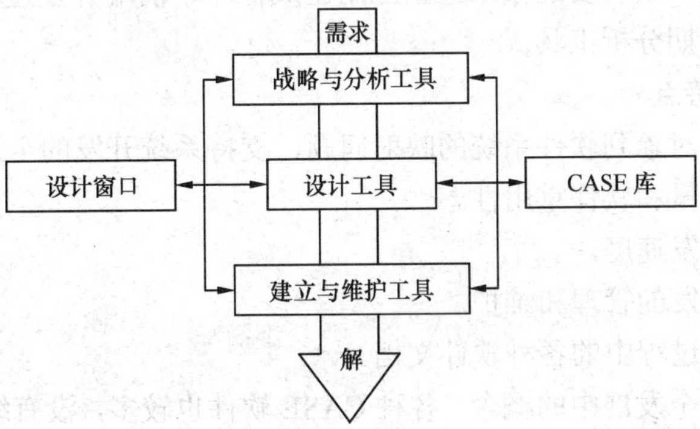


图 4-7　CASE 的组成和结构

CASE 库是一个分布式、多用户的资料库，它可以辅助开发人员收集、管理、存储系统开发中的信息，如定义数据、功能设计、决策处理和实现细节。

CASE 支持系统开发战略规划和需求分析的各个阶段，提供各种需求分析工具，可进行战略规划、功能分析、数据定义与数据流程分析等。

CASE 支持以 X Windows（支持 UNIX 系统、Windows 3.x）标准建立的图形方式多窗口的开发平台即 CASE 设计器，允许用户在这个平台上进行多种开发方法的各项工作，并提供功能层次图、实体关系图、矩阵图等生成工具。

CASE 支持由分析和设计各部分向建立和维护应用系统的自动转换过程，直至实际问题的最后求解。

### 3. CASE 工具

CASE 工具（CASE Toolkit）是指 CASE 的最外层（用户）使用 CASE 开发一个应用系统的过程中所接触到的所有软件工具，如图 4-8 所示。例如图形工具用于绘制结构图、系统专用图；由屏幕显示和报告生成的各种专用系统用于生成一个原型等。

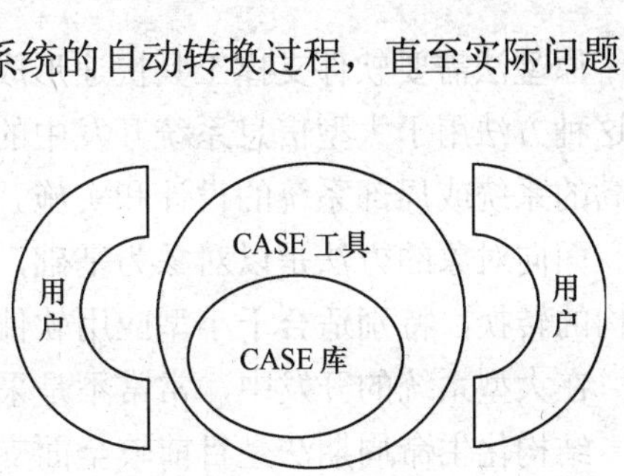


图 4-8　CASE 方法

例如，IntelliCorp 的其中一款 CASE 工具软件 ModelWorks，它是由 LiveModel（旧版名 OMW）和 PowerModel（旧版名 KaPPa）两者合并而成的，1996 年以后称为 ModelWorks。该软件提供了从系统分析、系统设计到系统实现的研制环境，是可视化、速成化和组件化的工具。它生成的程序代码是 C 和自制的 ProTalk 语言。

LiveModel 提供了一套全面的面向对象的工具，以使用不同的建模技术，包括 Object Diagrammer（对象绘图程序）、Event Diagrammer（事件绘图程序）、Business Rules（业务规则）、Rule Editor（规则编辑程序）、Testing（测试）和 Documentation（文档建立）。

PowerModel 提供的功能是模块式和分层的，其中"基层"包含对象管理程序、对象查询语言、编程语言 C 的 API（应用程序接口）等；"研制层"包含 GUI（图像用户接口）构造程序、对象浏览程序、交互 C 环境等；"应用层"包括研制者编制的类、方法（程序），各种类库，专业窗体系统等。它本身是一个应用开发环境，同时还可作为中介软件，把 CASE、GUI、DBMS 集成在一起。

CASE 工具分为"高级"CASE 和"低级"CASE。高级 CASE 工具用来绘制企业模型以及规定应用要求，低级 CASE 工具用来生成实际的程序代码。CASE 工具和技术可提高系统分析员和程序员的工作效率。其重要的技术包括应用生成程序、前端开发过程面向图形的自动化、配置和管理以及生命周期分析工具。

**4. CASE 方法的特点**

（1）解决了从客观对象到软件系统的映射问题，支持系统开发的全过程。

（2）提高了软件质量和软件重用性。

（3）加快了软件开发速度。

（4）简化了软件开发的管理和维护。

（5）自动生成开发过程中的各种软件文档。

由于 CASE 仍是一个发展中的概念，各种 CASE 软件也较多，没有统一的模式，所以采用 CASE 工具进行系统开发，必须结合一种具体的开发方法，如结构化系统开发方法、面向对象方法或原型化开发方法等。CASE 只是为具体的开发方法提供了支持每一过程的专门工具。因而，CASE 工具实际上把原先由手工完成的开发过程转变为以自动化工具和支撑环境支持的自动化开发过程。

现在，CASE 集成了多种工具，最常用的 CASE 工具是 Rational Rose、Sybase PowerDesigner、Microsoft Visio、Meta CASE 等。这些工具既可以单独使用，也可以组合使用。CASE 的概念也从一种具体的工具发展成为开发信息系统的方法学。

### 4.3.5 开发方法的选择

原型法需要软件支撑工具快速形成原型，并不断地与用户讨论、修改，最终建立系统。要将这种方法用于大型信息系统开发中的所有环节是不适宜的，因此，它主要用于小型的、灵活性高的系统或局部系统的设计和实施。

面向对象的方法是以对象为基础，利用特定的软件工具直接完成从对象的描述到应用软件结构的转换，特别适合于小型应用软件系统的开发。

在大型系统的开发中，常常不是采用一种开发方法，而是采用多种方法的组合。

结构化生命周期法是目前较全面支持大、中型系统整个开发过程的方法，其他方法虽然有许多优点，但都只能作为结构化生命周期法在局部开发环节上的补充，暂时还不能代替其在系统开发过程中的主导地位。

随着系统开发工具的不断改进，系统开发的方法正在逐渐完善。本节介绍的各种方法不是相互独立的，它们可以混合使用。

### 4.3.6 系统开发的方式

目前，我国企业开发管理信息系统的方式主要有以下 4 种。

**1. 由企业自行开发**

这种开发方式需要有出色的领导和自己的开发队伍，包括系统分析师、程序设计员、计算机技术人员、有经验的管理人员等各类人员。

自行开发的主要优点是：（1）用户的需求可以得到充分满足；（2）系统维护容易；（3）可锻炼本企业计算机开发应用的队伍。

自行开发的主要缺点是：（1）系统开发周期一般较长；（2）难于摆脱本企业习惯的管理方式的影响，难以开发出一个高水平的管理信息系统；（3）用于企业内部的开发费用高。

**2. 委托开发**

利用专门提供信息系统建立和维护的公司，来实现信息系统的开发。企业应当在调查研究的基础上，向委托开发的单位提供系统开发任务书，明确新系统的目标、范围和总的功能需求。在开发过程中，企业应派出精通管理业务的人员参与开发方案的研究，监督开发工作的进展，以保证工作的质量。

这种开发方式的优点是：开发周期短；企业不必组织本企业的开发队伍；如果选择了好的开发单位，企业能密切配合系统开发和管理工作，使系统符合现代信息处理要求，则可开发出水平较高的系统。其缺点是：由于要由软件公司对企业的系统进行专门的开发，因此用于企业外部的费用很高；当企业管理发生变化或扩展时，系统维护工作困难。

**3. 企业与软件公司合作开发**

其主要优点是：在合作开发中，可发挥软件公司技术力量强，本企业人员对管理业务熟悉的优势，共同开发出具有较高水平而适用性强的系统；有利于企业计算机应用队伍的培养与提高。

**4. 购买应用软件产品**

购买商品化应用软件产品的主要优点有以下几个。

（1）软件产品的可靠性、稳定性高。

（2）反映了先进的企业管理思想。

（3）开发周期短。

（4）费用比较低。

购买商品化软件的主要缺点有以下几个。

（1）系统实施费用较高。

（2）系统维护困难。

商品化软件的应用范围日益扩大，将成为系统建立的主要方式。

### 4.3.7 管理信息系统开发的常见问题

**1. 急功近利**

企业中具有条件的部门客观上不可能完整地设计整个企业的 MIS，而仅从本部门的利益出发率先实现了计算机管理。就企业的整体 MIS 而言，这是重复投资，造成人、财、物极大浪费的直接原因。

2. 贪大求全

许多 MIS 设计的非常完善，项目完成后却难以发挥作用而成为失败的系统，其原因是忽视企业的当前实际情况，盲目追求高新技术。

3. 重复开发

重复开发不仅浪费时间和人力、物力，而且重复开发的系统经常处于修修补补的完善过程中。

4. 重“硬”不重“软”

企业使用不懂 MIS 的人员搞 MIS 的开发工作，这些人被戏称具有“电灯泡”思想，只重视购买设备，而不了解软件才是 MIS 的根本内容。

5. 重开发不重维护

许多 MIS 花费了巨大的人力和物力，但投入运行后不久就夭折了，原因在于严重忽视软件工程的最后一个也是最重要的一个环节即维护而导致 MIS 的失败。

提高科学管理水平，首先要提高科学管理的意识，进行 MIS 的开发首先要具有科学的开发方法。成功开发 MIS 的基础是科学的管理加上科学的开发方式。企业的 MIS 开发必须结合实际，严格按照软件工程的思想进行，才能保证 MIS 的高成功率和高效率。

# 现实世界案例——委托开发案例：河南移动客户管理系统建设

1. 系统需求

河南移动通信有限责任公司（以下简称河南移动）成立于 1999 年 8 月 16 日，截至 2003 年底，河南移动客户规模已突破 700 万户，较成立之初翻了两番。

随着移动通信市场竞争的日趋激烈，在移动集团“以客户为中心”的方针下，建立客户管理系统成为河南移动高度重视的战略任务。河南移动的客户管理系统除了要具有一般的客户服务管理系统功能外，特别要求实现向大客户提供“优质、优先、优惠”、差异化、个性化的服务，加强对大客户服务的规范管理，提高大客户服务方面的业务支撑能力。与此同时河南移动对项目的建设周期有很紧迫的要求，建设周期仅为 3 个月。

2. 开发方式的选择及实现

由于河南移动的客户管理系统的建设周期短，不适合进行没有基础的全新开发。同时，项目在一般的客户管理需求之外，需要实现个性化的大客户管理需求，超出了标准客户管理软件的功能，也不能直接外购软件加以实施。

河南移动最终选择了委托开发的形式，将该项目承包给神州数码软件有限公司（以下简称神州数码），将开发难题转移给神州数码。神州数码凭借自身的从业经验，综合考虑该项目对功能、技术和开发效率的要求，决定选择一个能快速搭建、扩充性好的商品软件作为基础，对其进行二次开发来满足河南移动通用性、个性化和时效性的要求。

神州数码选择了基于控件的软件应用平台普元 EOS。它在 J2EE 服务器平台之上，以构件组装的方式取代以往代码编程的开发方式，在系统的性能、灵活性和开发效率方面都有显著的提升。在 EOS 平台上，河南移动的客户管理系统不再是一个由代码组成的庞然大物，而是由构件包组装成的一个清晰的逻辑体系，任何因需求变化而引起的应用功能的变化也能迅速得以实现。这为在短期内迅速实现项目目标提供了保障。

神州数码从 2003 年 10 月开始进行 EOS 产品开发的培训，于 2003 年 12 月上旬完成系统的开发并进行割接，于 2004 年 2 月在河南省 17 个地市推广，很好地实现了河南移动的系统建设目标。在 2004 年 5 月 16 日，河南移动的用户数量突破 1 000 万，河南成为中西部地区第一个移动用户超千万的省份。

**3. 评价**

本案例中河南移动对项目建设周期有紧迫的要求，没有充足的时间，也不具备以往信息化的经验来进行开发方式的选择。在这种情况下，将开发项目连同开发方式的选择一起委托给具有丰富经验和良好信誉的承包商，就是一个理想的选择，巧妙地借人所长来弥补企业技术方面的不足，有力地保证了开发目标和开发周期的实现。

而作为河南移动项目的承包商，神州数码也做出了理想的开发方式选择。神州数码凭借自己对技术领域的熟悉和技术开发能力，放弃了基于代码的自主开发方式，而选择基于控件的二次开发方式，充分体现出了专业水准，保证了开发速度和效果，赢得了河南移动的信任。

可见，对于开发任务紧，需求涉及面不广（如本案例仅涉及客户管理），企业缺少开发经验的情况，外包对企业而言是一种省心省力的选择。它能绕过企业在技术、开发方式选择和软件产品选择方面的不足，充分利用承包商的经验和技术，达到企业预期的开发目标。

## 习　题

1. 试分析 C/S 模式与 B/S 模式各自的优缺点。
2. 组织的特征有哪些？经济组织主要分成哪 3 类？
3. 简述结构化系统开发方法的主要阶段。
4. 简述用原型法建立系统要经历的 4 个基本阶段的顺序。
5. 简述企业如何选择管理信息系统的开发方法。
6. 管理信息系统的开发方式有哪些？

# 第5章 管理信息系统分析

## 开篇案例——系统分析是系统开发成功的关键

广东某大型外贸进出口公司计划建设管理信息系统，由某个高校计算机专业老师组成的软件开发小组开发。为了确保该项目的顺利实施，公司总经理决定以下属玩具分公司为试点，并由玩具分公司领导及其业务骨干组成管理信息系统协调小组。该小组的主要任务，首先是对管理信息系统的开发和项目的实施负有领导责任，其次是组织、协调本单位与管理信息系统开发相关的各个部门的相关人员，为开发人员提供需求，同时与开发人员一起制订需求方案和开发计划，从而确保项目的开展。

不久，该高校派来两名系统分析员进驻玩具分公司。开始的工作是相当缓慢的，主要的问题是，两名分析人员不知道从何入手。虽然玩具公司的人热情接待，公司领导也再三强调，所有人员应该积极配合调研人员的工作，但各部门工作繁忙，尤其是广交会期间，各部门业务人员大部分时间都在工作，无暇顾及提交需求报告。时间过去半个月，工作仍几乎没有进展。系统分析员说客户不配合，玩具公司人员说这些调研人员不懂外贸业务，双方相互抱怨。最后还是领导态度坚决，以任务的形式强制要求各部门限期把本部门的需求报告提交出来，否则追究部门领导的责任。又一周过去了，需求提交了上来，两位系统分析人员看到各部门提交的需求报告时，感到非常茫然。这种需求表述他们根本看不懂，既没有流程，也没有说明，有的只是几条粗略的要求。两位系统分析员只好把提交的所谓需求报告带回去，独自揣摩和分析。又过了一个月，两位系统分析员又来到玩具公司，拿出了一个详尽的需求报告。需求报告写得相当专业，业务流程图、数据流图、数据字典都有了。玩具公司把该需求报告按业务分发到各部门，要求各部门提出意见，进行修改，验证需求报告是否正确。又一周过去了，当收回所有发出去的需求报告时，分析员惊讶的发现，需求报告改动得很少，有的甚至看都没有看，报告纸都是新的。没有办法，玩具公司负责人只好拿这份需求报告，逐个部门地去征求意见。又经过了一段时间，意见反馈才收集上来，交给系统分析员，要求按新的意见对需求报告进行修改。

终于可以开发软件了。经过半年多的艰苦奋战，开发工作基本结束。在玩具公司的会议室，系统分析员向玩具公司各部门的主要领导和业务负责人演示开发的管理信息系统。台下的人认真地听讲，台上的人讲得津津乐道，不时向听众灌输着信息技术和现代管理的新名词、新概念、新思想。当系统介绍完毕，系统分析员让在座的各位业务专家提出意见，以便继续修改完善系统。万万没有想到的是，业务人员指出多处与业务流程不符的错误，对外贸易部的主任甚至说：这软件根本不能用，根本不符合现有的管理流程，尤其是某某部分，简直是胡编。系统分析员坐不住了，还想据理力争，因为业务流程是经过业务人员的确认和认可的。玩具公司领导只好让分析员将已经开发的程序安装在各部门计算机上，参照已有程序，重新提需求。

系统分析员一脸的无奈，什么也说不出来，痛心的是将近一年的时间得到的到底是什么。他们找不到答案，甚至感到有些恐惧，下一步该怎么办。

系统分析是指应用系统的思想和方法，把复杂的对象分解成简单的组成部分，找出这些部分的基本属性和彼此间的关系。系统分析阶段的基本任务是，借助于当前系统的逻辑模型导出目标系统的逻辑模型，解决目标系统“做什么”的问题。系统分析员应与用户一起对用户的要求做充分的调查及分析，并把双方的理解用系统说明书表达出来。系统说明书通过审核之后，将成为系统设计和将来验收系统的依据。系统分析是开发信息系统最重要的阶段，也是最困难的阶段。

# 5.1 可行性分析

在进行信息系统分析时，首先要进行系统可行性分析。因为不是所有的信息系统规模、功能需求及时间要求都是一致及固定的，如果无法在预定时间内找到有效的解决方法而贸然开发，将会造成时间、人力、经费的巨大浪费。

系统开发的目的是什么？有哪些功能需求？现有技术能否实现？系统开发完成投入使用的时间能否满足用户要求？系统预计造价是多少？是否超出用户的预算值？可行性分析就是要回答这些问题。可行性分析的目的就是用最小的代价在尽可能短的时间内确定系统是否可以开发出来及是否值得开发。

## 5.1.1 可行性分析的任务

要确定系统是否能够开发及是否值得开发，首先要进行概要的需求调查及分析研究，初步确定项目的规模和目标，确定信息系统的约束及限制，抽象出系统的逻辑模型并给出大体的若干种解决方案，针对每种解决方案研究它的可行性。一般说来至少应该从以下 3 个方面研究每种实现方案的可行性。

（1）技术可行性，即现有计算机技术能否实现。对现有计算机技术进行评价，分析信息系统是否可以用现有技术来实现，并分析计算机技术的发展将对系统建设有什么影响，对信息系统中用到的关键技术及将参与系统开发的开发人员的数量和水平进行评价。

（2）经济可行性，即系统的开发带来的效益是否大于开发成本。对使用信息系统的组织的经济状况和投资能力进行分析，对系统建设、运行和维护费用进行估算，对系统建成后可能取得的社会效益及经济效益做出预计。

开发费用分析包括对土建费用，计算机软硬件、系统调查研究、技术开发、人员培训等费用的分析。运行费用分析包括对人员工资、水电等公共设施使用费、软硬件租赁和维护费，以及数据收集和录入、通信、消耗材料等费用的分析。

系统效益的估计即系统可能产生的直接效益和间接效益，如信息服务、减少成本、提高生产率、缩短周期、改善决策等；社会效益估计，即系统对社会经济活动可能产生的影响及其效益估计。

（3）操作可行性，即系统的计算机操作会不会得到用户的支持。系统对组织机构的影响，现有人员和机构、设施、环境等对系统的适应性，以及进行人员培训的可行性。

必要时还要从社会、法律、版权等方面研究各种解决方案的可行性。

### 5.1.2　可行性研究的具体步骤

典型的可行性研究包括如下步骤。

**1. 确定系统目标及规模**

系统分析员访问组织的关键人员，仔细阅读和分析有关的材料，以便对问题定义阶段书写的关于规模和目标的报告进一步复查和确认，纠正含糊或不确切的叙述，清晰地描述对目标系统的一切限制和约束。这个步骤的工作实质上是为了确保系统分析员正在分析的问题确实是用户要求解决的问题。

**2. 研究目前正在使用的系统（如果用户已有信息系统）**

现有的系统是信息及需求的重要来源。现有系统的使用必然覆盖了用户的基本需求，自然也存在某些未能满足用户新的需求的问题，新系统必须能解决旧系统中存在的问题。应该仔细阅读和分析现有系统的文档资料和使用手册，注意了解这个系统可以做什么，为什么这样做。

绝大多数信息系统都不会单独孤立地运行，都会和组织中的其他应用系统有联系。应该注意了解并记录现有系统和其他应用系统之间的接口情况，这是设计新系统的重要约束条件。

**3. 导出新系统的高层逻辑模型**

优秀的设计过程通常总是从现有的物理系统出发，导出现有系统的逻辑模型，再参考现有系统的逻辑模型，设想将要开发的目标系统的逻辑模型，最后根据目标系统的逻辑模型建造新的物理系统。

通过前一步的工作，系统分析员对目标系统应该具有的基本功能和所受的约束已有一定了解，能够使用数据流图描绘数据在系统中流动和处理的情况，从而概括地表达出对新系统的设想。通常为了把新系统描绘得更清晰、准确，还应该有一个初步的数据字典，定义系统中使用的数据。数据流程图和数据字典共同定义了新系统的逻辑模型，以后可以从这个逻辑模型出发设计新系统。

**4. 进一步定义问题**

新系统的逻辑模型实质上表达了系统分析员对新系统必须做什么的看法。要确定用户是否也有同样的看法，则要求系统分析员和用户一起再次复查问题定义、工程规模和目标，这次复查应该把数据流程图和数据字典作为讨论的基础。如果系统分析员对问题有误解或者用户曾经遗漏了某些要求，那么现在就是发现和改正这些错误的时候。

可行性研究的前 4 个步骤实质上构成了一个循环。系统分析员定义问题，分析这个问题，导出一个试探性的解；系统分析员在此基础上再次定义问题，再一次分析这个问题，修改这个解；继续这个循环过程，直到提出的逻辑模型完全符合系统目标。

**5. 导出和评价供选择的解决方案**

系统分析员应该针对前 4 步的分析和研究给出多个物理解法供比较和选择。首先应该根据技术可行性的考虑排除一些不现实的系统，把技术上行不通的解法去掉之后，就剩下了技术上可行的方案。

其次应该考虑操作方面的可行性。系统分析员应该根据使用部门处理事务的原则和习惯检查技术上可行的那些方案，去掉其中从操作方式或操作过程的角度看用户不能接受的方案。

接下来应该考虑经济方面的可行性。系统分析员应该估计剩下的每个可能的系统的开发成本和运行费用，并且估计相对于现有的系统而言这个系统可以节省的开支或增加的收入。

最后为每个在技术、操作和经济等方面都可行的系统制订实现进度表，由于时间及深入细节的限制，这个进度表通常只需要估计生命周期中每个阶段的工作量。

**6. 推荐最佳方案**

系统分析员应该从筛选后剩下的可行的方案中推荐一种最好的解决方案供高层选择，应陈述选择这个解决方案的理由。

**7. 草拟开发计划**

系统分析员还要为所推荐的方案草拟一份开发计划，除了制订工程进度表之外，还要估计对各类开发人员（系统分析员、程序员）和各种资源（计算机硬件、软件工具等）的需要情况，要指明什么时候使用以及使用多长时间。此外还应该估计系统生命周期中每个阶段的成本。最后给出下一个阶段（需求分析）的详细进度表和成本估计。

**8. 书写文档提交审查**

系统分析员应该把上述可行性研究各个步骤的工作结果写成清晰的文档，让用户、客户组织的负责人及评审组审查，以决定是否继续这项工程及是否接受分析员推荐的方案。

### 5.1.3 可行性分析使用的工具

在进行可行性研究时需要了解和分析现有的系统，并以概括的形式表达对现有系统的认识；进而给出新开发系统的“蓝图”即新系统的逻辑模型；进入设计阶段以后还需把设想的新系统的逻辑模型转变成物理模型，因此需要描绘新的物理系统的概貌。常用的描绘工具有：

**1. 系统流程图**

系统流程图（System Flow Diagram）是概括地描绘物理系统的经典工具。它的基本思想是用图形符号以黑盒子的形式描绘组成系统的每个部件（程序、文档、数据库、人工过程等）。系统流程图表达的是数据在系统各部件之间流动的情况，而不是对数据进行加工处理的控制过程，因此尽管系统流程图的某些符号和程序流程图的符号相同，但它却是物理数据流图而不是程序流程图。常用符号如图 5-1 所示。

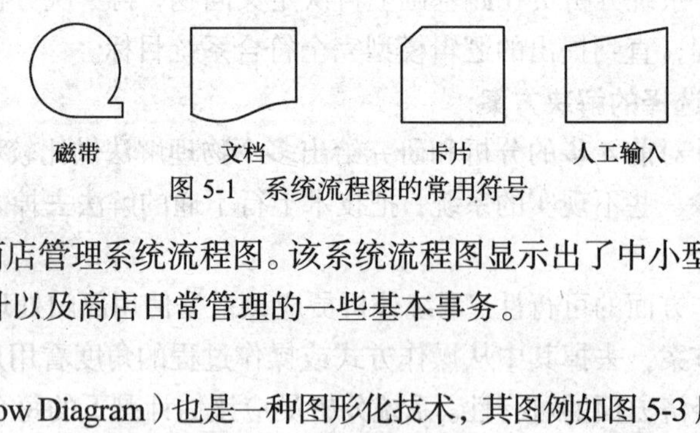


图 5-1　系统流程图的常用符号

图 5-2 所示为某商店管理系统流程图。该系统流程图显示出了中小型商店定货、商品上架、商品销售、营业额统计以及商店日常管理的一些基本事务。

**2. 数据流图**

数据流图（Data Flow Diagram）也是一种图形化技术，其图例如图 5-3 所示。数据流图（DFD）用于描绘数据、信息从输入到输出的变换过程及数据在软件中被处理（流动）的过程。

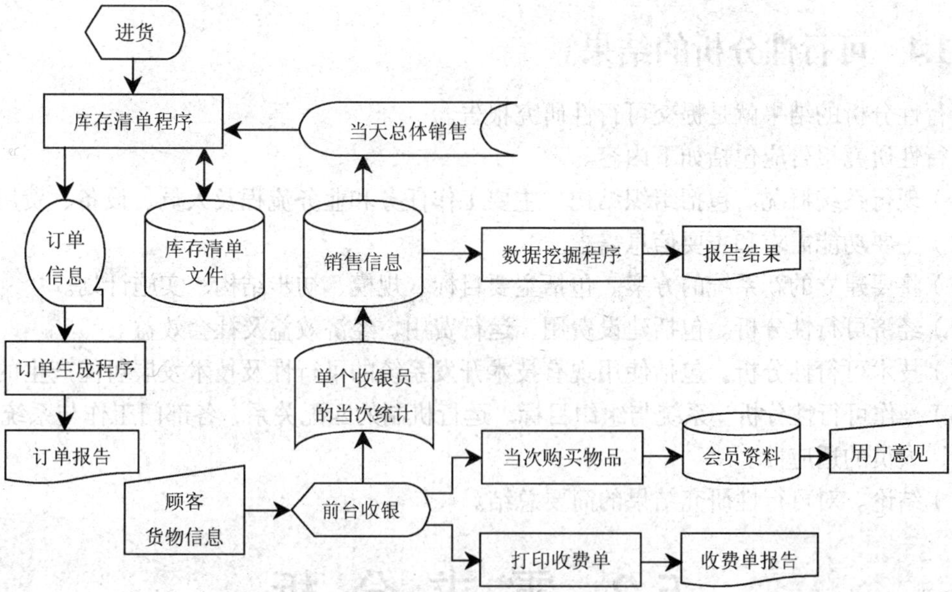


图 5-2　商店管理系统流程图

图 5-3　数据流图的图例

数据流图具有如下特点。

（1）DFD 中不含有任何硬件，是纯粹的逻辑过程描述。

（2）DFD 符号简单，宜于理解。

（3）DFD 只表达逻辑功能，不管具体如何实现。

图 5-4 所示为一个销售系统的数据流图。

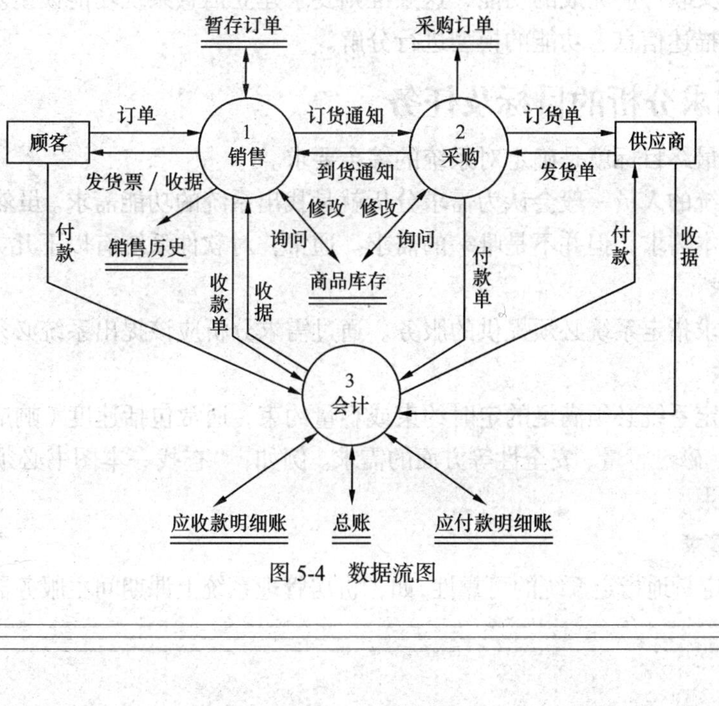


图 5-4　数据流图

### 5.1.4 可行性分析的结果

可行性分析的结果就是提交可行性研究报告。

可行性研究报告应包括如下内容。

（1）现行系统概况。包括组织结构、主要工作任务和业务流程及人员、设备、费用状况。

（2）主要功能需求和主要信息需求。

（3）将要建立的新系统的方案。包括主要目标、规模、初步结构、实施计划。

（4）经济可行性分析。包括建设费用、运行费用、经济效益及社会效益。

（5）技术可行性分析。包括使用现有技术开发系统的可行性及技术发展可能产生的影响。

（6）操作可行性分析。系统与组织目标、运行机制的匹配关系，各部门工作与系统运行的适应性，人员的适应性。

（7）结论。对可行性研究结果的简要总结。

## 5.2 需 求 分 析

需求分析就是以系统的观点，对可行性报告中选定的对象与开发范围进行进一步详细的有目的、有步骤的细致调查和系统分析。需求分析的主要目的是建立新系统的逻辑模型，因此，需求分析又称系统的逻辑设计。需求分析是一个反复调查、分析和综合的过程，在整个开发过程中起到承上启下的作用。它依据可行性报告中规划阶段确定的“做什么”的目标，进行进一步落实和细化，建立新系统的上层逻辑模型，从而为后续的系统设计阶段提供“怎么做”的依据。需求分析所确定的内容是今后系统设计、系统实现的基础，必须认真组织实施。

在长期的实践中人们总结出许多不同的分析方法用于需求分析，但是，无论哪种分析方法都必须遵守下述准则。

（1）必须理解并描述问题的信息域，这条准则要求建立信息系统数据模型。

（2）必须定义软件应完成的功能，这条准则要求建立信息系统功能模型。

（3）必须对描述信息、功能的模型进行分解。

### 5.2.1 需求分析的目标及任务

需求分析的最终目标就是确定对系统的综合要求。

初次开发系统的人员一般会认为需求分析就是找出系统的功能需求。虽然功能需求是对软件系统的一项基本需求，但并不是唯一的需求。通常，对软件系统有以下几方面的综合需求。

**1. 功能需求**

这方面的需求指定系统必须提供的服务。通过需求分析应该提出系统必须完成的功能。

**2. 性能需求**

性能需求指定系统必须满足的定时约束或容量约束，通常包括速度（响应时间）、信息量速率、主存容量、磁盘容量、安全性等方面的需求。例如，“查找一本图书必须在10秒内完成”就是一项性能需求。

**3. 可靠性需求**

可靠性需求定量地指定系统的可靠性，如，“机房管理系统上课期间主服务器不能停止验证。”

**4. 出错处理需求**

这类需求说明系统对环境错误应该怎样响应。例如，操作员在输入一个错误的信息时，系统应该做什么反应。应该注意的是，这类错误并不是由该应用系统本身造成的。

**5. 接口需求**

接口需求描述信息系统与它衔接的环境通信的模式。常见的接口需求有用户接口需求、硬件接口需求、软件接口需求、通信接口需求。

**6. 约束**

约束描述在设计或实现应用系统时应遵守的限制条件，并说明用户或由用户现有条件带给信息系统的限制条件。常见的约束有：开发工具和程序设计语言约束；现有的硬件平台约束。例如，“必须在用户现有的操作系统及数据库产品下开发”。

**7. 逆向需求**

逆向需求描述信息系统不应该做什么。这类需求可以提出很多，分析时应选取对正向需求不产生误解的那些逆向需求。

**8. 潜在需求**

要发现和挖掘用户目前尚未提出但将来可能提出的要求。这样做的目的是，在设计过程中对系统将来可能的扩充和修改留下空间，为后期的维护及改进做准备。

针对不同的信息系统还会对可用性、可操作性、可移植性等有相应的需求。

### 5.2.2　需求分析的内容及获取手段

**1. 内容**

需求分析的主要任务是将在系统调查中所得到的文档资料集中到一起，对组织内部的整体管理状况和信息处理过程进行分析。它侧重于从业务全过程的角度进行分析，分析的主要内容有以下几项。

（1）老系统管理模式的改革和新系统管理方法的实现是否具有可行性。

（2）业务和数据的流程是否通畅，是否合理。

（3）数据、业务过程和实现管理功能之间的关系。

需求分析的目的是将用户的需求确定下来，需要确定的结果包括以下几项。

（1）开发者关于现有组织管理状况的了解。

（2）用户对信息系统功能的需求。

（3）数据和业务流程，及管理功能和管理数据指标体系。

（4）新系统拟改动和新增的管理模型等。

**2. 手段**

（1）采访。采访是最原始、最直接也是最有效的一种获取需求的手段。采访的技术要点是，首先应该给用户一个好印象，先做自我介绍，说明来因，简单的寒暄是必要的，以表明自己是不懂而来请教的。其次，要控制访问过程，要采用漏斗式提问，由广至专、由外至里；问题要简单明了，尽量不要问引导性问题，并要掌握主动且注意随机应变。

提问的方法包括：①自由提问法，②一问一答法，③向心提问法，④离心提问法（问多人同一个问题）。

采访过程应掌握时间，有必要延长时应该征求对方意见。少量问题可以用电话联系。必要时继续预约下一次见面时间。

采访结束应撰写、整理、总结采访记录，并记下地点、时间及被访问者姓名。

（2）发调查表。以书面形式分发给有关人员征求回答，对结果进行定量分析而得出结论。该方法节省人力，形式简单，调查面广，便于定量分析。问题形式可以采用答题型、填空型、选择型、比例尺型（很好、好、较好、不好）。

（3）开调查会。该方法可以采用联合座谈，应该由不同部门的人员组成，由对方领导主持，我方控制，当然要事先准备好座谈的问题。

（4）观察、参加业务实践。深入到用户工作环境中，了解各个部门的工作目标、组织结构、管理结构、部门间的联系（包括工作联系、从属联系、物质联系、信息联系等），以及相关人员的工作内容和业务信息传递、加工的过程。

（5）面向数据流自顶向下求精。通过可行性研究已经得出了目标系统的高层数据流图，需求分析的目标之一就是进一步改进、细化数据流图，把数据流和数据存储定义到元素级。为了实现这个目标，人们通常从数据流图的输出端着手分析，这是因为系统的基本功能是产生这些输出，输出数据决定了系统的功能必须具有的内容。

通过调查确定每个输出数据元素是从外面输入到系统中的，还是通过系统的计算产生的。

沿数据流图从输出端向输入端回溯，逐步确定每个数据元素的来源，与此同时也就初步定义了有关的算法。在可行性研究阶段产生的是高层数据流图，许多具体的细节没有包括在里面，因此沿数据流图回溯时常常遇到为了得到某个数据元素需要用到数据流图中目前还没有的数据元素的情况，此时需要向用户和其他有关人员进行请教，分析员从而加深对目标系统的认识和理解。系统中更多的数据元素被挖掘出来，更多的算法和功能被确定。

对数据流图进行细化之后得到一组新的低层的数据流图，不同的系统元素之间的关系变得更清楚。

（6）快速建立软件原型。

在开发初期，要想得到一个完整、准确的系统综合需求是一件很困难的事情，特别是对一些大型的软件项目。用户往往对计算机系统的实现只有一个模糊的理解，很难完全准确地表达对系统的全面要求，特别是对细节问题更无从谈起。软件开发者对于所要解决的应用问题的认识更是模糊不清，双方往往会互不理解。根据前面介绍的几个手段挖掘出的基本功能需求快速开发出一个软件雏形，提交给用户进行现场操作，这样会大大增进用户对系统服务需求的理解，使比较含糊的、具有不确定性的软件需求明确化。软件原型化方法提供了一种有力的获取需求的手段。面对计算机软件系统的初步搭建，用户对软件系统的操作有了初步的认识，对操作流程的错误和不足有了直接的了解，问题和欠缺之处完全暴露在眼前，不用系统分析员提问，用户就可指出缺少的功能及需求。

软件原型的最终版本，有的可以原封不动地成为产品，有的略加修改就可以成为最终系统的一个组成部分，这样有利于建成最终系统。

### 5.2.3 建立信息系统的逻辑模型

通过利用各种获取需求的手段进行详细系统调查及需求分析，使开发人员对信息系统应具备的综合功能有了全面的理解。可以总结出一个软件需求规格说明书，它是需求分析阶段得出的最主要的文档。

人们通常用自然语言完整、准确、具体地描述系统的数据要求、功能需求、性能需求、可靠性和可用性要求、出错处理需求、接口需求、约束、逆向需求以及将来可能提出的要求。自然语言的规格说明具有容易书写、容易理解的优点，但也存在内容烦琐，重点不突出，联系不够紧密等不足。为了对自然语言书写的软件需求规格说明书中可能存在的不一致、含糊、不完整等问题进行补充，还应采用一些图形化、形式化、模型化的描述方法来展示用户对软件系统的需求。

为了更好地理解和描述用户对系统的需求，人们常采用建立模型的方法。所谓模型，就是为了理解事物而对事物做出的一种抽象，是对事物的一种无歧义的书面描述。通常，模型由一组图形符号和组织这些符号的规则组成。

信息系统中常见的描述系统逻辑模型的工具有系统流程图、实体联系图、数据流图、数据字典等。

（1）系统流程图：描绘物理系统的传统工具，用图形符号来表示系统中的各个元素及各个元素之间的信息流动情况。

（2）实体联系图：描绘数据对象及数据对象之间的关系，是用于建立数据模型的工具。

（3）数据流图：描绘当数据在软件系统中移动时被变换的逻辑过程，指明系统具有变换数据的功能，因此，数据流程图是建立功能模型的基础。

（4）数据字典：定义数据流图中各个成分的具体含义，为系统的分析、设计及维护提供对相关元素一致的定义和详细的描述。

下面通过一个实例来介绍这些模型的用法。

## 5.3　读者自助借还系统的逻辑模型实例

随着图书馆的收藏量和读者人数的激增，图书馆服务人员的工作量也随之增加，同时也暴露出许多的不足之处。例如，图书馆开放借还书籍服务的时间有限制；读者借还书籍的时间相对集中，需要花费大量时间去等待借还书籍；服务人员操作重复，长期工作容易对手臂造成职业伤害；图书馆需要投入大量人力资源等问题。

图书馆传统的管理和服务方式已不能满足读者的需求，原来人工操作的局限性和不便性已经影响到图书馆的运行效率，在这种情形下，一种新的自助系统——读者自助借还书系统应运而生。建设读者自助借还书系统，是图书馆现代化建设的客观要求。

现代图书馆为现代人提供了一个重要的吸收知识、自我增值的平台。自助借还系统以方便、快捷、高效的优点替代传统的图书管理方式，可提高效率，减轻工作人员的工作量，使操作自动化、人性化，使读者可以花更多的时间在选择书籍和看书上，从而使人们有更多的时间来获取信息、了解信息、掌握信息。

下面介绍在对用户需求进行充分的调查及分析后获得的描述系统的逻辑模型。

### 5.3.1　系统功能划分及描述

系统应具有如下基本功能。

**1. 查询功能**

读者把个人借书证条形码扫描到系统以后，可以查询到基本的读者信息，以及借书权限等；还可以查询到读者个人的借还记录，以及自己是否欠费等。

2. 欠费判断功能

判断读者逾期没有还书的欠费情况，能够阻止欠费读者继续借书。

3. 用户权限判断功能

当读者借阅图书的时候，根据用户类型判断用户是否拥有相应图书的借阅权限及数量，以此来决定是否允许读者续借或借出。

4. 借书登记功能

在读者把个人借书证条形码和书上的条形码扫描到系统以后，系统应记录本次借书的信息，包括借书人、所借的书、借书时间、应还书的时间等。

5. 还书登记功能

在读者把书上的条形码扫描到系统以后，系统应找到读者的借书记录，并对此进行修改，如把还书时间记录下来，把单册图书状态设置为“未借”等。

6. 充消磁功能

顺利完成借书登记或还书登记以后，系统应控制多功能充消磁仪对图书进行充磁或消磁。

7. 打印功能

在读者的借还书手续办完以后，将本次借还书的记录打印成凭据，以此作为证明，还可以提醒读者还书时间等。

### 5.3.2 性能需求描述

1. 数据精确度

(1) 多功能充消磁仪器的使用要求是，每次只能对一本书进行操作，读者需按照仪器指示灯及屏幕上的相关提示信息来使用，否则提示操作失误。

(2) 条形码的载体是纸张，因此容易受到污染，图书馆工作人员放书时需检查条形码的损耗程度。

(3) 借书卡需保存好，经扫描后，读者应该核对屏幕显示的用户信息是否与借书卡一致。

2. 响应要求

由于本系统使用原数据库中的数据，综合对总体数据量，软、硬件设备的分析，响应时间、更新处理时间、数据转换与传输时间、运行时间均较快。只要读者正确操作本系统，可以在10秒内完成所有操作。

3. 适应性

本系统是在原有系统上添加的一个创新部分，所需增添的硬件设备只是若干台多功能充消磁条码扫描一体仪。原有的很多设备（如计算机设备、服务器、打印机等）都可以继续使用，不会造成浪费，因此适应能力强。

4. 可靠性

本系统必须确保正确登记读者的借还信息，并保证在借还信息记录完成以后才对图书进行充消磁的操作。

### 5.3.3 运行需求描述

1. 用户界面

系统具有简洁、易懂、友好的用户界面，读者只需按屏幕提示即可进行查询、借、还操作。

**2. 故障处理**

（1）扫描借书证后若读入数据失败，系统提示读卡失败，并提示读者重新刷卡，读者可以重新扫描借书证，系统重新读入数据。

（2）若扫描图书条形码失败，系统提示读卡失败，并提示读者重新刷卡，读者可重新扫描，系统重新处理图书数据。

（3）在登记借还信息到图书充消磁完成期间，若图书离开指定区域，系统应马上停止充消磁操作，并且报错，要求读者重新操作。

（4）正常使用时系统不应出错，如果运行时遇到不可恢复的系统错误，也必须保证数据库完好无损。

**3. 其他要求**

（1）系统的功能实现情况：读者可在本系统中实现查询和借还书的功能。

（2）系统的智能性：系统的整个运作过程都由时间控制，若读者在一定时限内未提供任何操作，系统将自动注销读者的服务，进入待机状态。

（3）系统的高效率：本系统除了具有自身运行的高效外，还能让用户快速、准确地完成整个自助借还服务。

（4）系统的安全性：系统通过硬件设备以及图书馆管理条例的配合，可以保障图书借还的安全性。而系统继续使用原有的数据库，但不能对数据库中重要的数据进行更改，具有一定的安全性。

（5）系统的容错性：读者输入错误数据时有提示信息，具有较好的容错性能。

（6）系统的易操作性：用户不需要学习即可使用本系统中所有的功能，每步操作基本上都有提示信息，读者的封闭性较好。

（7）系统的不可抵赖性：每次正确完成借还图书的操作后，系统会提示用户选择打印借还凭证，此凭证是读者借还图书的有效证明，也是图书馆追究读者损坏书籍的证据。

## 5.3.4　系统模型描述

**1. 系统流程图**

图 5-5 所示为该系统的流程图。

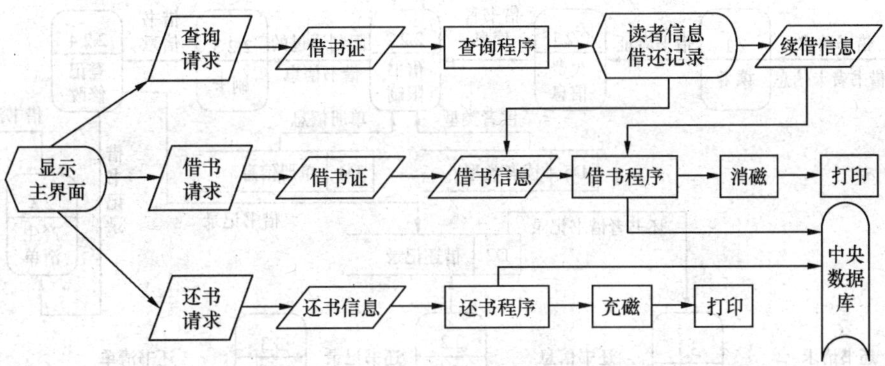


图 5-5　系统流程图

**2. 数据流图**

顶层的数据流图如图 5-6 所示。

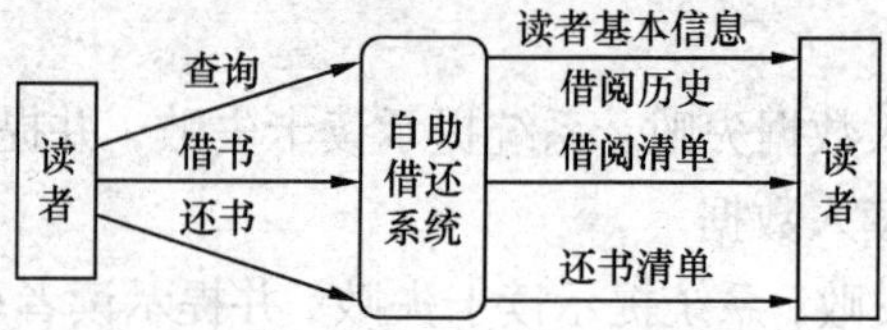


图 5-6 顶层数据流图

第一层的数据流图如图 5-7 所示。

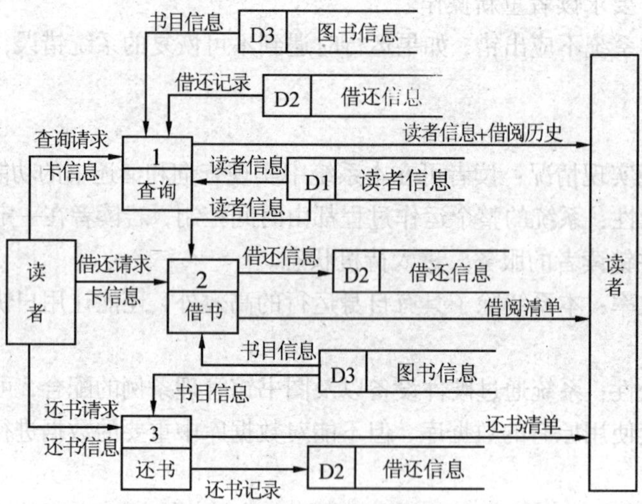


图 5-7 第一层数据流图

第二层数据流图如图 5-8 所示。

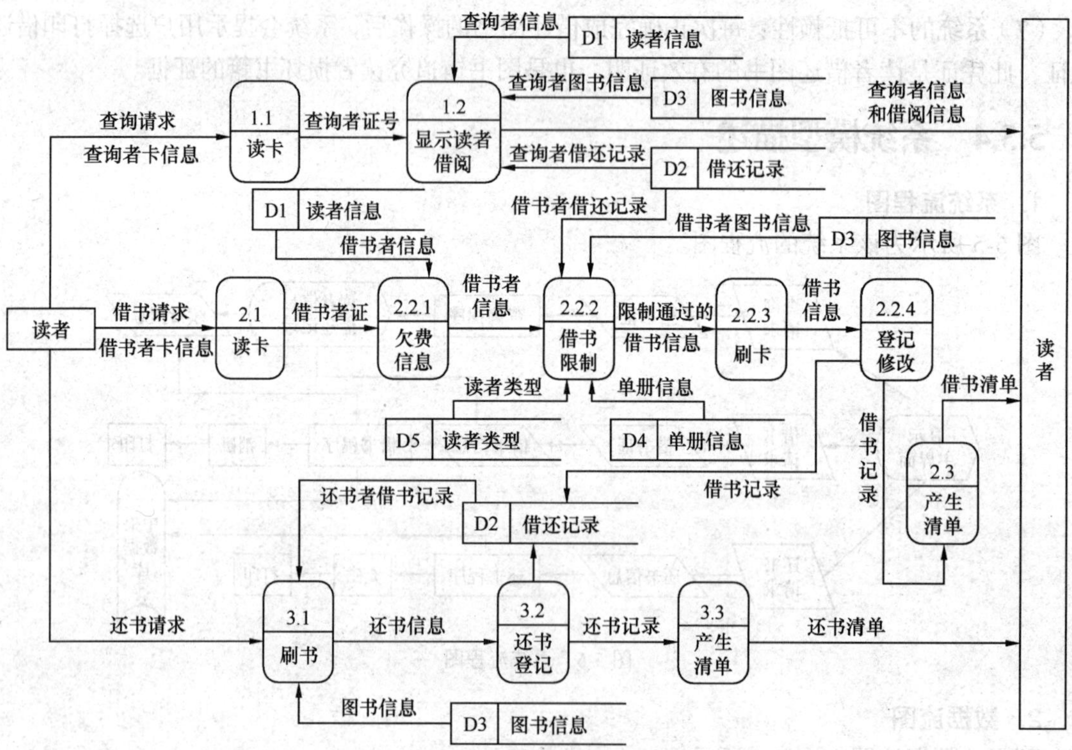


图 5-8 第二层数据流图

### 3. 数据描述 E-R 图

数据描述 E-R 图如图 5-9 所示。

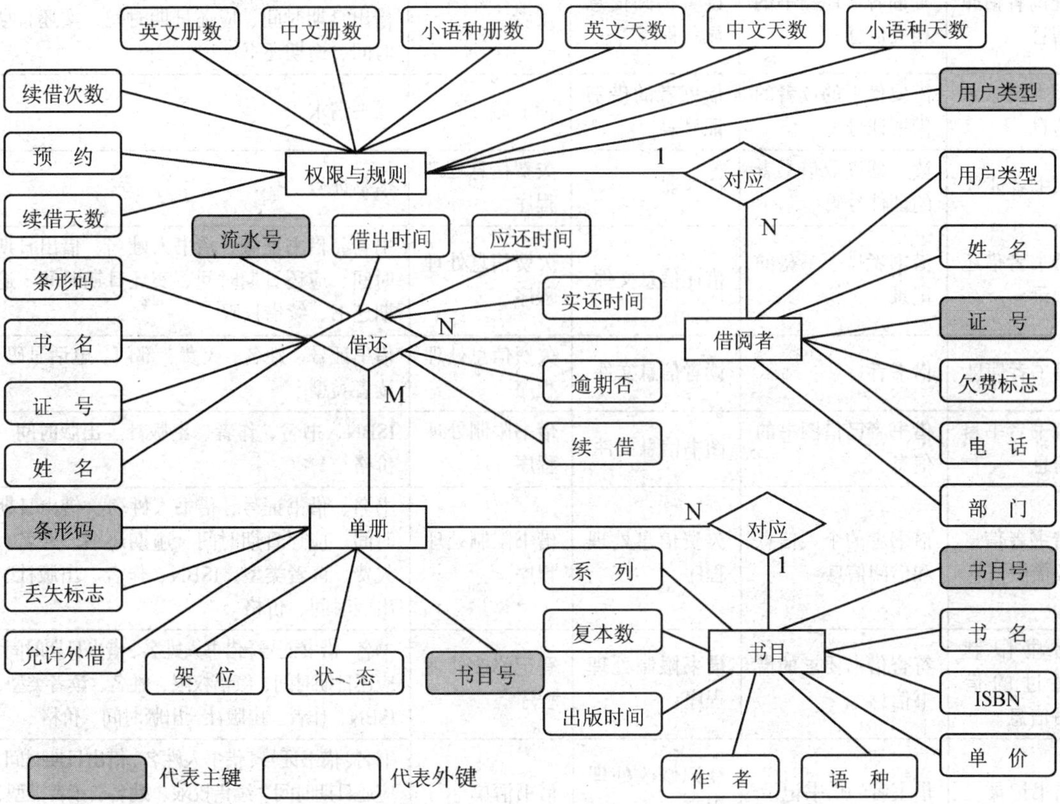


图 5-9 数据描述 E-R 图

### 4. 数据字典

（1）数据流描述见表 5-1。

表 5-1 数据流描述

| 数据流名 | 说 明 | 数据流来源 | 数据流去向 | 组 成 |
|---|---|---|---|---|
| 查询请求卡信息 | 需要查询个人借还信息的读者的借书证号码 | 读者的借书证条码 | 读卡器 | 查询请求 |
| 查询者证号 | 读卡器读取查询者的证件号码 | 读卡器 | 读者借阅信息显示程序 | 借书证号 |
| 查询者信息 | 查询者的个人信息 | 读者信息文件 | 读者借阅信息显示程序 | 借书证号、姓名、欠费、部门、电话号码、读者类型 |
| 查询者书目信息 | 查询者已借图书的信息 | 图书信息文件 | 读者借阅信息显示程序 | ISBN、书名、作者、出版社、出版时间、价格 |
| 查询者借还记录 | 查询者借还图书的记录 | 借还记录文件 | 读者借阅信息显示程序 | 书名、借书证号、借书人姓名、借出日期时间、应还日期时间、实还日期时间、逾期还书、续借权限 |

续表

| 数据流名 | 说　明 | 数据流来源 | 数据流去向 | 组　成 |
|---|---|---|---|---|
| 查询者借阅信息 | 查询者借还图书的相关信息 | 读者借阅信息显示程序 | 读者 | 借书证号、姓名、读者类、ISBN、书名、借出日期时间、应还日期时间、实还日期时间、逾期还书 |
| 借书请求卡信息 | 需要借书的读者的借书证号 | 借书者的借书证号码 | 读卡器 | 借书请求 |
| 借书者证号 | 读卡器读取借书者的证件号码 | 读卡器 | 欠费信息处理程序 | 借书证号 |
| 借书者借还记录 | 借书者借还书籍的记录 | 借还信息文件 | 欠费信息处理程序 | 书名、借书证号、借书人姓名、借出日期时间、应还日期时间、实还日期时间、逾期还书、续借权限 |
| 借书者信息 | 借书者 | 读者信息文件 | 欠费信息处理程序 | 借书证号、姓名、欠费、部门、电话号码、读者类型 |
| 借书者书目信息 | 借书者已借图书的信息 | 图书信息文件 | 借书限制处理程序 | ISBN、书名、作者、出版社、出版时间、价格 |
| 借书者信息及借阅信息 | 借书者的个人信息和借阅信息 | 欠费信息处理程序 | 借书限制处理程序 | 书名、借书证号、借书人姓名、借出日期时间、应还日期时间、逾期还书、姓名、欠费、读者类型、ISBN、作者、出版社、出版时间、价格 |
| 借书限制通过的借书信息 | 符合借书要求的借书信息 | 借书限制处理程序 | 登记修改处理程序 | 书名、借书证号、借书人姓名、借出日期时间、应还日期时间、续借权限、姓名、读者类型、ISBN、作者、出版社、出版时间、价格 |
| 借书记录 | 借书者的借书记录 | 登记修改处理程序 | 借书清单 | 书名、借书证号、借书人姓名、借出日期时间、应还日期时间、续借权限、姓名、读者类型、ISBN、作者、出版社、出版时间、价格 |
| 借书者借书记录 | 借书者本次的借书记录 | 登记修改处理程序 | 借还信息文件 | 流水号、借出书籍条形码、书名、借书证号、借书人姓名、借出日期时间、应还日期时间、续借权限 |
| 还书请求 | 需要还书的读者的请求 | 读者 | 还书处理程序 | 还书请求 |
| 书目信息 | 读者所还图书的信息 | 书目信息文件 | 还书处理程序 | 书目号、ISBN、书名、作者、系列、出版社、出版时间、价格 |
| 还书记录 | 读者所还图书的记录 | 还书记录处理程序 | 还书清单生成程序 | 流水号、借出书籍条形码、书名、借书证号、借书人姓名、借出日期时间、应还日期时间、实还日期时间、逾期还书 |
| 还书者借还记录 | 还书者的借还记录 | 还书处理程序 | 借还信息文件 | 流水号、借出书籍条形码、书名、借书证号、借书人姓名、借出日期时间、应还日期时间、续借权限 |
| 还书者借还记录 | 还书者的借还记录 | 借还信息文件 | 还书处理程序 | 流水号、借出书籍条形码、书名、借书证号、借书人姓名、借出日期时间、应还日期时间、实还日期时间、逾期还书、续借权限 |
| 还书清单 | 生成还书者的借还记录 | 还书清单生成程序 | 读者 | 流水号、借出书籍条形码、书名、借书证号、借书人姓名、借出日期时间、应还日期时间、续借权限 |

（2）数据存储描述见表 5-2。

表 5-2　数据存储描述

| 数据存储名 | 说　明 | 编　号 | 输入的数据流 | 输出的数据流 | 组　成 |
| --- | --- | --- | --- | --- | --- |
| 图书信息文件 | 记录图书馆收藏的图书的详细信息 | 01 | | 查询者书目信息、借书者书目信息、书目信息 | 书目号、条码、ISBN、书名、作者、系列、出版社、出版时间、价格、复本数 |
| 单册信息文件 | 馆藏图书的状态信息 | 02 | | 查询者书目信息、借书者书目信息、书目信息 | 条形码、可外借标志、丢失标志、架位、对应书目号 |
| 读者信息文件 | 记录读者的个人信息和读者类型 | 03 | | 查询者信息、借书者信息、还书者信息 | 借书证号、姓名、部门、电话号码、读者类型 |
| 读者类型文件 | 详细标记读者类型和读者的借阅权限 | 04 | | 查询者信息、借书者信息、还书者信息 | 读者类型、可预约标志、续借次数、续借天数、英文册数、中文册数、小语种册数、英文天数、中文天数、小语种天数 |
| 借还记录文件 | 记录图书馆处理的图书借阅记录和读者的借还记录 | 05 | 还书者还书记录、借书者借书记录 | 查询者借还记录、借书者借还记录、还书者借还记录 | 流水号、借出书籍条形码、书名、借书证号、借书人姓名、借出日期时间、应还日期时间、实还日期时间、逾期还书、续借次数 |

（3）处理过程描述见表 5-3。

表 5-3　处理过程描述

| 处理过程名 | 说　明 | 输　入 | 输　出 | 处　理 |
| --- | --- | --- | --- | --- |
| 刷卡处理 | 处理读者刷借书卡的事件 | 读卡器得到读者借书卡的条形码 | 借书卡条形码对应的借书证号 | 读卡器将读者借书卡的条形码信息转换成数字串形式的证号并输出 |
| 刷书处理 | 处理读者刷书的事件 | 多功能充消磁仪扫描到的书的馆藏条形码 | 书条形码对应的书条形码号 | 多功能充消磁仪将图书条形码信息转换成数字串形式的条形码号 |
| 判断卡的有效性 | 根据输入的证号判断其有效性 | 刷卡处理过程得到的借书证号、读者信息 | 读者基本信息、卡有效性的标志 | 根据借书证号，到读者信息表中进行查找，如果找到该记录，则卡有效，输出卡有效标志和读者基本信息；否则，输出卡无效的标志 |
| 显示用户信息 | 根据读者信息显示出对应的用户借阅信息 | 读者信息，主要是证号 | 读者信息、读者借阅记录和借阅历史 | 根据读者借书证号，到读者信息文件和借还记录文件中将该读者的基本信息和借阅记录输出 |
| 判断是否有权限 | 根据读者信息，判断该读者有无权限借阅或续借 | 读者借书证号、书的条形码号、读者类型文件、单册信息文件 | 能借出或续借的标志、书的条形码号、读者证号 | 首先，判断此书是否允许外借，若是，再判断读者有没有借书或续借的权限。若有，再判断读者是否已经欠费，若已欠费则不能借阅或续借。若没有欠费，而已借册数已经达到最大值，则不能再借出。若没有欠费，而能续借的次数已经为零，则不能续借；否则，输出拥有权限的标志 |

续表

| 处理过程名 | 说　明 | 输　入 | 输　出 | 处　理 |
|---|---|---|---|---|
| 借出/续借登记 | 将借出记录或续借记录登记到借还记录文件 | 书的条形码号、读者证号、书目信息、读者信息，读者类型 | 借出/续借记录 | 根据传入的图书条形码和读者借书证号，取得系统当前时间生成借出时间，再由读者证号和书的条形码号查询得到读者姓名、书名、可续借次数、应还时间，最后对实还时间进行初始化，便得到借出或续借记录，将之登记到借还记录文件 |
| 还书登记 | 用还书记录修改借还记录 | 图书条形码对应的图书条形码号 | 还书记录 | 根据书的条形码号到借还记录表中找到该条借还记录，修改实还时间，得到还书记录 |
| 打印处理 | 打印借出/续借/还书清单 | 借出/还书/续借记录 | 借出/还书/续借清单 | 借出/还书/续借记录生成清单并打印出来 |

## 5.4　需求分析小结

需求分析首先应进一步了解用户当前所处的情况，发现用户所面临的问题和对目标系统的基本需求；接下来应该与用户深入交流，对用户的基本需求反复细化、逐步求精，以得出对目标系统的完整、准确和具体的需求。具体地说，应该确定系统必须具有的功能、性能、可靠性和可用性，必须实现的出错处理需求、接口需求和逆向需求，必须满足的约束条件，并预测系统的发展前景。

为了详细地了解并正确地理解用户的需求，必须使用适当的方法与用户沟通。访谈是与用户沟通最有效的方法，至今仍被许多系统分析员采用。从可行性研究阶段得到的数据流图出发，在用户的协助下，面向数据流自上而下逐步求精，也是与用户沟通获取需求的一个有效的方法。快速建立软件原型是最准确、最有效和最强大的需求分析技术。

为了更好地理解问题，人们常常采用建立模型的方法，结构化分析实质上就是一种建模活动。可使用实体联系图建立数据模型，使用数据流图建立功能模型，读者应该掌握这些图形的基本符号，并能正确地使用这些符号建立软件系统的模型。

数据字典用于描述在数据模型、功能模型中出现的数据对象及控制信息的特性，给出它们的准确定义。因此，数据字典是分析模型的辅助及支撑。

## 习　题

**一、简答题**

1. 什么是系统分析？其目标是什么？它包含哪些主要活动？
2. 可行性研究的目标和内容是什么？
3. 为什么要进行需求分析？
4. 怎样与用户有效地沟通以获取用户的真实需求？

## 二、单选题

1. 描述信息系统逻辑模型的主要工具是（　　）。

A. 业务流程图　B. 组织机构图　C. 数据流程图　D. 系统流程图

2. 可行性研究是系统分析阶段的第二项活动，其研究内容包括技术可行性、经济可行性和（　　）。

A. 软件可行性　B. 硬件可行性　C. 操作可行性　D. 营运可行性

3. 系统性能要求不包括（　　）。

A. 可靠性　B. 正确性　C. 可读性　D. 安全性

4. 系统分析活动主要包括（　　）。

A. 初步调查、程序编写、人员安排

B. 可行性分析、系统调查、用户需求分析

C. 用户需求分析、系统结构设计、系统测试

D. 系统规划、系统调查、用户需求分析

## 三、分析题

1. 某学校的成绩管理系统，用实体关系图描述系统的主要数据及联系。

2. 自助型图书馆管理系统，功能包括以下内容。

（1）用户功能：借书、还书、预约。

（2）基本功能：在系统中增加或删除一本图书，找出最近借走某本图书的读者，在系统中按书名或作者名或专业领域进行图书检索，对过期未还图书的读者进行罚款处理。

（3）系统约束：每个读者最多只能从本系统借 10 本图书，有过期图书的读者不能从本系统借书，每本图书的借阅期限为一个月。

试画出系统的 DFD 图、数据字典。

3. 选择一个系统（如工资管理系统、飞机订票系统、图书馆管理系统等），用结构化分析方法进行分析，并给出分析模型。

# 第 6 章 管理信息系统设计

## 开篇案例——中小型饭店管理信息系统设计

随着人们生活水平和消费水平的提高，餐饮企业的数量不断增长，规模也不断扩大。现在很多大型酒店基本实现了信息系统的管理模式，使整个酒店的管理系统信息化、系统化，便于管理阶层对整个酒店的管理，同时也提高了工作效率和服务水平，使服务更及时有效地完成。而很多中小型饭店依然使用手工管理模式，这种模式使整个管理在员工信息、工资记录信息和点菜方式方面都比较混乱，特别是顾客多时显得更加混乱，容易出现各种错误，比如上错菜、收错款等。面对快速发展的社会和客户对服务水平日益提高的局面，这种手工操作模式将难以满足现实的要求，更限制了饭店规模的扩大。

中小型饭店管理系统主要针对中小型饭店餐饮管理中的一些问题，利用计算机系统对饭店的基本信息和管理实现信息化和系统化，使中小型饭店的管理更加规范化，基础数据更加准确化，对顾客的服务更加及时化。这样既减少了管理过程中的人力和物力，也使整个管理过程对管理者来说更加透明化，管理者可以更加清晰地了解饭店的运作情况，从而决定饭店的管理模式和发展方向。

**1. 数据流图**

在系统设计时，首先要考虑数据流图。图 6-1 所示为系统设计时顶层的数据流图。图 6-2 所示为系统设计的一层数据流图的一个示例。

**2. 总体设计**

该案例是描述中小型饭店管理系统的软件模块及数据库的设计，包括软件系统的结构和模块的划分、数据库设计的说明（略），从而将需求分析报告中的功能、数据、操作更具体化，为系统的详细设计提供基础。

图 6-3 所示为软件结构图。

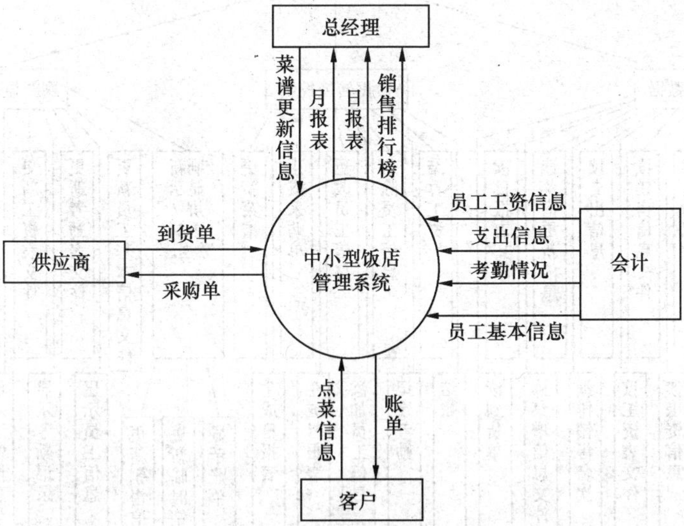


图 6-1　顶层数据流图

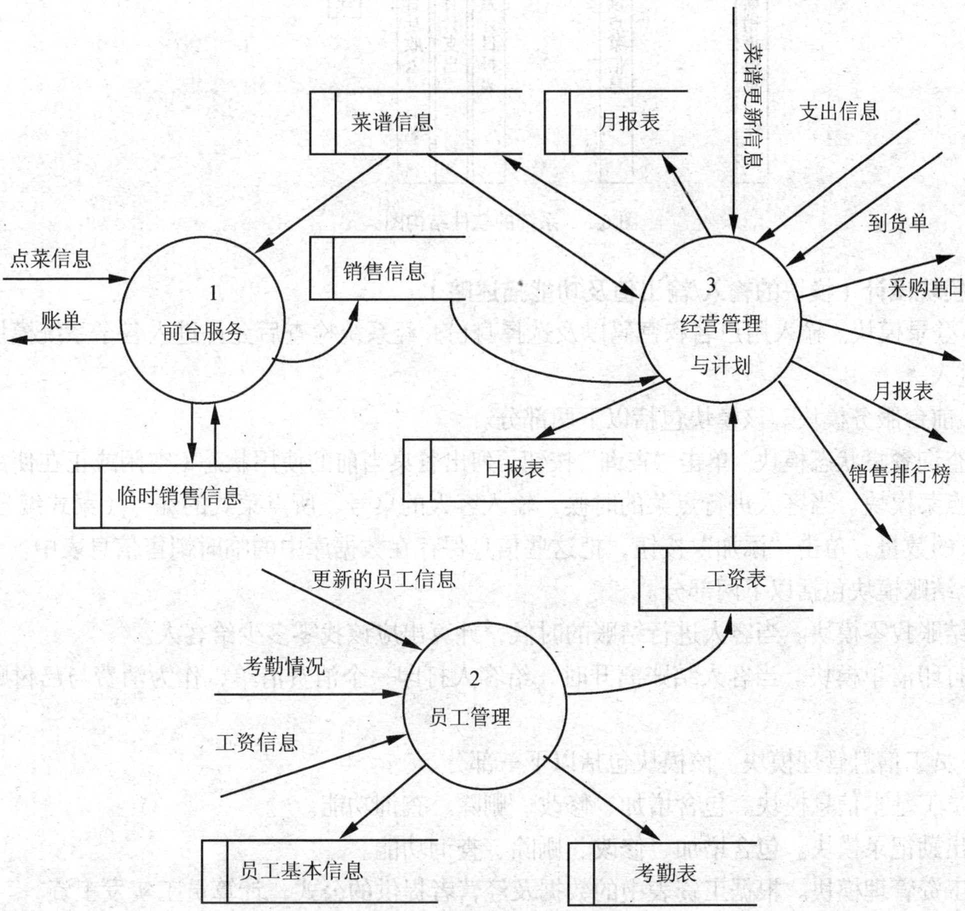


图 6-2　一层数据流图

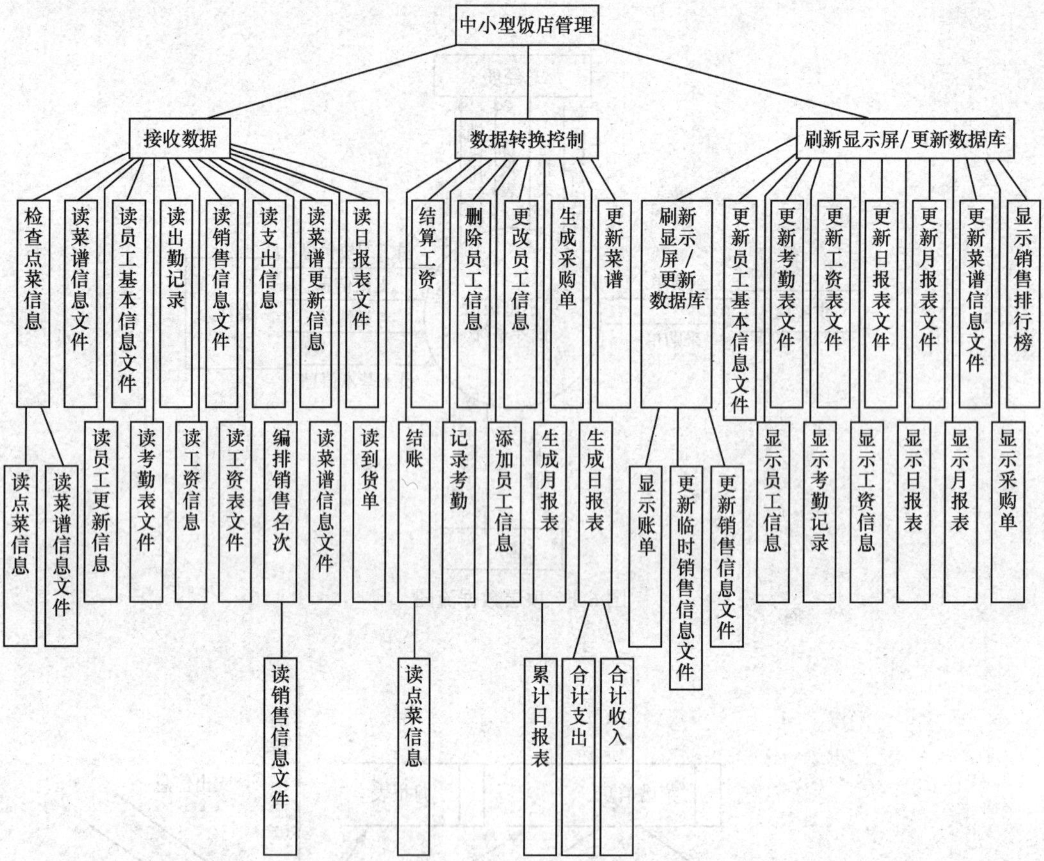


图 6-3 系统的软件结构图

**3. 模块设计（模块的输入/输出值及功能描述略）**

（1）登录模块。输入用户名和密码以及选择身份，经系统检查后允许进入各子系统模块或者拒绝进入。

（2）前台服务模块。该模块包括以下两部分。

① 查询餐桌状态模块。单击“查询”按钮，列出餐桌当前的使用状态（空闲或正在使用）。

② 点菜模块。当客人进行点菜的时候，输入客人的桌号、所点菜式的编号（菜式编号）、所点菜式的数量，单击“添加”按钮，把这些信息保存在数据库中的临时销售信息表中。

（3）结账模块包括以下两部分。

① 结账找零模块。当客人进行结账的时候，计算出应该找零多少给客人。

② 打印清单模块。当客人结账离开时，给客人打印一个消费清单，作为消费与已付账的凭据。

（4）员工信息管理模块。该模块包括以下三部分。

① 员工基本信息模块。包含增加、修改、删除、查询功能。

② 出勤记录模块。包含增加、修改、删除、查询功能。

③ 工资管理模块。根据工资表中的数据及经营者提供的公式，计算员工实发工资。

（5）经营管理与计划模块。该模块包括以下三部分。

① 显示销售排行榜模块。编排当天或当月销售量排行名次；显示当天或当月销售量排名

前 50 名的菜式编号、菜式名称（这些信息来自数据库中的销售信息表）。

② 日报表模块。合计当天所有收入情况、支出情况，计算盈亏金额；提供次日采购相关菜式原料的建议。

③ 月报表模块。累计当月所有收入情况、支出情况。

本章需要解决的关键问题是应该怎样实现目标系统，即“要怎样做”。系统设计包括总体结构设计和详细设计。总体结构设计主要是指在系统分析的基础上，对整个系统功能划分、硬件配置、数据的存储结构及整个系统实现计划等方面的规划。其中系统划分的基本思想是自顶向下将系统划分成若干个子系统，子系统再分成模块，层层划分，然后由上向下逐步设计。硬件配置要根据系统需求和投入的资金来确定设备的规模、性能及结构分布方式。同时要根据需求分析报告设计出系统操作对象的数据结构（数据库），并对完成整个系统所需要的人力、时间、资金做出统一的规划。

由于系统功能很复杂，首先需要把复杂的功能进行分解。系统分析人员根据数据流图中的每个处理把系统的功能适当地分解成一系列比较简单的功能（模块）。即先做总体结构设计再做详细设计。总体结构设计确定程序由哪些模块组成，以及如何有机地把这些模块组合成系统；详细设计确定每个模块的处理过程。

从工程管理的角度来看，软件设计分两步完成。总体结构设计是将软件需求转化为数据结构和软件的系统结构。详细设计是通过对软件结构的表示进行细化，得到软件详细的数据结构和算法。

# 6.1　系统总体结构设计

总体结构设计是在系统分析的基础上，对整个系统的划分、机器设备配置、数据的存储规律及整个系统的实现计划等方面进行合理安排。总体结构设计的优劣直接影响到整个信息系统的质量和所获得的经济效益。为了使设计的系统能最大限度地满足用户的需求，具有较强的生命力，在系统设计中应遵循如下系统设计原则。

## 6.1.1　系统设计原则

### 1. 简单性

只要能达到预定的目标和实现预定的功能即可，系统应避免一切不必要的复杂化，应该尽量简单。

### 2. 系统一致性

系统是作为一个整体存在的，整个系统的设计风格应一致，设计要规范，使用的计算机软件平台要尽量一致，系统采用的代码体系要统一，应尽可能做到数据共享，使数据一次输入多次使用，人机界面的风格要一致等。

### 3. 可靠性

可靠性是指系统在运行过程中抵御干扰、保障正常工作的能力。可靠性是系统正常运行的保证，它包括对错误数据的检错和纠错能力，对错误操作和外界干扰的抵御能力，系统的自恢复能力，数据在传输过程中的完整性及正确性等。同时，还要求系统应具有保密性和抗计算机病毒的能力。

4. 工作效率

系统的工作效率是指系统的处理能力、处理速度、响应时间等与时间有关的指标。这与计算机硬件的选择、程序结构和算法的设计及数据文件的设计有很大的关系。

5. 工作质量

工作质量是指系统提供信息的准确度要满足用户的要求，用户对各种功能的使用以及用户的操作灵活、简便、容易，系统输出的报表、屏幕显示的画面等要清晰、美观，人机界面友好。

6. 灵活性

灵活性是指系统对环境的变化有很强的适应能力，系统修改、维护方便。这就要求系统采用模块化结构，提高各部分的独立性，尽量减少各子系统之间的依赖性。系统应做到既便于修改，又易于增加新的功能。

7. 经济性

在满足上述各项要求的基础上，系统应尽量减少支出费用。系统的运行应为企业产生收益，如降低安全库存量、提高产品质量、压缩贷款资金等，使系统的收益大于支出。

系统设计过程中，始终要明确应用计算机处理和手工处理的界限。信息系统是人机系统，系统目标的实现取决于这两者的结合。系统设计中要避免两种倾向。一是一味追求计算机处理，将许多只能由人工完成的工作交由计算机做，从而造成系统设计复杂；二是把本该由计算机完成的工作交由人工处理，从而使新系统的功能、性能及用户的目标得不到体现。

划分计算机处理与人工处理的基本原则有以下几项。

（1）复杂的科学计算。大量重复的数学运算、统计、汇总、报表、数据库检索、分类、文字处理、图形图像基本处理、有关数据的采集、通信等应由计算机完成。

（2）传统的人工判定。目前没有成熟的技术可以应用或有技术但代价太高，则仍用人工处理。

（3）决策性问题。计算机尽可能提供决策依据，由人进行最后决策。

在多年软件开发的经验中，人们发现和总结出了软件开发设计的一般性规律，也就是信息系统开发中应该遵循的规律。人们称之为设计原理。

### 6.1.2 设计原理

1. 抽象

由于人类思维能力的限制，每次考虑的问题不能太多，否则很难做出正确求解。面对复杂系统，常用的方法是首先抽出事物的本质特性而暂时不考虑它们的细节。

软件设计过程同样要遵循这个认识规律。首先搭建软件的总体框架（模块的层次结构），在软件总体框架结构的每一层中，顶层的模块控制系统的主要功能并且影响全局，底层的模块用于完成对数据的具体处理。由自顶向下、抽象到具体的方式分配控制，逐步向详细设计过渡（模块的具体实现），抽象的程度也就逐步减少；当模块对应的源程序写出来以后，也就达到了抽象的最底层。这样的设计思路简化了软件的设计和实现，提高了软件的可理解性和可测试性，并且使软件更容易维护。

2. 模块化

根据人类认识问题、解决问题的一般规律，如果待开发的系统稍具规模，则很难理解其中的联系，必须要把它分解。另外，若在软件设计中，软件系统仅由一个模块组成，它将很难实现，而且在维护时难以被人所理解。

模块化就是把程序划分成独立命名并可独立访问的模块，每个模块完成一个子功能，然后再把这些模块集成起来构成一个整体系统，来实现相应的功能需求。

采用模块化原理可以使软件结构清晰，不仅容易设计，也容易阅读和理解。因为程序错误通常局限在有关的模块及它们之间的接口处，所以模块化设计使软件容易测试和调试，因而有助于提高软件的可靠性。功能变动往往只涉及少数几个模块，所以模块化能够提高软件的可修改性。模块化也有助于软件开发工程的组织管理，一个复杂的大型系统可划分为许多相对独立的模块，由许多程序员分工编写不同的模块，各程序员只需保证模块的接口条件一致即可。可以让技术熟练的程序员编写难度较大的模块。

**3. 模块独立**

模块独立是指开发具有独立功能并且和其他模块之间没有过多的相互作用的模块。也就是说希望这样设计软件结构，使得每个模块完成一个相对独立的特定子功能，并且和其他模块之间的关系尽可能简单。

为什么要尽力做到模块独立呢？主要有两个理由。第一，模块化的软件比较容易开发。现代软件系统早已不再是传统的“单打独斗”式的开发方式，往往都是一个开发团队集体工作，系统框架设计遵循模块独立也就意味着系统分解的功能模块之间的接口可以简化，当许多人分工合作开发同一个系统时，可减少许多不必要的事务纠缠与责任推脱。第二，独立的模块比较容易测试和维护。这是因为确定故障范围容易，修改和设计程序需要的工作量比较小。

模块的独立程度可以由两个定性标准度量，这两个标准分别称为耦合（Coupling）和内聚（Cohesion）。耦合衡量不同模块彼此间互相依赖（连接）的紧密程度；内聚衡量一个模块内部各个元素彼此结合的紧密程度。

（1）耦合是对一个软件体系结构内不同模块之间互连程度的度量。耦合强弱取决于模块间接口的复杂程度。

在软件设计中应该追求尽可能松散耦合的系统。在这样的系统中可以研究、测试或维护任何一个模块，而不需要对系统的其他模块有很多了解。此外，由于模块间的联系简单，发生在一处的错误传播到整个系统的可能性很小。因此，模块间的耦合程度强弱直接影响系统的可理解性、可测试性、可靠性和可维护性。

怎样具体区分模块间耦合程度的强弱呢？

如果两个模块中的每一个都能独立地工作且不需要另一个模块的存在，那么它们彼此完全独立，这意味着模块间无任何连接，耦合程度最低。但是，在一个软件系统中不可能所有模块之间都没有任何联系，所以要做的是尽量降低这个联系程度。

如果两个模块彼此间通过参数交换信息，而且交换的信息仅仅是数据，那么这种耦合称为数据耦合。

如果传递的信息中有控制信息（尽管在数学系统中这种控制信息以数据的形式出现），则这种耦合称为控制耦合。

数据耦合是低程度耦合。系统中至少必须存在这种耦合，因为只有当某些模块的输出数据作为另一些模块的输入数据时，系统才能实现有价值的功能。一般说来，一个系统内可以只包含数据耦合。控制耦合是中等程度的耦合，它增加了系统的复杂程度。控制耦合往往是多余的，在把模块适当分解之后通常可以用数据耦合代替它。

当两个或多个模块通过一个公共数据环境相互作用时，它们之间的耦合称为公共环境耦合。公共环境可以是全局变量、共享的通信区、内存的公共覆盖区、任何存储介质上的文件、物理设备等。

公共环境耦合的复杂程度随耦合的模块个数而变化，当耦合的模块个数增加时复杂程度显著增加。如果只有两个模块有公共环境，那么这种耦合有下面两种可能。

① 一个模块向公共环境送数据，另一个模块从公共环境取数据。这是数据耦合的一种形式，是比较松散的耦合。

② 两个模块都向公共环境送数据又都从里面取数据，这种耦合比较紧密，介于数据耦合和控制耦合之间。

如果两个模块共享的数据很多，都通过参数传递可能很不方便，这时可以利用公共环境耦合。

内容耦合是联系程度最高的耦合。如果出现下列情况之一，两个模块间就发生了内容耦合

① 一个模块访问另一个模块的内部数据。

② 一个模块不通过正常入口进入到另一个模块的内部。

③ 两个模块有一部分程序代码重叠。

耦合是影响软件复杂程度的一个重要因素。应该采取的设计原则为：尽量使用数据耦合，少用控制耦合，限制公共环境耦合的使用，完全不用内容耦合。

（2）内聚表示一个模块内各个元素彼此结合的紧密程度。简单地说，理想内聚的模块只做一件事情。

设计时应该力求做到高内聚，通常中等程度的内聚也是可以采用的，而且效果和高内聚相差不多。但是，低内聚问题很大，应该拒绝使用。

① 低内聚有如下几类。

如果一个模块完成一组任务，这些任务彼此间即使有关系，关系也是很松散的，则称为偶然内聚。有时在写完一个程序之后，发现一组语句在两处或多处出现，于是把这些语句作为一个模块以节省内存，这样就出现了偶然内聚的模块。如果一个模块完成的任务在逻辑上属于相同或相似的一类（例如，一个模块产生各种类型的全部输出），则称为逻辑内聚。如果一个模块包含的任务必须在同一段时间内执行（例如，模块完成各种初始化工作），则称为时间内聚。

在偶然内聚的模块中，各种元素之间没有实质性联系，很可能在一种应用场合需要修改这个模块，在另一种应用场合又不允许进行修改，从而陷入困境。事实上，偶然内聚的模块出现错误的概率比其他类型的模块高得多。

在逻辑内聚的模块中，不同功能混在一起，共同使用部分程序代码，即使局部功能的修改有时也会影响全局。因此，这类模块的修改也比较困难。

时间内聚在一定程度上反映了程序的某些实质性工作，所以时间内聚比逻辑内聚好一些。

② 中等程度内聚主要有两类。

如果一个模块内的处理元素是相关的，而且必须以特定次序执行，则称为过程内聚。使用程序流程图作为工具，在设计软件时，常常通过研究流程图确定模块的划分，这样得到的往往是过程内聚的模块。

如果模块中的所有元素都使用同一个输入数据和（或）生成同一个输出数据，则称为通信内聚。

③ 高内聚有以下两类。

如果一个模块内的处理元素和同一个功能密切相关，而且这些处理必须顺序执行（通常一个处理元素的输出数据作为下一个处理元素的输入数据），则称为顺序内聚。根据数据流图划分模块时，通常得到的是顺序内聚的模块，这种模块彼此间的连接往往比较简单。

如果模块内所有处理元素属于一个整体，实现一个单一的功能，则称为功能内聚。功能内聚是最高程度的内聚。

内聚和耦合是密切相关的，模块内的高内聚往往意味着模块间的低耦合。内聚和耦合都是进行模块化设计的度量标准，但是实践表明内聚更重要，应该把更多的注意力集中到提高模块的内聚程度上。事实上，没有必要精确确定内聚的级别。重要的是设计时力争做到高内聚，并且能够辨认出低内聚的模块，有能力通过修改和设计提高模块的内聚程度，降低模块间的耦合程度，从而获得较高的模块独立性。

## 6.1.3　描绘软件总体结构的图形工具

**1. 层次图**

在描述软件系统结构时，常常用层次图来描绘软件的层次结构。层次图中的一个矩形框代表一个模块，方框间的连线表示调用关系。

图 6-4 是层次图的一个例子。最顶层的方框代表图书自助借还系统的主控模块，它调用下层模块完成系统的全部功能；第二层的每个模块实现图书自助借还系统的一个主要功能。

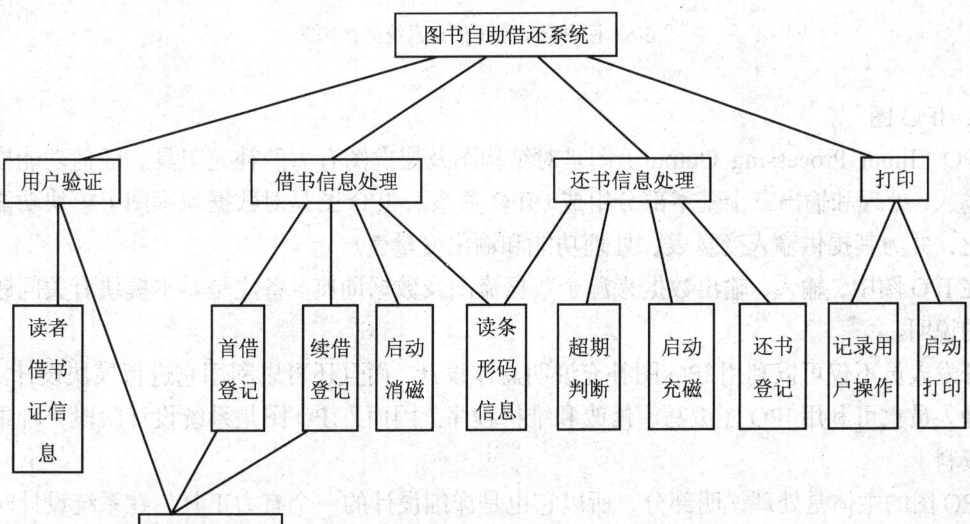


图 6-4　图书自助借还系统的层次图

层次图适合在自顶向下地设计软件的过程中使用。

**2. 结构图**

结构图是进行软件结构设计的另一个有力工具。结构图和层次图类似，也是描绘软件结构的图形工具。图 6-4 中一个方框代表一个模块，框内注明模块的名字或主要功能，方框之间的箭头表示模块之间的调用关系。结构图常见形式如图 6-5 所示。

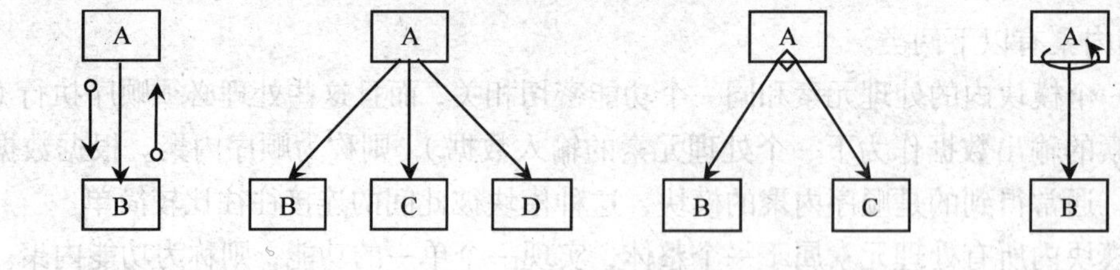


图 6-5　结构图常见形式

在结构图中通常用带注释的箭头表示模块调用过程中传递的信息。图书自助借还信息系统的结构图如图 6-6 所示。

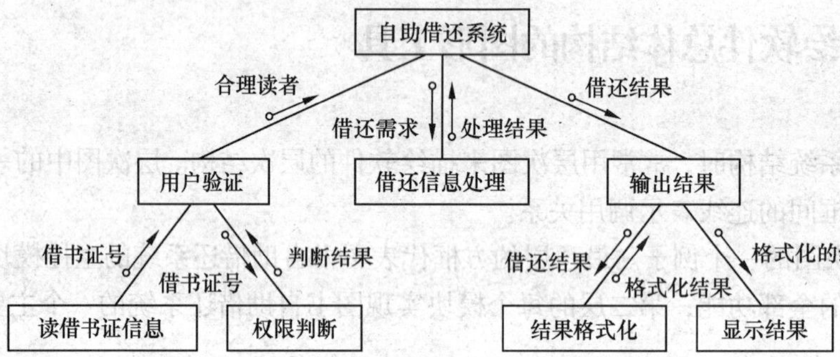


图 6-6　图书自助借还信息系统的结构图

### 3. IPO 图

IPO（Input Processing Output）图是对结构图及层次图有力的补充工具。任何功能模块都是由输入、处理和输出三个基本部分组成（IPO 关系），IPO 图是对数据流程图上模块功能的初步细化，并为其提供输入变量表、处理功能和输出变量表。

在 IPO 图中，输入、输出数据来源于数据流图及数据词典。备注是对本模块有关问题进行必要的说明。

开发人员不仅可以利用 IPO 图补充说明总体设计，而且还可以利用它进行模块设计。用户和管理人员也可利用 IPO 图编写、修改和维护程序。因而，IPO 图是系统设计阶段一种重要的文档资料。

IPO 图的主体是处理说明部分，所以它也是详细设计的一个有力工具。在系统设计时主要利用 IPO 图描述模块间的调用关系及传递的参数信息。例如，图 6-7 所示为图书自助借还信息系统中部分模块对应的 IPO 图。

| IPO 图 | |
|---|---|
| 系统：读者自助借还系统 | 作者：梁小君 |
| 模块：读者验证 | 日期：2007 年 4 月 25 日 |
| 编号：1 | |

图 6-7　图书自助借还信息系统的 IPO 图

| 被调用：借书权限判断、借书信息处理、首借登记、续借登记 | 调用：读者借书证信息 |
| --- | --- |
| 输入：读者的借书证信息 | 输出：读者个人信息（包括个人基本信息、是否欠费、读者类型、借书权限等） |
| 处理：查询数据库，获取读者的个人信息 | |
| 局部数据元素： | 注释： |

IPO 图

| 系统：读者自助借还系统 | 作者：梁小君 |
| --- | --- |
| 模块：读借书证信息 | 日期：2007 年 4 月 25 日 |
| 编号：1.1 | |
| 被调用：读者验证 | 调用：（无） |
| 输入：硬件扫描借书证 | 输出：读者的借书证信息 |
| 处理：获取硬件扫描所得的条形码信息 | |
| 局部数据元素： | 注释： |

IPO 图

| 系统：读者自助借还系统 | 作者：梁小君 |
| --- | --- |
| 模块：借书权限判断 | 日期：2007 年 4 月 25 日 |
| 编号：1.2 | |
| 被调用：首借登记、续借登记 | 调用：用户验证 |
| 输入：读者个人信息 | 输出：判断结果 |

图 6-7　图书自助借还信息系统的 IPO 图（续）

和结构图中的每个方框相对应，均应有一张 IPO 图描绘这个方框表示的模块的调用关系。

### 6.1.4　结构化设计方法

数据流图是需求分析阶段的一个关键结果，在数据流图中描绘了信息在系统中加工和流动的情况。结构化设计方法定义了一些不同的“映射”，利用这些映射可以把数据流图转换成软件结构。因为任何软件系统都可以用数据流图表示，所以面向数据流的设计方法理论上可以设计任何软件的结构。结构化设计方法（Structured Design，SD），也称为基于数据流的设计方法或面向数据流的设计方法。

#### 1. 信息流的类型

面向数据流的设计方法把信息流映射成软件结构，信息流的类型决定了映射的方法。信息流有两种类型。

（1）变换流。根据基本系统模型，信息通常以人们熟知的物理形式进入软件系统，经过系统处理后再以物理形式离开系统。变换型的数据流由输入、变换（处理）、输出三部分组成，如图 6-8 所示。

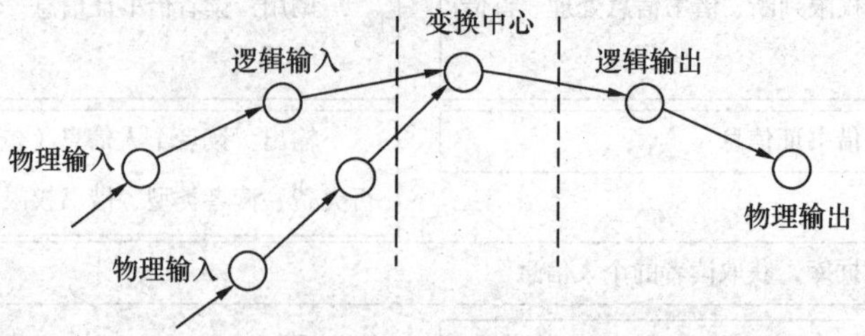


图 6-8　变换流

在图 6-8 中，信息沿输入通路进入系统，同时由外部形式变换成内部形式，进入系统的信息变换中心，经加工处理以后再沿输出通路变换成外部形式离开软件系统。当数据流图具有这些特征时，这种信息流就叫做变换流。

（2）事务流。任何信息系统都要做信息变换，因此，原则上所有信息流都可以归结为变换流。但是，当数据流图具有和图 6-9 类似的形状时，这种数据流是“以事务为中心的”。也就是说，数据沿输入通路到达一个处理 T，这个处理根据输入数据的类型在若干个动作序列中选择一个来执行。

这类数据流是一类特殊的数据流，称为事务流。图 6-9 中的处理 T 称为事务中心，它完成下述任务。

① 接收输入数据（输入数据又称为事务）。

② 分析每个事务以确定它的类型。

③ 根据事务类型选取一条活动通路。

现实应用中软件系统的数据流图可能既有变换型的特征，又具有事务型的特征。比如事务型的数据流图中的某个加工路径可能就是变换型。

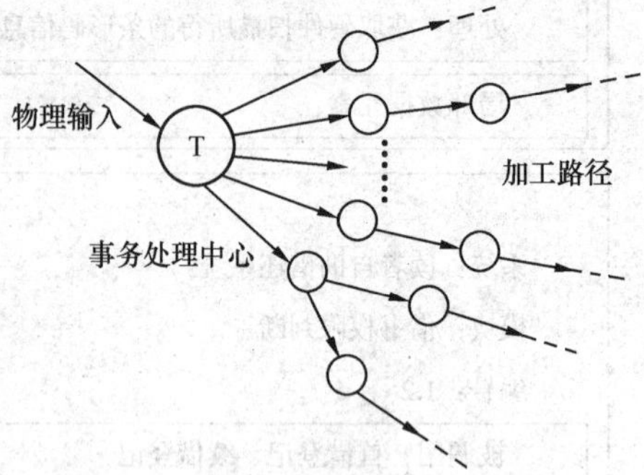


图 6-9　事务流

**2. 设计过程**

变换分析是一系列设计步骤的总称，经过这些步骤把具有变换流特点的数据流图按预先确定的模式映射成软件结构。根据数据流图导出系统结构的一般思路如下。

（1）复查并精化数据流图。对需求分析阶段得出的数据流图进行认真复查，并且在必要时进行精化，使数据流图中的每个处理都代表一个规模适中且相对独立的子功能。

（2）确定数据流图具有变换特性还是事务特性。前面说过，任何一个系统中的所有信息流都可以认为是变换流，但是，当遇到有明显事务特性的信息流时，建议采用事务分析方法进行设计。

（3）确定输入流和输出流的边界，从数据流图中找出变换中心。画出输入流和输出流的边界。应该说明的是，不同设计人员可能会在数据流图内选取稍微不同的点作为边界的位置。

（4）完成主结构变换。设计出顶层和第一层模块，给出信息系统的总体框架。首先设计主模块，用信息系统的名字为它命名，将它画在与变换中心相对应的位置上。作为系统的顶层，它调用下层模块，完成系统所要做的各项工作。系统结构第一层的设计方针是，为每一个逻辑输入设计一个输入模块，它为主模块提供数据；为每一个逻辑输出设计一个输出模块，它将主模块提供的数据输出；为变换中心设计一个变换模块，它将逻辑输入转换成逻辑输出。第一层模块与主模块之间传送的数据应与数据流图相对应。

（5）设计中、下层模块。这一步工作是自顶向下、逐层细化的，为每一个输入模块、输出模块、变换模块设计它们的从属模块（下属模块）。

对于一个大系统，常常把变换分析和事务分析应用到同一个数据流图的不同部分。一般说来，如果数据流不具有显著的事务特点，最好使用变换分析；反之，如果具有明显的事务中心，则应该采用事务分析技术。

# 6.2 代码设计

管理信息系统最直接的功能就是把日常管理工作中所面对的大量数据、报表用计算机软件系统来替代手工管理，要实现这个功能首先要把现实中的数据转换成二进制数据，而在现实世界中有很多东西不加识别是无法区分的。比如在人事档案管理中，人的姓名不管在一个多么小的单位里都很难避免重名，可以为它们加上特殊的颜色或标记来加以区分。将这个问题带入计算机系统中，机器处理就十分困难。为了避免二义性而能够唯一地标识每一个职工，必须为职工设计代码。

代码就是用数字或字符来代表各种客观实体。通过编制代码，可以建立唯一化、规范化、系统化的系统信息，有利于提高通用化水平，使资源共享；有利于采用集中化措施以节约人力，加快处理速度，也便于检索方法的统一。

## 6.2.1 代码设计的原则和功能

### 1. 代码设计的原则

代码设计的基本原则有以下几项。

（1）标准化。尽可能采用国际标准、国家标准。

（2）唯一性。每个代码所代表的实体必须是唯一的。

（3）合理性。编码的方法必须合理，必须与分类体系相适应，例如，学号。

（4）可扩充性。编码要留有足够的位置，以适应今后变化的需要。

（5）简单性。代码结构应尽量简单，长度尽量短，以方便输入，提高处理效率。

（6）适用性。尽可能反映分类对象的特点，做到表意直观，使用户易于了解、掌握。

（7）规范化。代码结构、类型、编码格式必须一致。

### 2. 代码的功能

代码具有以下功能。

（1）鉴别。这是代码最基本的特性，任何代码都必须具有这种基本特性。在一个信息分类编码中，一个代码只能唯一标识一个分类对象，而一个分类对象只能有唯一的代码。

（2）分类。当按对象的属性进行分类并赋予不同的类别代码时，代码又可以作为分类对象类别的标识，这是利用计算机进行分类统计的基础。

（3）排序。当按对象所产生的时间、所占的空间或其他方面的顺序关系进行分类，并赋予不同的代码时，代码又可以作为区别分类对象排序的标识。

## 6.2.2 常见的编码方式

常见的信息编码方式有以下几种。

### 1. 顺序码

以某种顺序形式编码。例如，在高校中以学院人数对学院进行编码，则有经贸 001、管理 002、信息 003、法律 004 等。这种编码的特点是比较简单，码的位数短，易处理，易追加。缺点是可识别性差，一般用于信息个数固定或不需要经常进行插入和删除的情况。

### 2. 字符码

数字码虽然结构简单，但是存在不容易识别和记忆的缺点。为了容易识别和记忆，可采用字符代码。如可对教学管理信息系统采用字符代码，见表 6-1，系统中出现的对象使用汉语拼音字头形成代码。

表 6-1　字符码示例

| 编码对象 | 学生姓名 | 学号 | 电话号码 | 课程 |
|---|---|---|---|---|
| 代码 | XSXM | XH | DHHM | KC |

### 3. 混合码

当编码对象具有两层（或以上）的分类时，可采用数字和字符的混合代码方式，使代码对某层分类的记忆和识别更直观和容易。如教学管理信息系统中对学生所属班级的代码可采用表 6-2 所示的混合码。

表 6-2　混合码示例

| 编码对象 | 数学系 07 级 1 班 | 数学系 07 级 2 班 | 计算机系 06 级 5 班 |
|---|---|---|---|
| 代码 | SXX071 | SXX072 | JSJ065 |

# 6.3　数据存储设计

数据存储设计包括辅助系统运行的工作文件与存储信息系统业务数据的数据库设计。随着数据库技术的迅速发展，目前在管理信息系统的存储设计中，主要采用数据库存储方式。

数据库用于存储信息系统的业务数据。这部分数据是整个系统的核心，所有的处理过程都围绕它进行，它对信息系统来说是至关重要的。数据库技术已十分成熟，数据库管理系统（DBMS）产品众多，通用性好，且功能强大，所以一般情况下都利用数据库管理系统提供的强大功能对数据进行操作、管理和维护。

数据库设计是指对于一个给定的应用环境，构造最优的数据库模式，建立数据库及其应用系统，使之能够有效地存储数据，满足用户的应用需求。

## 6.3.1　数据库的系统结构

数据库系统是一个由外模式、概念模式、内模式组成的多级系统结构。其结构如图 6-10 所示。

### 1. 概念模式

概念模式（Conceptual Schema）也称为逻辑模式，是数据库结构的中间一层，是对数据库中全体数据的逻辑结构和特征的描述。定义概念模式时需要定义数据的逻辑结构，例如数据记录由哪些数据项组成，包括数据项的名字、类型、长度、取值范围等的定义，还要对数据之间的联系进行定义，包括和数据有关的安全性、完整性的定义。在数据库的三级模式结构中，数据库的核心与关键就是概念模式，它独立于数据库的其他层次，因此设计数据库结构时应首先确定数据库的概念模式。

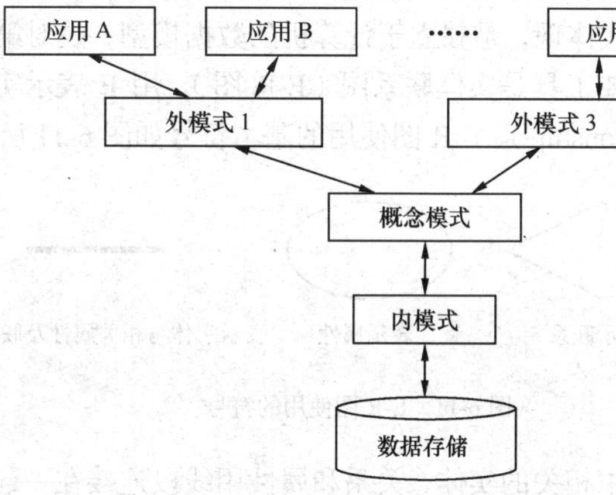

图 6-10　数据库系统的基本结构

**2. 内模式**

内模式（Internal Schema）又叫存储模式或物理模式，它对数据的物理结构和存储方法进行描述，是数据库内部的表示方法，它是物理存储设备上实际存储的数据集合。内模式包含记录的顺序和存储块的大小、数据是否压缩，是否加密存储，数据的存储结构和所用的存取策略等。

**3. 外模式**

外模式（External Schema）是最靠近用户的一层，是用逻辑数据模型对用户使用的那部分数据的描述，是概念模式的子集，所以也称为子模式或用户模式。它是面对数据库用户的，是能够看见的、使用的、局部的逻辑结构和特征的描述，是与某一应用有关的数据的逻辑表示。一个数据库可以有多个外模式，这是由于它反映的是各个用户的数据视图，其外模式的描述随着不同用户在应用需求、看待数据的方式、对数据的保密程度等方面的不同而不同。

数据库的三级结构是靠映射来连接的。所谓映射，是一种对应规则，指出对应双方如何进行转换。用户根据子模式进行操作，通过子模式到模式的映射进行外部模式到概念模式的转换，又通过概念模式到存储模式的映射进行概念模式到内模式的转换。三级数据库之间的映射，是依靠数据库管理系统（DBMS）来完成的。

## 6.3.2　数据库的设计方法和步骤

由于信息结构复杂，应用环境多样，在相当长的一段时期内，数据库设计主要依赖于设计人员的经验和水平，缺乏科学的理论和工程原则支持，很难保证设计质量。近年来，人们经过努力探索，总结出了多种数据库设计方法，比较著名的是新奥尔良（New Orleans）方法。它将数据库设计过程分为 4 个阶段：需求分析（分析用户要求）、概念设计（信息分析和定义）、逻辑设计（设计实现）和物理设计（物理数据库设计）。

**1. 需求分析**

前面已经介绍过，在数据库设计时应用到的最重要的系统分析结果就是数据流图和数据字典。

**2. 概念结构设计**

概念结构设计也应在系统分析阶段进行，任务是根据用户的需求设计数据库的概念数据模型（简称概念模型）。概念模型是从用户角度看到的数据库。概念结构设计的目标是生成信息系统中整体数据库的概念结构，也称为概念模式。概念模式是整个组织中用户共同关心的信息结构，是人们日常管理的模式体现，是独立于计算机的数据模型，是对第一阶段的结果的进一步抽象。描述概念结构的重要工具是实体联系图（E-R 图），用 E 表示实体（Entity），R 表示实体与实体间的联系（Relationship）。E-R 图使用的基本符号如图 6-11 所示。

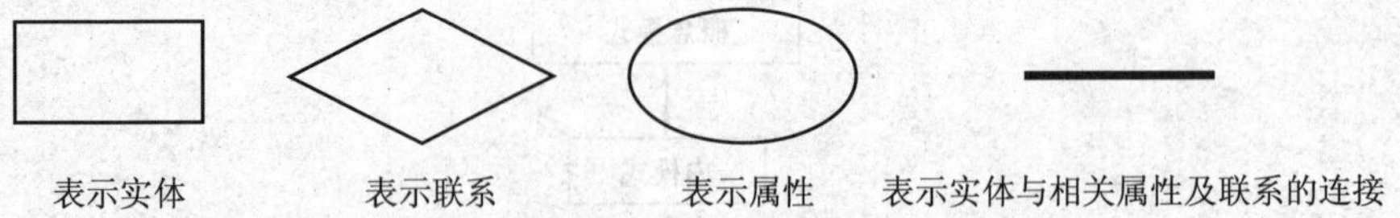


图 6-11 E-R 图使用的符号

用这些符号将信息系统中相关的实体、关系和属性用线段连接在一起，来表达系统中原始信息的内在联系，也就是完成数据建模，即 E-R 图。

数据模型事实上包括三种互相关联的信息：数据实体，描述实体的属性，描述实体间相互连接的关系。

在教学管理信息系统中，教学管理中涉及的实体有学生、教师和课程。一个教师可以教授零门、一门或多门课程，每位学生也需要学习几门课程。进一步，要确定实体的相关属性。例如，学生实体具有学号、姓名、性别、出生年月、专业（其他略）等属性；课程实体具有课程号、课程名、学分、学时数等属性；教师实体具有职工号、姓名、年龄、职称等属性。由此可得教学管理信息系统的数据模型如图 6-12 所示。

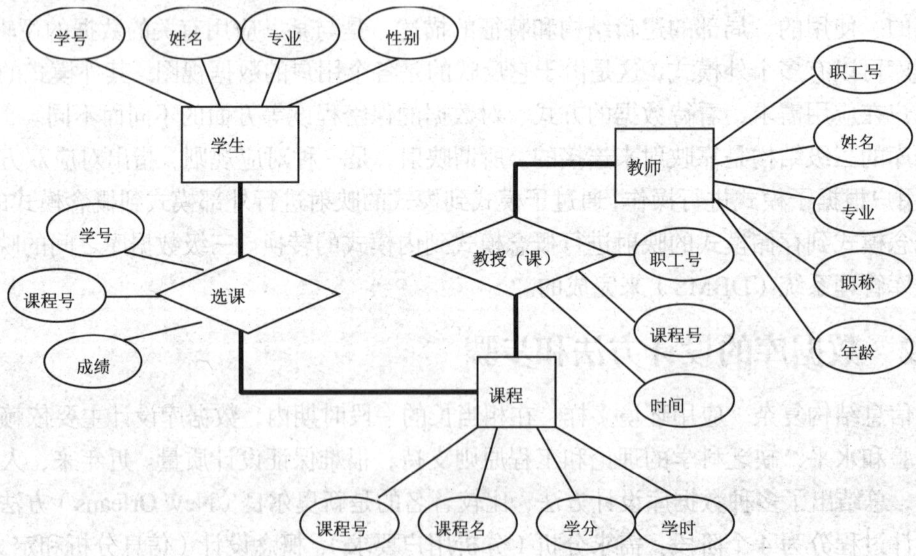


图 6-12 教学管理信息系统的数据模型

### 3．逻辑结构设计

数据库逻辑结构设计的任务就是将第二阶段概念结构的设计结果转换成管理信息系统采用的数据库管理系统（DBMS）所支持的数据模型。由于关系型数据库是目前主流的数据库，下面讨论如何把 E-R 图转换为关系模型。

将 E-R 图转换为关系模型，就可得到初始关系模式，一个实体转换为一个关系模式，实体的属性就是关系的属性，实体的关键字就是关系的关键字。具体转换原则有以下几项。

（1）一个 1:1 联系转换为一个关系，每个实体的关键字就是关系的关键字。

（2）一个 1:*N* 联系转换为一个关系，多方实体的关键字就是关系的关键字。

（3）一个 *M*:*N* 联系转换为一个关系，联系中各实体的关键字组合作为关系的关键字。

（4）具有相同关键字的关系可以合并。

图 6-12 所示的教学数据模型展示出了如下的教学环境。学校由老师、学生及开设的课程三个实体组成，实体之间的联系是，每位老师可以讲授若干门课程，每位学生可以选修若干门课程。根据上述原则可以导出以下的系统逻辑结构。

教师（职工号，姓名，专业，职称，年龄），关键字为职工号。

学生（学号，姓名，专业，性别），关键字为学号。

课程（课程号，课程名，学分，学时），关键字为课程号。

选修关系（学号，课程号，成绩），关键字为学号与课程号的组合。

教授关系（职工号，课程号，时间），关键字为职工号与课程号的组合。

### 4．物理设计

对于给定的逻辑数据模型选取一个最适合应用环境的物理结构的过程，称为数据库的物理设计。物理设计的任务是根据特定的计算机数据库系统，对数据的存储结构和存取方法进行设计，从而实现从逻辑结构到物理结构的转换。

物理设计包括以下几个方面的内容。

（1）存储记录格式设计。

（2）访问方法设计。

（3）完整性和安全性设计。

这个设计步骤是从数据库应用系统设计和开发的全过程来考察数据库设计的问题，因此它既是数据库也是应用系统的设计过程。在设计过程中应努力把数据库设计和系统其他部分的设计紧密结合，把数据和处理的需求收集、分析、抽象、设计、实现在各个阶段同时进行，相互参照，相互补充，以完善两方面的设计。

数据库设计本质上是建立一个数据模式，使其满足以下要求。

（1）符合用户要求，反映现实环境。

（2）被 DBMS 所接受。

（3）易维护、易理解和高效率。

数据需求分析的任务是将业务管理中的单证流转化为数据流，划分主题之间的边界，绘制出数据流程图，并完成相应的数据字典。概念模型设计的任务是从数据流程图出发，绘制出系统的 E-R 图，即实体联系图，并列出各个实体与关系的纲要表。逻辑结构设计的任务是从 E-R 图与对应的纲要表出发，确定各个实体及关系的表名属性。物理设计的任务是确定所有属性的类型、宽度与取值范围，设计出基本表的主关键字，将所有表名与字段名英文化，实现数据库的物理设计。

# 6.4 输入/输出设计

输入/输出设计是系统设计的重要部分。系统设计的最终目标是满足用户的要求，一个好的输入设计可以为用户和系统带来良好的工作环境，一个好的输出设计可以为管理者提供简捷、明了、有效的管理和控制信息。

## 6.4.1 输入设计

输入模块承担着将系统外的数据以一定的格式送入计算机的任务。输入设计要考虑三方面的问题：输入设备、输入方式和数据校验。

### 1. 输入设计的基本原则

（1）输入形式应尽量保持原始处理的形式，尽量控制数据输入量。输入时，只需要输入基本信息，其他的统计、计算由计算机系统完成。

（2）可采用中转文件、批量输入等方式减少数据延迟。

（3）采用有效的验证手段，减少输入错误。

### 2. 输入设备及输入方式的选择

随着计算机技术的发展，输入设备的种类越来越多，能够输入到计算机中的信息的类型也越来越多。设计人员必须认真分析输入数据的类型，从方便用户使用的角度选择输入设备。

常见的输入设备有键盘、扫描仪、触摸屏、多媒体输入设备（话筒、数码相机、数字摄像机等）、光电阅读器和 RFID（Radio Frequency Identification，射频识别技术）等。

（1）键盘输入。主要适用于常规、少量的数据和控制信息的输入及原始数据的录入。

（2）利用光电设备采集数据。利用光电设备对实际数据进行采集并将其转换成数字信息，是一种既省事，又可靠的数据输入方式。例如，商业企业、工商、海关等对商品信息的输入可采用光电阅读器；图形图像信息、文件、报纸、试卷等可用扫描仪扫描输入；物理信息可通过传感器收集，再通过 A / D 转换为数字信息。

（3）RFID 数据采集。RFID 是一种非接触式的自动识别技术，它通过射频信号自动识别目标对象并获取相关数据，识别工作无须人工干预，可工作于各种恶劣环境。RFID 技术可识别高速运动的物体并可同时识别多个标签，操作快捷方便。例如，物流和供应管理、生产制造和装配、航空行李处理、邮件/快运包裹处理、文档追踪/图书馆管理、动物身份标识、运动计时、门禁控制/电子门票、道路自动收费等。

（4）多媒体输入。多媒体信息可通过多媒体设备输入。

（5）网络传送。这既是输入信息的方式，也是输出信息的方式。对下级子系统是输出，对上级系统是输入，这种情况可以直接通过网络传送数据。

（6）磁盘输入。利用磁盘、光盘等外部存储设备在计算机系统之间传送数据。

### 3. 输入格式及数据校验

数据输入格式应尽量与数据库结构、报表输出格式一致，这样可以提高编程效率，降低设计难度。输入格式应尽量符合用户的使用习惯，且操作简便。在设计输入格式时，应注意以下几点。

（1）尽量减少输入工作量，对数据库中已有的数据应尽量调用，避免重复输入。

（2）允许按记录逐项输入，也可以按某一属性项输入。

（3）输入格式关系到数据的存储结构，要使存储空间尽量小。

（4）设计的格式应便于填写，同时保证转换精度。

由于管理信息系统的数据输入量往往较大，为了保证其正确性，一般都设置输入数据校验功能，对已经输入的数据进行校验。数据校验的常用方法有以下几种。

（1）人工校验。输入数据后，显示或打印出来，由人来进行校验。这种方式只适合少量数据，对于大批量的数据，效率太低，查错率也低。

（2）重复校验。将同一数据输入两次，若两次输入的数据不一致，则认为数据输入有误。这种方法方便快捷，适用于各种类型的数据。

（3）数据平衡校验。对于财务报表、统计报表等完全数字型报表的输入校验，可以采用合计、小计等求和计数手段检验数据各项目间是否平衡。

此外，还有数据类型校验、格式校验、逻辑校验、界限校验、校验位校验和顺序校验等。

## 6.4.2　输出设计

### 1. 输出设计的内容与方法

输出是指由计算机对输入的原始数据进行加工处理，使之具有一定的格式，提供给管理者使用。因而，输出是管理者直接面对的实物，往往具有固定的格式和数据要求，具有直观性，并直接反映用户需求。输出的要求往往决定对输入的需求。例如，在设计一张报表时，报表中需要的数据就是在输入阶段要提供的数据。

输出设计的主要内容有以下几项。

（1）输出信息的内容。包括输出数据项、位数和数据形式（文字、数字）。

（2）输出信息的格式。包括报表、凭证、单据和公文等格式。

（3）输出信息使用方面的内容。包括使用者、使用目的、报表量、有效期、日期时间、保管方法、密级和复写份数等。

（4）输出设备。包括打印机、显示终端、绘图仪等。

（5）输出介质。包括输出到磁盘还是光盘或是输出用纸等。

### 2. 输出设计的方法与格式

在系统设计阶段，设计人员应给出系统输出的说明，它是实际输出设计的依据。输出可采用报表和图形方式。

（1）以报表的形式提供信息输出。这种方式可以表示详细的数据。

（2）以图形的形式提供信息输出。对于决策者或宏观管理部门，图形可以给出比例或综合发展趋势的信息，可以提供比较信息。

为了提高系统的规范化程度和编程效率，在输出设计上应尽量保持输出内容和格式的统一，即同一内容的输出，对于屏幕、打印机、文本文件和数据库文件应具有一致的形式。屏幕输出用于查询或预览，打印机输出用于提供报表服务，文本文件格式用于为办公自动化系统提供剪辑素材，而数据库文件可满足数据交换的需要。

打印输出时，根据纸张设置格式，使用已印有表头和文字说明等格式的专用纸，可直接套打；通用白纸则需要打印表头、格式及说明信息。

### 3. 用户界面设计

用户界面是人机对话的窗口，设计时应尽可能坚持友好、方便使用、易于操作的原则，避免烦琐、花哨的界面。

用户界面设计包括菜单方式、会话管理方式、操作提示方式及操作权限管理方式等。

（1）菜单方式。菜单是信息系统进行功能选择的最常用方式。特别是对于图形用户界面，菜单集中了系统的各项功能，直观且易操作。菜单的形式可以是下拉式、弹出式或快捷菜单，也可以是按钮选择方式等。

菜单设计应注意以下几点。

① 菜单设计时应和系统的划分结合起来，尽量将一组相关的菜单放在一起。同一层菜单中，功能应尽可能多，菜单设计的层次应尽可能少。

② 一般功能选择性操作最好让用户一次就进入系统，避免让用户选择后再确定的形式。对于一些重要操作，如执行删除操作，应提示用户进行确定。

③ 菜单设计可在两个邻近的功能之间选择时，使用高亮度或强烈的对比色，使它们的变化醒目。

（2）会话管理方式。在系统运行过程中，当用户操作错误时，系统要向用户发出提示和警告性的信息；当系统执行用户操作指令遇到两种以上的可能时，系统要提示用户进一步说明；系统定量分析的结果通过屏幕向用户发出控制性的信息等。通常是让系统开发人员根据实际的系统操作过程，将会话语句写在程序中。

（3）操作提示方式。为了方便用户使用，系统应提供相应的操作提示信息和帮助。在操作界面上，常常将提示信息以小标签的形式显示在屏幕上或者以文字显示在屏幕的旁边，还可以将系统操作说明输入系统文件，建立联机帮助。

（4）操作权限管理方式。为了保证系统的安全，可以控制用户对系统的访问。可以设置用户登录界面，通过用户名和口令及使用权限来控制用户对数据的访问。

## 6.5 模块功能与处理过程设计

模块功能与处理过程设计也称为详细设计，主要任务是详细地设计每个模块的工作过程，进行过程描述。详细设计的目标是为没有参加过系统分析和设计的程序员提供尽量详细的资料，即对具体实现系统需求的方法的精确描述，使得程序员仅利用这些资料就能编写出符合要求的程序。

### 6.5.1 过程设计工具

描述程序处理过程的工具称为过程设计的工具，它们可以分为图形、表格和语言三类。不论是哪类工具，对它们的基本要求都是能提供对设计的无歧义的描述，也就是应该能指明控制流程、处理功能、数据组织以及其他方面的实现细节，从而在编码阶段把对设计的描述直接翻译成程序代码。

#### 1. 程序流程图

程序流程图又称为程序框图，它是历史最悠久、使用最广泛的描述过程设计的方法。图 6-13 所示为程序流程图中使用的各种符号。

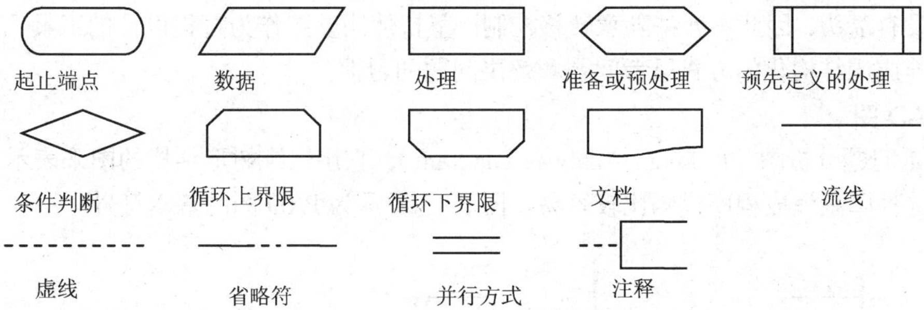


图 6-13　程序流程图中常用的符号

从 20 世纪 40 年代末到 70 年代中期，程序流程图一直是软件设计的主要工具。它的主要优点是对控制流程的描绘很直观，便于初学者掌握。由于程序流程图历史悠久，被大多数程序设计人员所熟悉，至今仍被广泛使用。

但程序流程图也存在不足，主要缺点有以下几项。

（1）程序流程图会使程序员过早地考虑程序的控制流程，而不去考虑程序的全局结构。

（2）程序流程图中用箭头代表控制流，因此程序员不受任何约束，可以完全不顾结构化程序设计的思想，随意转移控制。

（3）程序流程图不易表示数据结构。

**2. 盒图（N–S 图）**

为了避免程序流程图的上述不足，Nassi 和 Shneiderman 提出了盒图，又称为 N-S 图。它有下述特点。

（1）功能域明确，可以从盒图上很快就看出来。

（2）不能任意转移控制。

（3）很容易确定局部和全局数据的作用域。

（4）很容易表现嵌套关系，也可以表示模块的层次结构。

图 6-14 给出了结构化控制结构的盒图表示，并给出了调用子程序的盒图表示方法。

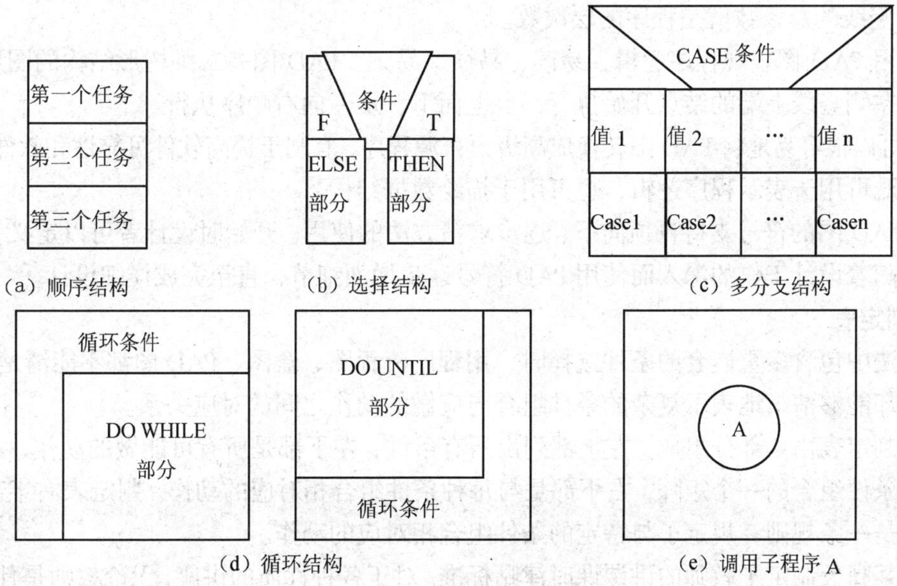


图 6-14　盒图的基本符号

盒图没有箭头，因此不允许随意转移控制。坚持使用盒图作为过程设计的工具，可以使程序员逐步养成用结构化的方式思考问题和解决问题的习惯。

### 3. PAD 图

PAD 是问题分析图（Problem Analysis Diagram），它用二维树形结构的图来表示程序的控制流，将这种图翻译成程序代码比较容易。图 6-15 所示为 PAD 图的基本符号。

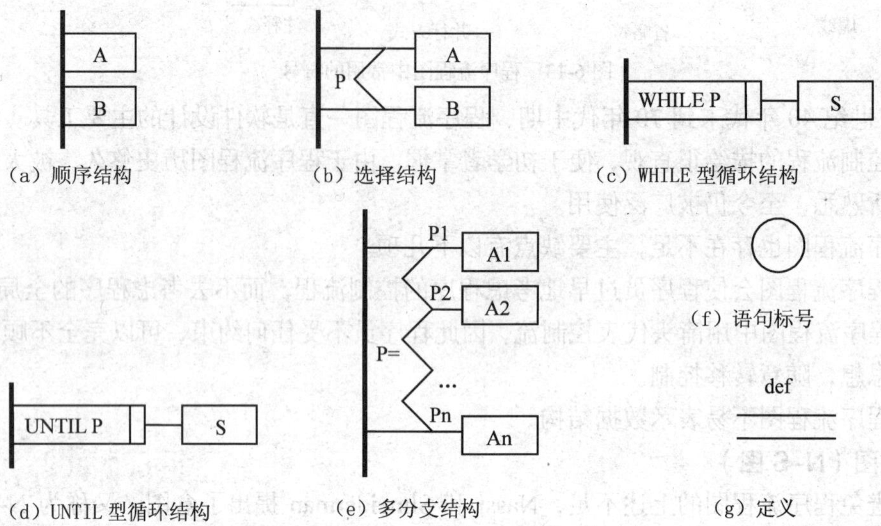


图 6-15　PAD 图的基本符号

PAD 图的主要优点有以下几项。

（1）使用表示结构化控制结构的 PAD 符号所设计出来的程序必然是结构化程序。

（2）PAD 图所描绘的程序结构十分清晰。图中最左面的竖线是程序的主线，即第一层结构。随着程序层次的增加，PAD 图逐渐向右延伸，每增加一个层次，图形向右扩展一条竖线。PAD 图中竖线的总条数就是程序的层次数。

（3）用 PAD 图表现程序逻辑，易读、易懂、易记。PAD 图是二维树形结构的图形，程序从图中最左侧竖线上端的结点开始执行，自上而下，从左向右顺序执行。

（4）可以很容易地将 PAD 图转换成高级语言源程序，有利于提高软件可靠性和软件生产率。

（5）既可用于表示程序逻辑，也可用于描绘数据结构。

（6）PAD 图的符号支持自顶向下、逐步求精方法的使用。开始时设计者可以定义一个抽象的程序，随着设计工作的深入而使用 PAD 符号逐步增加细节，直至完成详细设计。

### 4. 判定表

当算法中包含多重嵌套的条件选择时，用程序流程图、盒图、PAD 图都不能清楚地描述，但判定表却能够清晰地表示复杂的条件组合与应做的动作之间的对应关系。

一张判定表由 4 部分组成。左上部列出所有条件，左下部是所有可能做的动作，右上部是表示各种条件组合的一个矩阵，右下部是与每种条件组合相对应的动作。判定表右半部的每一列实质上是一条规则，规定了与特定的条件组合相对应的动作。

例如某高校制定了教师的讲课课时津贴标准。对于各种性质的讲座，无论教师是什么职称，每课时津贴费一律是 50 元；而对于一般的授课，则根据教师的职称来决定每课时津贴费，教授 30 元，副教授 25 元，讲师 20 元，助教 15 元。对应的判定表如图 6-16 所示。

|  | 1 | 2 | 3 | 4 | 5 |
|---|---|---|---|---|---|
| 教授 |  | T | F | F | F |
| 副教授 |  | F | T | F | F |
| 讲师 |  | F | F | T | F |
| 助教 |  | F | F | F | T |
| 讲座 | T | F | F | F | F |
| 50 | × |  |  |  |  |
| 30 |  | × |  |  |  |
| 25 |  |  | × |  |  |
| 20 |  |  |  | × |  |
| 15 |  |  |  |  | × |

图 6-16　判定表示例

图 6-16 中，表右上部分中的“T”表示它左边的那个条件成立，“F”表示条件不成立，空白表示这个条件成立与否并不影响对动作的选择。判定表右下部分中的“×”表示做它左边的那项动作，空白表示不做这项动作。

从这个例子可以看出，判定表能够简洁而无歧义地描述处理规则。但是，判定表并不适于作为一种通用的设计工具，没有一种简单的方法使它能同时清晰地表示顺序和重复等处理特性。

**5. 判定树**

判定表虽然能清晰地表示复杂的条件组合与应做的动作之间的对应关系，但其含义却不是一眼就能看出来的，初次接触这种工具的人需要有一个简短的学习过程。判定树是判定表的变种，它也能清晰地表示复杂的条件组合与应做的动作之间的对应关系。判定树的优点在于，它的形式简单到不需任何说明，一眼就可以看出其含义，因此易于掌握和使用。多年来判定树一直受到人们的重视，是一种比较常用的系统分析和设计的工具。图 6-17 所示为与图 6-16 等价的判定树。

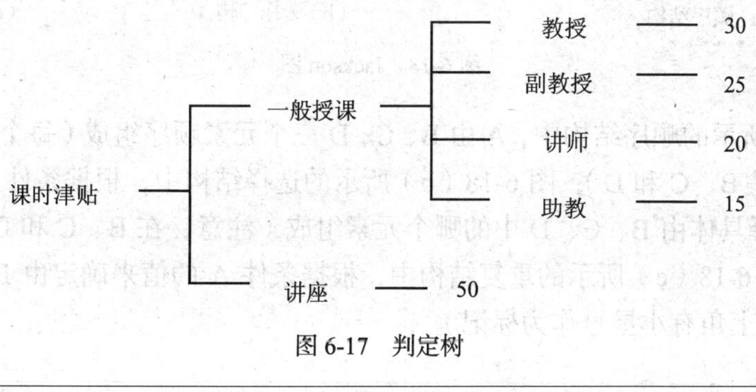


图 6-17　判定树

### 6.5.2　过程设计方法

任何计算机软件系统本质上都是信息处理系统，因此，可以根据软件所处理的信息的特征来设计软件。设计的方法有很多，在这里介绍一种面向数据结构的设计方法，也就是根据信息的数据结构设计程序处理过程的方法。

在许多应用领域中信息都有清晰的层次结构，输入数据、内部存储的信息（数据库或文件）以及输出数据都可能有独特的结构。数据结构既影响程序的结构又影响程序的处理过程，重复出现的数据通常由具有循环控制结构的程序来处理，选择数据（即可能出现也可能不出现的信息）由带有分支控制结构的程序来处理。

面向数据结构的设计方法的最终目标是得出对程序处理过程的描述。模块是设计过程的副产品，对于模块独立原理也没有给予应有的重视。因此，这种方法最适合在详细设计阶段使用。也就是说，在完成了软件总体结构的设计之后，可以使用面向数据结构的方法来设计每个模块的处理过程。

Jackson 方法是最著名的面向数据结构的设计方法，后面会结合一个简单的例子扼要地介绍 Jackson 方法，目的是使读者对面向数据结构的设计方法有初步了解。

使用面向数据结构的设计方法，首先需要分析数据结构，并用适当的工具清晰地描绘数据结构。下面先介绍 Jackson 方法的工具——Jackson 图，然后介绍 Jackson 程序设计方法的基本步骤。

1. Jackson 图

虽然程序中实际使用的数据结构的种类繁多，但是它们的数据元素彼此间的逻辑关系只有顺序、选择和重复三类，因此，逻辑数据结构也只有这三类，如图 6-18 所示。

（1）顺序结构：顺序结构的数据由一个或多个数据元素组成，每个元素按确定次序出现一次。

（2）选择结构：选择结构的数据包含两个或多个数据元素，每次使用这个数据时按一定条件从这些数据元素中选择一个。

（3）重复结构：重复结构的数据根据使用时的条件由一个数据元素出现零次或多次构成。

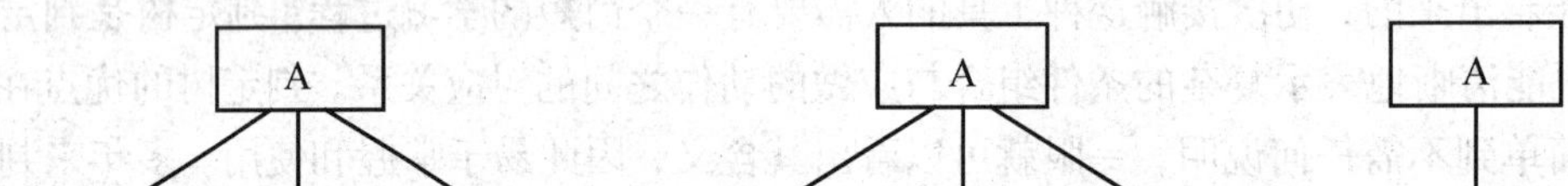


（a）顺序结构　（b）选择结构　（c）重复结构

图 6-18　Jackson 图

图 6-18（a）所示的顺序结构中，A 由 B、C、D 三个元素顺序组成（每个元素只出现一次，出现的次序依次是 B、C 和 D）；图 6-18（b）所示的选择结构中，根据条件 A 是 B 或 C 或 D 中的某一个来选择具体由 B、C、D 中的哪个元素组成（注意，在 B、C 和 D 的右上角有小圆圈作为标记）；图 6-18（c）所示的重复结构中，根据条件 A 的值来确定由 B 重复出现的次数（注意，在 B 的右上角有小星号作为标记）。

Jackson 图有下述优点。

（1）便于表示层次结构，是对结构进行自顶向下分解的有力工具。

（2）形象直观，可读性好。

（3）既能表示数据结构，也能表示程序结构（因为结构程序设计也只使用上述三种基本控制结构）。

## 2. 改进的 Jackson 图

Jackson 图也存在一些不足。用这种图形工具表示选择或重复结构时，选择条件或循环结束条件不能直接在图上表示出来，影响了图的表达能力，也不便于直接把图翻译成程序。此外，框间连线为斜线，不便于在行式打印机上输出。为了解决上述问题，人们提出了改进的 Jackson 图，如图 6-19 所示。

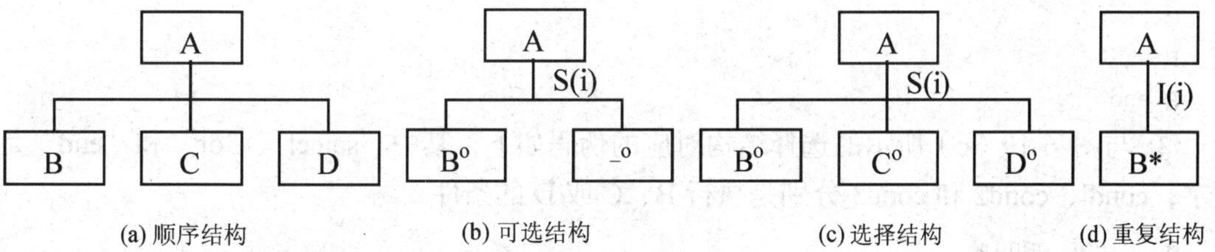


图 6-19　改进的 Jackson 图

改进的 Jackson 图在选择结构及循环结构中均加上了相应的条件描述。虽然 Jackson 图和描绘软件结构的层次图的形式相当类似，但是含义却大不相同。层次图中的一个方框通常代表一个模块；而 Jackson 图即使在描绘程序结构时，一个方框也并不代表一个模块，通常一个方框只代表几个语句。层次图表现的是调用关系，通常一个模块除了调用下级模块外，还完成其他操作；而 Jackson 图表现的是组成关系，也就是说，一个方框中包括的操作仅仅由它下层方框中的那些操作组成。

## 3. Jackson 程序设计方法

Jackson 程序设计方法由以下 5 个步骤组成。

（1）分析并确定输入数据和输出数据的逻辑结构，并用 Jackson 图描绘这些数据结构。

（2）找出输入数据结构和输出数据结构中有对应关系的数据单元。所谓有对应关系是指有直接的因果关系，在程序中可以同时处理的数据单元（对于重复出现的数据单元，重复的次序和次数都必须相同才可能有对应关系）。

（3）用以下三条规则从描绘数据结构的 Jackson 图中导出描绘程序结构的 Jackson 图。

① 为每对有对应关系的数据单元，按照它们在数据结构图中的层次，在程序结构图的相应层次画一个处理框（注意，如果这对数据单元在输入数据结构和输出数据结构中所处的层次不同，则和它们对应的处理框在程序结构图中所处的层次与它们之中在数据结构图中层次低的那个对应）。

② 根据输入数据结构中剩余的每个数据单元所处的层次，在程序结构图的相应层次分别为它们画上对应的处理框。

③ 根据输出数据结构中剩余的每个数据单元所处的层次，在程序结构图的相应层次分别为它们画上对应的处理框。

总之，描绘程序结构的 Jackson 图应该综合输入数据结构和输出数据结构的层次关系而导出来。在导出程序结构图的过程中，由于改进的 Jackson 图规定在构成顺序结构的元素中不能有重复出现或选择出现的元素，因此可能需要增加中间层次的处理框。

（4）列出所有操作和条件（包括分支条件和循环结束条件），并且把它们分配到程序结构图的适当位置。

（5）用伪码表示程序。

Jackson 方法中使用的伪码和 Jackson 图是完全对应的，下面介绍与三种基本结构对应的伪码。

① 与图 6-19（a）所示的顺序结构对应的伪码如下，其中“seq”和“end”是关键字。

```
A seq
B
C
D
A end
```

② 与图 6-19（c）所示的选择结构对应的伪码如下，其中“select”、“or”和“end”是关键字，condl、cond2 和 cond3 分别是执行 B、C 或 D 的条件。

```
A select condl
B
A or cond2
C
A or cond3
D
A end
```

③ 与图 6-19（d）所示的重复结构对应的伪码如下，其中“iter”、“until”、“while”和“end”是关键字（重复结构有 until 和 while 两种形式），cond 是条件。

```
A iter until（或 while）cond
B
A end
```

下面结合一个具体的例子进一步说明 Jackson 程序设计方法。例如，高考后将考生的基本情况文件（简称考生基本情况文件）和考生高考成绩文件（简称考分文件）合并成一个新文件（简称考生新文件）。考生基本情况文件和考分文件都是由考生记录组成的。为简便起见，考生基本情况文件中考生记录的内容包括准考证号、姓名、通讯地址。考分文件中考生记录的内容包括准考证号和各门考分。合并后的考生新文件也是由考生记录组成，内容包括准考证号、姓名、通讯地址和各门考分。

利用 Jackson 程序设计方法进行设计的步骤如下。

（1）数据结构表示。对要求解的问题进行分析，确定输入数据和输出数据的逻辑结构，并用 Jackson 图描述这些数据结构，如图 6-20 所示。

（2）找出输入数据结构和输出数据结构的对应关系。找出输入数据结构和输出数据结构中有对应关系的数据单元，即有直接因果关系，在程序中可以同时处理的数据单元。需要注意的是，对于重复的数据单元，必须是重复的次序、次数都相同，才有可能有对应关系。用 Jackson 图描述，如图 6-21 所示。

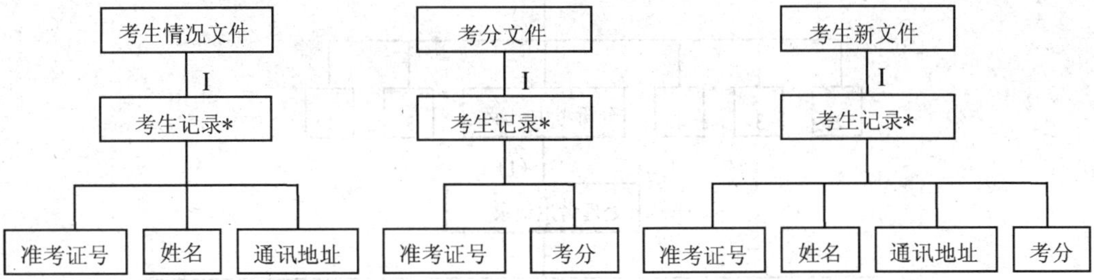


（a）输入数据结构　　　　（b）输出数据结构

图 6-20　数据结构表示

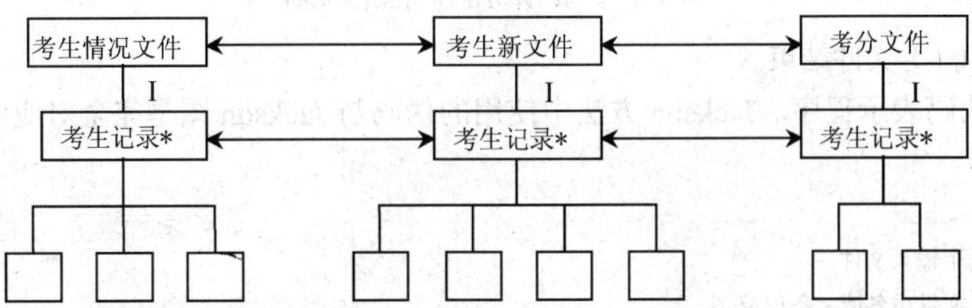


图 6-21　找出输入数据结构和输出数据结构的对应关系

（3）确定程序结构图。根据前面介绍的三个规则，由 Jackson 图导出相应的程序结构图，如图 6-22 所示。实际上，这一步是一个综合的过程，每对有对应关系的数据单元合画一个处理框，没有对应关系的数据单元则各画一个处理框。

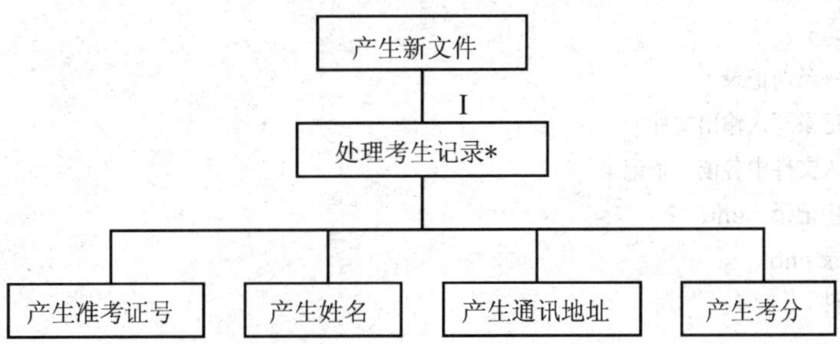


图 6-22　确定程序结构图

（4）列出并分配所有操作和条件。列出所有操作和条件（包括分支条件和循环结束条件），并把它们分配到程序结构图的适当位置，如图 6-23 所示。

操作：① 停止。

② 打开两个输入文件。

③ 建立输出文件。

④ 从输入文件中各读一条记录。

⑤ 生成一条新记录。

⑥ 将新记录写入输出文件。

⑦ 关闭全部文件。

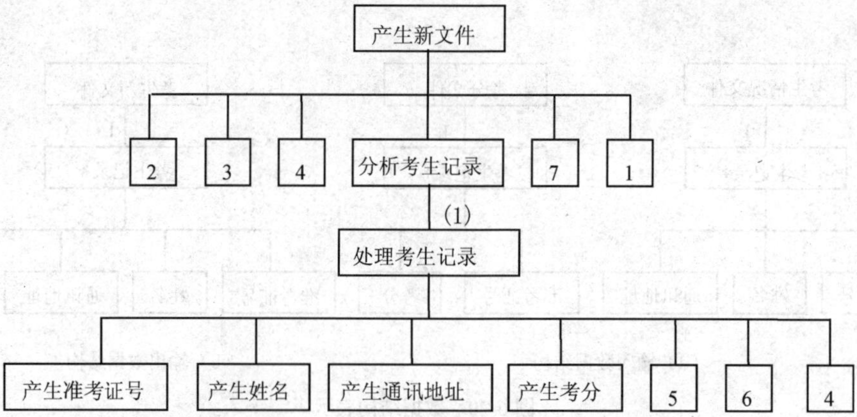


图 6-23　列出并分配所有操作和条件

条件：I（1）文件结束。

（5）用伪码表示程序。Jackson 方法中使用的伪码与 Jackson 图是完全对应的，伪码表示如下。

```
产生新文件  seq
    打开两个输入文件
    从输入文件中各读一条记录
    分析考生记录 iter  until 文件结束
        处理考生记录  seq
            产生准考证号
            产生姓名
            产生通讯地址
            产生考分
            生成一条新记录
            将新记录写入输出文件
            从输入文件中各读一条记录
        处理考生记录  end
    分析考生记录 end
    关闭全部文件
    停止
产生新文件  end
```

Jackson 方法在设计比较简单的数据处理系统时特别方便，当设计比较复杂的程序时常常遇到输入数据可能有错，条件不能预先测试，数据结构冲突等问题，因此要具体问题具体分析。

## 6.6　系统设计说明书

系统设计说明书（或者系统设计报告）是系统设计阶段的主要成果，是新系统的物理模型。系统设计报告是下一阶段即系统实施阶段的工作依据。系统设计阶段的工作完成后，要书写系统设计报告。系统设计报告是对系统设计阶段工作的汇总，它主要包括系统目标和功能概述、硬件系统、应用软件系统、数据库、代码体系的设计结果，还包括人工过程的有关设计及新系统的实施计划。

**1. 系统目标和功能概述**

这部分是对系统分析阶段的结果进行简要的概述，阐明新系统的目标和功能要求，概述新系统对数据及数据存储的要求和数据量的大小，为系统设计的要求阐述根据。

**2. 硬件系统设计说明**

这部分要求阐述物理系统的总体结构及总体结构图、计算机网络的结构及选型、计算机系统的选型和配置方案，包括各计算机的型号、配置、数量，网络设备的类型、数量，同时，还包括系统软件的配置。

**3. 应用软件系统设计**

这部分主要说明系统中各子系统功能模块的组成和它们之间的关系，功能的简要说明，以及各模块的控制结构图、过程结构图。若购买应用软件，则需说明对软件包选用的要求及说明。

**4. 数据库设计说明**

这部分主要说明需要建立的数据文件的名称、数量，各文件的用途，各数据文件的结构、记录格式、组成的字段，以及文件之间的关系和主要的存取方式等。

**5. 代码体系的设计**

这部分主要说明代码的体系结构、编制代码的标准，包括代码的功能和名称、相应的编码表、编码的使用范围。

**6. 人工过程的有关设计**

人工过程是指新系统的运行所需要的人员配备的要求、组织机构的调整要求及工作场地的要求。例如，对于新系统运行、维护的要求应成立计算机维护机构，计算机的主机房对温度、湿度和防雷、防火、防干扰的要求，对电源的要求等。

**7. 新系统的实施计划**

在新系统的分析、设计完成后，开发人员对新系统的实施有了更明确的了解，因此应为下一步的实施工作制订计划。这包括对具体实施新系统的工作任务的分解，即对各项工作按层次分解，制订对每项工作任务的要求及各项工作的进度安排。另外，还要修订新系统实施所需要的资金预算和各期间的资金需求预算。

系统设计报告完成后，同样要由有关的专家、用户及主管领导审核批准。只有在系统设计报告批准后，才开始下一阶段的工作，即系统实施。

## 6.7 小　结

系统设计阶段的基本目的是用比较抽象、概括的方式确定系统如何完成预定的任务，也就是说，应该确定系统的物理配置方案，进而确定组成系统的每个程序的结构。因此，系统设计阶段主要由两个阶段组成。首先需要进行软件结构设计，确定软件由哪些模块组成以及这些模块之间的动态调用关系如何。层次图和结构图是描绘软件结构的常用工具。在进行软件结构设计时应该遵循的最主要的原理是模块独立原理，也就是说，软件应该由一组实现相对独立的子功能的模块组成，这些模块彼此之间的接口关系应该尽量简单。如果已经有了详细的数据流图，也可以使用面向数据流的设计方法，用形式化的方法由数据流图映射出软件结构。

在进行详细的过程设计和编写程序之前，首先进行结构设计的好处在于，可以在软件开发的早期站在全局高度对软件结构进行优化。在这个时期进行优化付出的代价不高，却可以使软件质量得到很大改进。

其次，详细设计阶段的关键任务是确定怎样具体地实现用户需要的软件系统，也就是要设计出程序的"蓝图"。除了应该保证软件的可靠性之外，使将来编写出的程序可读性好、容易理解、容易测试、容易修改和维护，是详细设计阶段最重要的目标。结构程序设计技术是实现上述目标的基本保证，是进行详细设计的逻辑基础。过程设计应该在数据设计、体系结构设计和接口设计完成之后进行，它的任务是设计解决问题的详细步骤（即算法），它是详细设计阶段应完成的主要工作。过程设计的工具可分为图形、表格和语言三类，这三类工具各有所长，读者应该根据需要选用适当的工具。

人机界面设计是接口设计的一个重要的组成部分。对于交互式系统来说，人机界面设计同数据设计、体系结构设计及过程设计一样重要。人机界面的质量直接影响用户对软件产品的接受程度，因此，对人机界面设计必须给予足够的重视。在设计人机界面的过程中，必须充分重视并认真处理好系统响应时间、用户帮助设施、出错信息处理和命令交互 4 个设计问题。人机界面设计是一个迭代过程，通常，先创建设计模型，接下来用原型实现这个设计模型并由用户试用和评估原型，然后根据用户的意见修改原型，直到用户满意为止。

## 习 题

### 一、名词解释

1. 模块　2. 内聚　3. 耦合　4. IPO 图　5. 系统结构图

### 二、简答题

1. 系统设计阶段的目的和任务是什么？
2. 简述结构化设计的基本思想。
3. 模块之间的联系和耦合有哪几种形式？
4. 代码设计应遵循哪些基本原则？

### 三、设计题

1. 选择一个系统（例如工资管理系统、飞机订票系统、图书馆管理系统等），用结构化设计方法进行设计，并给出设计模型（系统结构图、层次图、IPO 图）。

2. 针对第 5 章中分析题 2 的分析模型，给出对应的设计模型（系统结构图、层次图、IPO 图）。

# 第 7 章 管理信息系统实施

## 开篇案例——管理信息系统实施过程的特殊考虑

某大型海运集团的航运管理信息系统是由于海运业务的需要而设计开发的，是适用于航运业务及船舶安全、技术管理的管理信息系统，包括业务管理、船舶管理、电子商务、船岸同步、智能报表、行业信息和系统管理等功能模块。考虑到船舶远离陆岸，震动大，盐分高，硬件容易出故障等各种综合因素，制订出运行高效、稳定可靠、经济可行的技术方案就显得尤为重要。因此，该系统首先必须能充分利用现有资源，提供高性能、低成本、安全稳定的应用系统；其次，必须提供船舶航运情况实时分析与船舶信息同步，并提高航运的高效性，让陆岸随时掌控船舶运行情况；另外，还需提供双机高可用保护，并充分考虑远洋航海的特殊环境要求，提供稳定的应用服务，并适应船舶应用。

在这样的背景和需求下，开发人员充分考虑了航运管理信息系统的经济性、安全性、可维护性等多个方面，为用户提供了从系统及应用的安装、调试、运行，到系统与应用的维护、支持与培训等全面的解决方案，以保证航运管理系统的顺利实施与维护。

该管理信息系统在设计上充分考虑了整个航运行业应用的需要，以及其经济性，特别适用于航运系统各大集团的大规模部署。该系统现正处于实施过程中，首批的数百只船已完成安装。该项目后期将在整个集团进行推广，船舶应用量将在 1 000 条船以上。

用户对以优化的系统和数据库产品为架构的系统平台的稳定性和高性能非常满意。该系统通过数据库复制服务提升了系统的容灾能力。该系统不仅满足了航运船舶应用系统的要求，还满足了大规模实施和稳定、高效的应用要求，在航运领域具有一定的示范作用。

航运管理信息系统的全面实施，不仅帮助中国海运强化了内外部管理，提高了企业的服务水平，降低了总体运营成本；而且为中国海运提供了先进的、可扩展的技术和方案，从而增强了企业的核心竞争力，使企业能快速应对航运市场竞争的新态势。

管理信息系统实施是继系统分析、系统设计之后的又一个重要阶段，也是管理信息系统开发工作的最后一个阶段。系统实施的工作目标是将系统设计文件中所定义的软件系统技术规格转换为实际可用的软件，并将此系统移植到用户的工作环境中，此时管理信息系统进入新系统的实际运行阶段，可进行系统的日常操作与维护等。

# 7.1 系统实施概述

系统实施是把系统的物理模型转换成实际运行的系统的全过程。系统实施可分为 4 个主要阶段，包括程序编码设计阶段、系统测试阶段、系统转换（切换）阶段、系统验收阶段。在系统实施前，必须做好以下几项系统实施的基本任务。

## 7.1.1 前期准备工作

系统分析阶段的系统分析报告和系统设计阶段的系统设计报告是系统实施的最基本依据。在系统实施之前，项目负责人必须对其有较深入地了解，并根据要求组织好有关的准备工作。

**1. 制订系统的实施计划**

根据系统设计的要求制订系统实施的具体计划，包括机房整装、网络建设、软硬件安装、程序编制、系统的测试与转换等方面的计划。

**2. 组织好系统的实施队伍**

系统实施阶段参加人员较多（大量的编程人员加入），需要适当调整和健全组织机构，加强组织管理与控制工作。要做到人员职责分工明确，各方面工作情况的信息及时反馈到项目负责人处，能够做到及时发现问题，纠正偏差。

**3. 软、硬件与配套设施的准备**

在系统的总体规划或系统分析阶段，系统对设备的总体需求已经非常清楚，设备在完成系统分析之后就可以进行选购。因此，在系统实施阶段，应当做好有关工作场所、机房、网络、系统硬件设备及支撑信息系统的系统软件的安装和调试工作。

## 7.1.2 信息流程重组

**1. 信息流程的重组和业务规程的修订**

为了适应新系统的要求，需要对现行系统的信息流程进行重新组织，并相应地修订原有的业务规程和工作制度，以适应新的变化。

**2. 人员培训与宣传教育工作**

人员培训包括对系统实施人员的培训和用户的培训。实施人员的培训要使他们明确统一的实施原则，使各部分能够相互协调地进行。用户的培训工作要随着系统的实施进行，直到用户学会操作和维护新系统为止。

## 7.1.3 实现方法、开发工具和数据准备

在系统设计中确定了系统实施方案，但在具体编码、测试和系统转换的过程中，需选择具体的实施方法和开发工具，需准备好有关的数据。

### 7.1.4　系统实施的文档准备

系统实施阶段的输出文档包括程序文档和系统实施报告两大类。程序文档是今后系统维护、修改、扩充的主要技术依据，主要包括程序设计报告、源程序清单及程序测试报告等。程序设计报告的主要内容包括对原设计的修改和补充。因为有少数问题直到编码和测试时才能发现，此时应修改和补充模块的有关文档，甚至系统设计的有关文档。另外，程序编制应该按照国家颁布的软件设计规范设计和建立文档。

系统实施报告是系统验收、审计、评价及运行、维护的依据，主要有系统实施计划、设备采购及安装验收报告、业务规程及有关制度、系统测试及试运行情况报告、系统转换及验收报告、系统的操作使用手册等。

### 7.1.5　系统的测试与评价

无论怎样强调系统测试的重要性和它对系统可靠性的影响都不过分。在开发系统的过程中，要面对错综复杂的问题，因此应该力求在每个阶段的实施子阶段的结束之前通过严格的技术审查，尽可能早地发现并纠正差错。测试的目的就是在系统投入生产运行之前，尽可能多地发现系统中的错误。目前，系统测试仍然是保证系统质量的关键步骤，它是对系统规格说明、设计、编码和集成的最后一道把关步骤。

## 7.2　程序设计（编码阶段）

程序设计是系统实施过程中的重要环节。为了保证编程工作正确且顺利地进行，一方面，程序编写人员必须仔细阅读系统设计的全部文档资料，充分理解程序模块的内部过程和外部接口；另一方面，编程人员必须深刻地理解、熟练地掌握和正确地运用程序设计语言及软件开发环境和工具，以保证功能的正确实现。

### 7.2.1　程序语言选择

程序设计语言是人和计算机之间沟通的最基本的工具，它的特点必然会影响编程人员的编程思路，也会影响其他人阅读和理解程序的难易程度。因此，编码之前的一项重要工作就是选择一种适当的程序设计语言。

适宜的程序设计语言能够使得根据设计完成编码时的困难最少，可以得到更容易阅读和维护的程序。由于软件系统的大部分成本是用在生命周期的测试和维护阶段，因此编制出来的程序容易测试和维护是极端重要的。

**1．选择标准**

为了使程序容易测试和维护以减少软件开发的总成本，所选用的计算机语言应该有理想的模块化机制，以及可读性好的控制结构和数据结构；为了便于调试和提高软件的可靠性，应该使编译程序能够尽可能多地发现程序中的错误；为了降低软件开发和维护的成本，选用的高级语言应该有良好的独立编译机制。

上述要求是选择程序设计语言的理想标准，但是，在实际选择语言时不能仅仅使用理论上的标准，还必须同时考虑实用方面的各种限制。下面是几种主要的实用标准。

（1）系统用户的要求。如果所开发的系统由用户负责维护，用户通常要求用他们熟悉的语言书写程序。

（2）可以使用的编译程序。运行目标系统的环境中提供的编译程序往往限制了可以选用的语言的范围。

（3）可以得到的软件工具。如果某种语言有支持程序开发的软件工具可以利用，则目标系统的实现和验证都变得比较容易。

（4）程序员的知识。虽然对于有经验的程序员来说，学习一种新语言并不困难，但是要完全掌握一种新语言却需要实践。如果和其他标准不矛盾，那么应该选择一种已经为程序员所熟悉的语言。

（5）软件的可移植性要求。如果目标系统将在几台不同的计算机上运行，或者预期的使用寿命很长，那么选择一种标准化程度高、程序可移植性好的语言就是很重要的。

（6）软件的应用领域。所谓的通用程序设计语言实际上并不是对所有应用领域都同样适用，例如，FORTRAN 语言特别适合于工程和科学计算，COBOL 语言适合于商业领域，C 语言适用于系统和实时应用领域，LISP 语言适用于组合问题领域，PROLOG 语言适用于表达知识和推理。因此，选择语言时应该充分考虑目标系统的应用范围。

**2. 常用的编程语言**

目前比较流行的软件工具一般可分为 4 类，即一般编程语言、数据库系统、程序生成工具及专用系统开发工具、客户机/服务器工具等。

（1）一般编程语言类。这是指由传统编程语言发展而来的一类程序设计语言。常见的有 PASCAL 语言、Basic 语言、C 语言、C++语言、COBOL 语言、PL/1 语言、PROLOG 语言、Java 语言等。这类工具不具有很强的针对性，但适用范围广，原则上任何代码都可以用它们来编写，但程序设计的工作量可能比较大。

（2）数据库类。目前市场上提供的数据库类产品主要有两种。一种是以 PC 关系数据库为基础的小型或本地数据库系统，其中典型的产品有 dBase、Access 和 FoxBase 等的各种版本。它们的特点是简单易学，方便实用，单机处理不涉及网络。另一种是目前比较流行的、实际应用比较多的大型网络数据库系统，其中比较典型的系统有 Oracle、Sybase、Informix、SQL Server 等。这类关系型数据库产品的最大特点是功能齐全，适合于各种较复杂的管理信息系统的开发，它们均支持标准的结构化查询语言 SQL（Structured Query Language）。

（3）程序生成工具及系统开发工具类。程序生成工具是一种基于常用数据处理功能和程序之间的对应关系的自动编程工具，例如 Application Builder；综合开发工具类是指针对一般应用系统和数据处理的系统开发工具，常见的有 CASE、Power Builder 等。

（4）客户机/服务器工具类。客户机/服务器工具类即所谓的 Client/Server 方式，是近年来新推出的软件开发工具，它继承了传统分布式系统的思想，将数据存放和数据处理分别在服务器和客户机上执行，数据的传输则通过网络进行。这类工具主要有 ASP.net、Borland Delphi.net、Visual Studio.net 等。

## 7.2.2 程序设计概述

**1. 结构化程序设计方法**

结构化程序设计方法采用程序流程图进行设计，是程序设计中应用最为广泛的算法描述方法。程序流程图独立于各种程序设计语言，比较直观、清晰，易于学习和掌握。

按照结构化程序设计的原则，任何程序逻辑都可以用顺序、选择、循环这三种程序流程图的基本结构来表示，也就是说，所有的程序都可以由这三种基本程序流程的控制结构及其组合来实现。

（1）顺序结构（SEQUENCE 结构）。顺序结构中含有多个连续的处理步骤，按程序书写的先后顺序执行。如图 7-1（a）所示，处理过程从 A 到 B 按顺序进行。

（2）选择结构（IF—THEN—ELSE 结构）。由某个逻辑表达式的取值决定选择两个处理加工中的一个。如图 7-1（b）所示，当逻辑表达式“exp”取值为“真”时执行 A，取值为“假”时执行 B。

（3）循环结构或重复结构。这种结构有两种类型。一种称为“当”型循环结构（DO—WHILE 结构）。当逻辑表达式 exp 成立时，重复执行特定的处理。如图 7-1（c）所示，在入口处首先测试逻辑表达式 exp，若为“真”，则执行 A，然后再回到逻辑表达式 exp 处；若 exp 为“假”，则从出口离开此结构。处理 A 的重复执行次数由条件 exp 决定，只要 exp 为“真”就执行 A。因此处理 A 中必须包括修改逻辑表达式 exp 的取值，否则将无限循环下去。

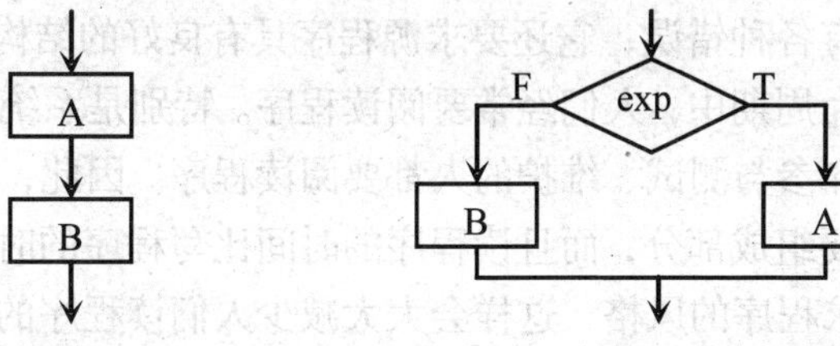


(a) 顺序结构　　(b) 选择结构

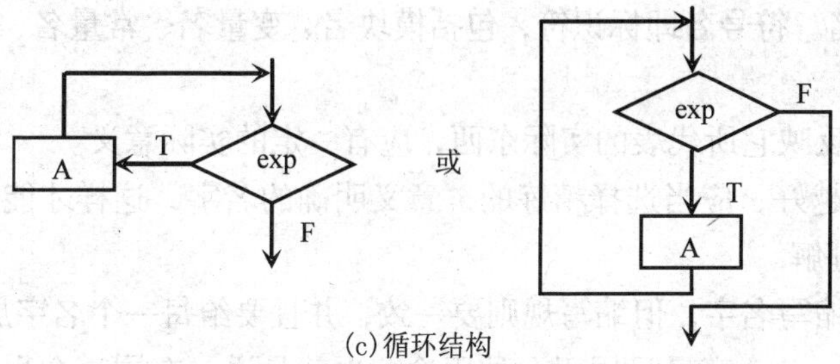


(c) 循环结构

图 7-1　程序设计的基本控制结构（一）

另一种称为“直到”型循环结构（DO—UNTIL 结构）。这种循环结构与“当”型结构并没有本质的区别，只是判断逻辑表达式 exp 在处理 A 之后进行。因此“直到”型循环结构不管 exp 为何值，至少要执行一次处理 A，如图 7-2（a）所示。

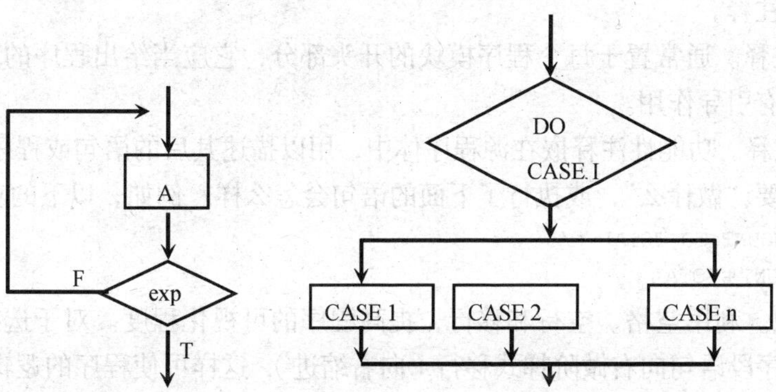


（a）“直到”型循环结构　　（b）CASE 型多分支结构

图 7-2　程序设计的基本控制结构（二）

（4）多种情况选择结构或多分支结构（CASE 结构）。这种结构是选择结构的扩充，当被测试的变量有多种可能的取值，而根据不同的值需要选择不同的处理时，可采用这种结构。如图 7-2（b）所示，首先计算表达式 I 的值，程序根据 I 的值来决定从哪个分支执行下去。

以上控制结构中，顺序结构、选择结构和“当”型循环结构是实现各种处理过程的基本结构，而“直到”型循环结构和多分支结构是由上述三种基本结构扩展而来的，可以用这三种基本结构来表示。

**2. 编程（编码）风格**

作为管理信息系统开发过程中的一个阶段，程序编码是系统设计的继续。然而，在编码中遇到的问题，例如，程序设计语言的特性和编写程序的风格都会深刻地影响软件的质量和可维护性。为了保证程序编码的质量，程序员必须深刻地理解、熟练地掌握、正确地运用程序设计语言的特性，例如一些语法规则和语义的细节。只有语法上没有错误的程序才能通过编译系统的语法检查。然而，管理信息系统的开发对代码编写的要求绝不仅仅是源程序语法上的正确性，也不只是源程序中没有各种错误，它还要求源程序具有良好的结构和程序设计风格。

在信息系统的生命周期中，人们经常要阅读程序。特别是系统在信息系统测试阶段和维护阶段，编写程序的人和参与测试、维护的人都要阅读程序。因此，阅读程序是信息系统开发和维护过程中的一个重要组成部分，而且读程序的时间比写程序的时间还要多。所以应在编写程序时多花些工夫，讲求程序的风格，这样会大大减少人们读程序的时间，从整体上看，这样做的效率是高的，是值得的。在编程风格上应注意以下几个方面。

（1）符号名的命名。符号名即标识符，包括模块名、变量名、常量名、子程序名、数据区名、缓冲区名等。

- 这些名字应能反映它所代表的实际东西，应有一定的实际意义。
- 名字不是越长越好，应当选择精炼的、意义明确的名字，这样才能简化程序语句，改善人们对程序功能的理解。
- 必要时可使用缩写名字，但缩写规则要一致，并且要给每一个名字加注释。
- 在一个程序中，一个变量只用于一种用途。也就是说，在同一个程序中，一个变量不能具有几种含义。例如，在一个程序中定义了一个变量 temp，它在程序的前半段代表“温度（Temperature）”，在程序的后半段则代表“临时变量（Temporary）”，这样就会给其他人阅读程序造成混乱。

（2）程序的注释。

- 序言性注释。通常置于每个程序模块的开头部分，它应当给出程序的整体说明，对于理解程序本身具有引导作用。
- 功能性注释。功能性注释嵌在源程序体中，用以描述其后的语句或程序段做什么工作，也就是解释下面要“做什么”，或执行了下面的语句会怎么样。例如，以下的功能性注释。

```
    /* ADD AMOUNT TO TOTAL */
TOTAL = AMOUNT+TOTAL
```

- 视觉组织。利用空格、空行和移行，提高程序的可视化程度。对于选择语句和循环语句，把其中的程序段语句向右做阶梯式移行（向右缩进），这样可使程序的逻辑结构更加清晰，层次更加分明。

（3）数据说明。在编写程序时，需注意数据说明的风格，使程序中的数据说明更易于理解和维护。

- 数据说明的次序应当规范化，使数据属性容易查找。原则上，数据说明的次序与语法无关，其次序是任意的。但由于阅读、理解和维护的需要，最好使其规范化，使说明的先后次序固定。
- 当多个变量名用一个语句说明时，应当对这些变量按字母的顺序排列。
- 如果设计了一个复杂的数据结构，应当使用注释来说明在程序实现时这个数据结构的固有特点。

（4）语句结构。在设计阶段确定了软件的逻辑结构，但构造单个语句则是编码阶段的任务。语句构造力求简单、直接，不能为了片面追求效率而使语句复杂化，理解困难化。

- 在一行内只写一条语句，并且采取适当的移行格式，使程序的逻辑和功能变得更加明确。
- 程序编写首先应当考虑清晰性，不要刻意追求技巧性，使程序编写得过于紧凑。

例如，以下为用C语句写出的程序段。

```
A[I]=A[I]+A[j];
A[j]=A[I]- A[j];
A[I]=A[I]- A[j];
```

请问：这个程序段实现什么功能？

初次阅读此段程序，读者可能不易看懂，有时还需用实际数据验证一下。如果给A[i]赋值3，给A[j]赋值5，在运算后发现A[i]变成了5，A[j]变成了3。这段程序的作用就是交换A[i]和A[j]中的内容，目的是节省一个工作单元。如果改为以下的形式就能让读者一目了然了。

```
WORK = A[j];  A[j] = A[i];  A[i] = WORK;
```

- 除非对效率有特殊的要求，否则程序编写要做到清晰第一，效率第二。不要为了追求效率而丧失了清晰性。事实上，程序效率的提高主要应通过选择高效的算法来实现。例如，下面是由三个C语句组成的程序段。

```
for ( i = 1;  i <= n;  i++ )
for ( j = 1;  j <= n;  j++ )
v[i][j] = ( i / j )*( j / i );
```

这个程序编码构思巧妙，但不易理解，读者可能要花很多的精力才能弄清程序编制者的真正意图，这无疑给软件的维护带来很大困难。如果改写成以下的形式，就能让读者直接了解程序编写者的意图。

```
for ( i = 1;  i <= n;  i++ )
for ( j = 1;  j <= n;  j++ )
if  ( i == j ) v[i][j] = 1;
else v[i][j] = 0;
```

- 使与判定相联系的动作尽可能地紧跟着判定。
- 避免多重的循环嵌套和条件嵌套。
- 不要修补不好的程序，要重新编写。也不要一味地追求代码的复用。
- 变量名中尽量不用数字。
- 不仅对代码做注释，而且对每条注释都加以编号。
- 经常自我反省："如果我不是编码的人，我能看懂它吗"。

# 7.3 系统测试

系统测试是管理信息系统的开发周期中一个十分重要的环节。尽管在系统开发周期的各个阶段均采取了严格的技术审查，但依然难免存在差错。如果没有在投入运行前的系统测试阶段被发现并纠正，问题迟早会在系统正式运行中暴露出来，到那时要纠正错误将会付出更大的代价。

系统测试是指在计算机上以各种可能的数据和操作事件对程序进行测试，找出可能存在的问题并加以修改，使之完全符合设计要求。在软件的开发过程中，系统测试占用的时间、花费的人力和成本占软件开发的很大比例。统计表明，测试工作所占的工作量大约占整个软件开发工作量的40%～50%。对于一些特别重要的大型系统，测试的工作量和成本更大，甚至会超过系统开发其他阶段总和的若干倍。

## 7.3.1 测试概述

### 1. 系统测试的目标

系统测试的目的在于发现程序中存在的错误。也就是说，软件测试是根据软件开发各阶段的规格说明和程序的内部结构而精心设计一批测试用例（即输入数据及其预期的输出结果），并利用这些测试用例去运行程序，以发现程序中存在的错误的过程。成功的测试是发现了尚未发现的错误的测试。

总之，测试的目标就是希望以最少的人力和时间发现潜在的各种错误和缺陷。信息系统测试理论上应包括软件测试、硬件测试和网络测试。硬件测试、网络测试可以根据具体的性能指标来进行，由于信息系统的开发工作主要集中在软件上，因此这里所说的测试更多的是指软件测试。

### 2. 系统测试的原则

（1）测试用例应由测试输入数据和与之对应的预期输出结果两部分组成。

（2）不要由设计、编写某个软件的部门对该软件进行测试。但在发现错误之后，要找出错误的根源并纠正它时，则应由程序的编写者来进行。

（3）充分注意测试中的群集现象（例如美国IBM公司的OS/370操作系统中，47%的错误仅与该系统中4%的程序模块有关）。

（4）不仅要输入合理的输入数据，还应选用不合理的输入数据作为测试用例，这样才能测试出程序的排错能力。

（5）除了检查程序是否做了应做的工作外，还应检查程序是否做了它不应做的工作。程序做了不应做的工作也是一类错误。

（6）妥善保存测试计划、测试用例、出错统计和最终分析报告，测试收集到的测试结果数据为可靠性分析提供了依据，也为维护提供了方便。

### 3. 系统测试的过程

测试是开发过程中一个独立的、非常重要的阶段，也是保证开发质量的重要手段之一。测试过程基本上与开发过程平行进行。在测试过程中，需要对整个测试过程进行有效的管理，保证测试质量和测试效率。要使测试有计划地进行，需要编写测试文档。测试文档主要有测试计划和测试分析报告。

一个规范化的测试过程通常包括以下基本的测试活动。

（1）制订测试计划。

在制订测试计划时，要充分考虑整个项目的开发时间和开发进度，以及一些人为因素、客观事件等，使得测试计划切实可行。测试计划的内容主要有测试的内容和进度安排、测试所需的环境和事件（包括设备、被测项目、人员等）。

（2）编制测试大纲。

测试大纲是测试的依据，它明确、详尽地规定了在测试中针对系统的每一项功能或特性所必须完成的基本测试项目和测试完成的标准。无论是静态测试还是动态测试，都必须满足测试大纲的要求。

（3）设计和生成测试用例。

根据测试大纲，设计和生成测试用例。在设计测试用例时，生成测试设计说明文档，其内容主要有被测项目、输入数据、测试过程、预期输出结果等。

（4）实施测试。

测试的实施阶段是由一系列的测试周期组成的。在每个测试周期中，测试人员和开发人员依据预先编制好的测试大纲和准备好的测试用例，对被测系统进行完整的测试。

（5）编写测试报告。

测试完成后，要形成相应的测试报告，主要对测试进行概要说明，列出测试的结论，指出缺陷和错误。另外给出一些建议，如可采用的修改方法、各项修改预计的工作量、修改的负责人等。

通常，测试与纠错是反复交替进行的。如果使用专业测试人员，测试与纠错可以平行进行，从而节约总的开发时间。另外，由于专业测试人员有丰富的测试经验，采用系统化的测试方法，能全身的投入，而且独立于开发人员的思维，因此他们能够有效地发现许多开发人员很难发现的错误和问题。

## 7.3.2 测试分类

信息系统软件测试是指由测试人员设计出一系列的测试方案，其目的却是为了“破坏”已经建造好的软件系统，希望通过软件测试暴露出软件中隐藏的错误和缺陷。暴露问题并不是软件测试的最终目的，发现问题是为了解决问题。测试阶段的根本目标是尽可能多地发现并排除软件中隐藏的错误，最终把一个高质量的软件系统交给用户使用。按照系统测试规模、内容及阶段的不同，可将测试分成以下几种类型。

**1. 单元测试（模块测试）**

单元测试用于集中测试软件设计的最小单元——模块，检查各个程序模块是否正确地实现了规定的功能。一般认为单元测试和编码属于系统开发的同一阶段，即在编写出源程序代码并通过编译程序的语法检查后就开始进行不同程度的测试。首先改正所有语法错误；然后，用详细设计描述操作指南，对重要的执行通路进行测试，以便发现模块内部的错误；也可以对多个模块同时进行测试。

单元测试的重点内容包括以下 5 方面，示意图如图 7-3 所示。

- 模块接口测试；
- 局部数据结构测试；

- 路径测试；
- 错误处理测试；
- 边界测试。

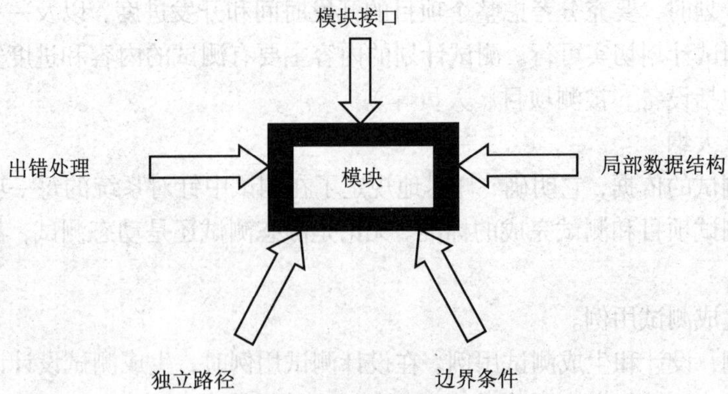


图 7-3　单元测试的重点内容

**2. 集成测试或组装测试（子系统测试、系统测试）**

软件系统并不是只有一个模块，往往是由多个模块联合组成，所以在所有的单元测试之后需要进行集成测试。集成测试根据设计规定的软件体系结构，把已测试过的模块组装起来，在组装过程中，检查程序结构组装的正确性。集成测试主要是通过测试发现和模块接口有关的问题。在集成测试过程中可能查到的错误类型有：遗漏的模块设计和编码的错误；接口实现错误；访问全局变量引起模块间的相互干扰；不恰当地控制和排列程序模块；出错处理不恰当或不正确。

集成测试是将部分或所有模块按照设计要求组装成为系统后进行的测试，这部分的测试重点包括如下内容。

- 各个模块连接起来时，穿越模块接口的数据是否会丢失。
- 一个模块的功能是否会对另一个模块的功能产生不利的影响。
- 各个子功能组合起来，能否达到预期要求的父功能。
- 全局数据结构是否有问题。
- 单个模块的误差累积起来是否会放大，从而达到不能接受的程度。
- 单个模块的错误是否会导致数据库错误。

集成测试完成的标志有以下几项。

- 成功执行了测试计划中规定的所有集成测试。
- 修正了所发现的错误。
- 测试结果通过了专门小组的评审。

模块组装成为系统的方式有如下两种。

（1）一次性集成方式。它是一种非增值式集成方式，也叫做整体拼装。使用这种方式，首先对每个模块分别进行模块测试，然后把所有模块组装在一起进行测试，最终得到要求的软件系统。由于程序中不可避免地存在涉及模块间接口、全局数据结构等方面的问题，所以一次试运行成功的可能性并不是很大。

（2）增值式集成方式。又称渐增式集成方式。首先对一个个模块进行模块测试，然后将这些模块逐步组装成较大的系统，在组装的过程中边连接边测试，以发现连接过程中产生的问题，最后逐步组装成为要求的软件系统。

3. 确认测试（验收测试）

通过了集成测试后，还需对系统做确认测试。确认测试又称为有效性测试，也称为验收测试。它的任务是验证软件的有效性，即验证软件的功能和性能及其他的特性是否与用户的要求一致。确认测试要检查已组装运行的软件是否满足需求规格说明中确定的各种需求，以及软件配置是否完全、正确。

4. 平行运行测试

通过了验收测试，在交付用户前还要对系统做平行运行测试。平行运行是指把已经经过确认的软件纳入实际运行环境中，与原有系统或人工部分同时运行，来对比运行结果是否一致。平行运行也就是“出厂”前的最后把关。

测试实施阶段的流程如图 7-4 所示。

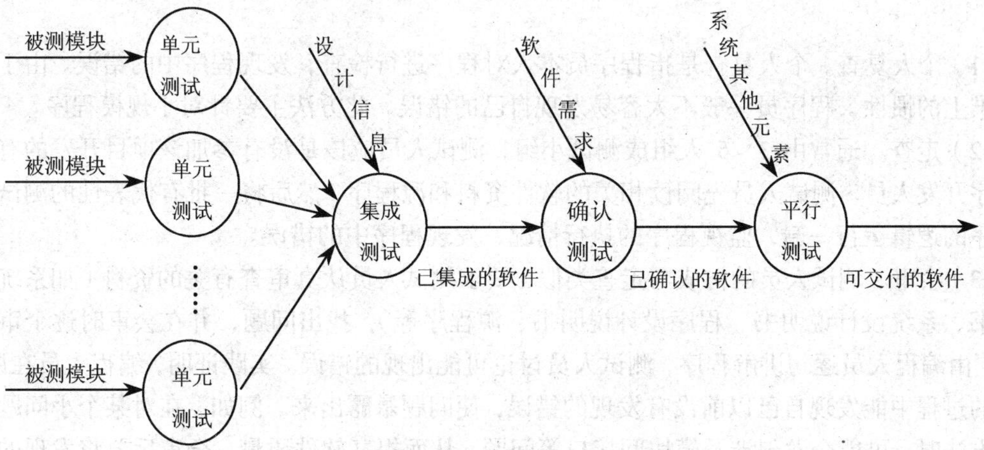


图 7-4　测试实施阶段的流程

测试与软件开发各阶段的关系如图 7-5 所示，图中向后的箭头代表发现错误后应触动的生产环节。

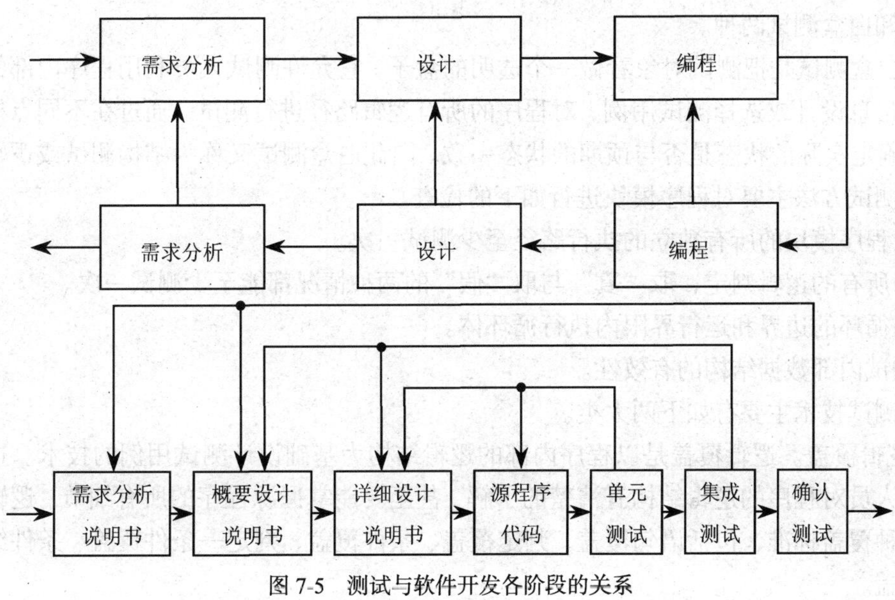


图 7-5　测试与软件开发各阶段的关系

### 7.3.3 测试方法

软件测试的方法大致可以分为静态测试和动态测试。静态测试以人工测试为主，采用个人复查、代码会审和程序走查的方式检查程序中可能存在的错误。经验表明，组织良好的人工测试可以发现程序中30%～70%的编码错误和逻辑设计错误。动态测试是基于计算机的测试，把事先设计好的测试用例作用于被测程序，比较测试结果和预期结果是否一致，如果不一致，则说明被测程序可能存在错误。机器测试只能发现错误的症状，不能对问题进行定位。动态测试分为白盒测试和黑盒测试两种。

**1. 人工测试**

人工测试又称为代码复审，即通过阅读程序查找错误。其内容包括：检查代码和设计是否一致，检查代码逻辑表达是否正确和完整，检查代码结构是否合理等。人工测试主要有三种方法。

（1）个人复查。个人复查是指程序员本人对程序进行检查，发现程序中的错误。由于心理和思维上的惯性，程序员一般不太容易发现自己的错误。此方法主要针对小规模程序。

（2）走查。通常由3～5人组成测试小组，测试人员应该是没有参加该项目开发的有经验的程序开发人员。测试人员先阅读相关的软件资料和源程序，然后将一批有代表性的测试数据沿程序的逻辑运行一遍，监视程序的执行情况，发现程序中的错误。

（3）会审。测试人员的构成与走查类似，要求测试人员认真审查有关的资料（如系统分析说明书、系统设计说明书、程序设计说明书、源程序等），找出问题，并在会审时逐个审查、提问，由编程人员逐句讲解程序，测试人员讨论可能出现的错误。实践证明，编程人员在讲解、讨论的过程中能发现自己以前没有发现的错误，使问题暴露出来。例如，在对某个小问题讨论修改方法时，可能会发现涉及模块间接口等问题，从而提高软件质量。会审后要将发现的错误登记、分析、归类，一份交给程序员，另一份妥善保管，以便再次组织会审时使用。

**2. 机器测试**

机器测试是指在计算机上直接用测试用例运行被测程序，发现程序错误。机器测试主要有黑盒测试和白盒测试两种。

（1）白盒测试是把测试对象看做一个透明的盒子，它允许测试人员利用程序内部的逻辑结构及有关信息设计或选择测试用例，对程序的所有逻辑路径进行测试，通过在不同点检查程序的状态，确定实际的状态是否与预期的状态一致。因此白盒测试又称为结构测试或逻辑驱动测试。白盒测试方法主要对程序模块进行如下的检查。

- 对程序模块的所有独立的执行路径至少测试一次。
- 对所有的逻辑判定，取“真”与取“假”的两种情况都能至少测试一次。
- 在循环的边界和运行界限内执行循环体。
- 测试内部数据结构的有效性。

白盒测试技术主要有如下两大类。

① 逻辑覆盖。逻辑覆盖是以程序内部的逻辑结构为基础设计测试用例的技术。这个方法要求测试人员对程序的逻辑结构有清楚的了解，甚至要能掌握源程序的所有细节。逻辑覆盖又可分为几种覆盖标准，包括语句覆盖、判定覆盖、条件覆盖、判定—条件覆盖、条件组合覆盖及路径覆盖。

● 语句覆盖。语句覆盖就是设计若干个测试用例，运行被测程序，使得每一个可执行语句至少执行一次。

● 判定覆盖。所谓判定覆盖就是设计若干个测试用例，运行被测程序，使得程序中每个判断的取真分支和取假分支至少执行一次。判定覆盖又称为分支覆盖。

● 条件覆盖。所谓条件覆盖就是设计若干个测试用例，运行被测程序，使得程序中每个判断的每个条件可能取值至少执行一次。

● 判定—条件覆盖。所谓判定—条件覆盖就是设计足够的测试用例，使得判断中每个条件的所有可能取值至少执行一次，同时每个判断本身的所有可能判断结果至少执行一次。换言之，也就是要求各个判断的所有可能的条件取值组合至少执行一次。

● 条件组合覆盖。所谓条件组合覆盖就是设计足够的测试用例，运行被测程序，使得所有判断中各条件判断结果的所有组合至少执行一次。

② 控制结构测试（路径测试）。路径测试就是设计足够的测试用例，覆盖程序中所有可能的路径。

（2）黑盒测试也称为功能测试，侧重点为测试软件的功能，是白盒测试的补充。这种方法将软件看成黑盒子，在完全不考虑软件的内部结构和特性的情况下，测试软件的外部特性。根据系统分析说明书设计测试用例，通过输入和输出的特性检测系统是否满足指定的功能。执行黑盒测试主要是为了发现以下几类错误。

● 是否有错误的功能或遗漏的功能。
● 界面是否有误，输入是否能够正确接收，输出是否正确。
● 是否有数据结构或外部数据库访问错误。
● 性能是否能够接受。
● 是否有初始化或终止性错误。

黑盒测试技术主要有如下两种。

① 等价划分。等价划分（等价类划分）是一种典型的黑盒测试方法。该方法完全不考虑程序的内部结构，只是通过将程序的输入域分成若干个数据类来设计测试用例。由于不可能用所有可以输入的数据来测试程序，因此只能从全部可供输入的数据中选择一个子集进行测试。该技术的重点是如何选择适当的子集，使其尽可能多地发现错误。解决的办法之一就是等价类划分。

这里要说明什么是等价类，共有两大类。

● 有效等价类。指对于程序规格说明来说，是合理的、有意义的输入数据构成的集合。
● 无效等价类。指对于程序规格说明来说，是不合理的、无意义的输入数据构成的集合。

在设计测试用例时，要同时考虑有效等价类和无效等价类的设计。软件不能只接收合理的数据，还要经受意外的考验，接收无效的或不合理的数据，这样获得的软件才能具有较高的可靠性。

划分等价类的原则如下。

● 按区间划分。如果可能的输入数据属于一个取值范围或值的个数限制了范围，则可以确立一个有效等价类和两个无效等价类。例如，在程序的规格说明中，对于输入条件有一句话："……项数可以从 1 到 999……"，则有效等价类是"1≤项数≤999"，两个无效等价类是"项数＜1"或"项数＞999"。在数轴上的表示如图 7-6 所示。

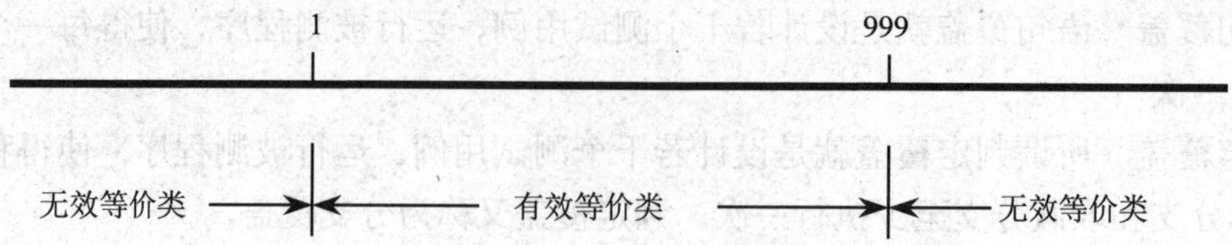


图 7-6　按区间划分等价类

- 按数值划分。如果规定了输入数据的一组值，而且程序要对每个输入值分别进行处理，则可为每一个输入值确立一个有效等价类。此外针对这组值确立一个无效等价类，它是所有不允许的输入值的集合。例如，在教师分房方案中规定对教授、副教授、讲师和助教分别计算分数做相应的处理，因此可以确定 4 个有效等价类为教授、副教授、讲师和助教，以及一个无效等价类，它是所有不符合以上身份的人员的输入值的集合。
- 按数值集合划分。如果可能的输入数据属于一个值的集合，或者须满足“必须如何”的条件，这时可确立一个有效等价类和一个无效等价类。例如，在 Pascal 语言中对变量标识符的规定为“以字母打头的……串”，那么所有以字母打头的构成有效等价类，而不在此集合内（不以字母打头）的归于无效等价类。
- 按限制条件或规则划分。如果规定了输入数据必须遵守的规则或限制条件，则可以确立一个有效等价类（符合规则）和若干个无效等价类（从不同角度违反规则）。例如，Pascal 语言处理时规定“一个语句必须以分号‘；’结束”，这时可以确定一个有效等价类“以‘；’结束”，以及若干个无效等价类“以‘：’结束”、“以‘，’结束”、“以‘LF’结束”等。

在确立了等价类之后，建立等价类表，列出所有划分出的等价类，再从划分出的等价类中按以下原则选择测试用例。

- 设计尽可能少的测试用例，覆盖所有的有效等价类。
- 针对每一个无效等价类，设计一个测试用例来覆盖它。

下面介绍用等价类划分法设计测试用例的实例。在 Pascal 语言中规定“标识符是由字母开头，后跟字母或数字的任意组合构成。有效字符数为 8 个，最大字符数为 80 个”，并且规定“标识符必须先说明，再使用”，“在同一说明语句中，标识符至少必须有一个”。对应的等价类表如表 7-1。

针对表 7-1，现选取了 9 个测试用例，它们覆盖了所有的等价类。

表 7-1　等价类表

| 输入条件 | 有效等价类 | 无效等价类 |
| --- | --- | --- |
| 标识符个数 | 1 个（1），多个（2） | 0 个（3） |
| 标识符字符数 | 1～8 个（4） | 0 个（5），>8 个（6），>80 个（7） |
| 标识符组成 | 字母（8），数字（9） | 非字母数字字符（10），保留字（11） |
| 第一个字符 | 字母（12） | 非字母（13） |
| 标识符使用 | 先说明后使用（14） | 未说明已使用（15） |

（a）VAR x，T1234567：REAL；}（1），（2），（4），（8），（9），（12），（14）
BEGIN x：=3.414；
T1234567：=2.732；

(b) VAR : REAL; }(3)

(c) VAR x, : REAL;}(5)

(d) VAR T12345678：REAL; }(6)

(e) VAR T12345……：REAL; }(7)

(f) VAR T$：CHAR; }(10)

(g) VAR GOTO：INTEGER; }(11)

(h) VAR 2T：REAL; }(13)

(i) VAR PAR：REAL; }(15)

BEGIN……

PAP：=SIN(3.14*0.8)/6;

② 边界值分析。边界值分析也是一种黑盒测试方法，是对等价类划分方法的补充。人们从长期的测试工作经验得知，大量的错误发生在输入或输出范围的边界上，而不是在输入范围的内部。因此针对各种边界情况设计测试用例，可以查出更多的错误。

在做三角形计算时，要输入三角形的三个边长 A、B 和 C。应注意到这三个数值应当满足 A > 0、B > 0、C > 0、A + B > C、A + C > B、B + C > A，才能构成三角形。但如果把这 6 个不等式中的任何一个大于号“>”错写成大于等于号“≥”，那就不能构成三角形。

问题就出现在容易被疏忽的边界附近。这里所说的边界是指，相当于输入等价类和输出等价类而言，稍高于其边界值及稍低于其边界值的一些特定情况。

使用边界值分析方法设计测试用例，首先应确定边界情况。通常输入等价类与输出等价类的边界就是应着重测试的边界情况。应当选取正好等于、刚刚大于或刚刚小于边界的值作为测试数据，而不是选取等价类中的典型值或任意值作为测试数据。

**3. 测试方法选择的综合策略**

(1) 在任何情况下都必须使用边界值分析方法。经验表明用这种方法设计出的测试用例发现程序错误的能力最强。

(2) 必要时用等价类划分方法补充一些测试用例。

(3) 对照程序逻辑，检查已设计的测试用例的逻辑覆盖程度。如果没有达到要求的覆盖标准，应当再补充足够的测试用例。

为了确保程序的正确性，可以将一种或多种测试方法综合起来使用，反复进行测试。另外，具体进行测试的人员最好不是程序的编制人员或计算机的专业人员，可以让业务人员甚至不怎么懂业务的人来完成测试工作，目的是让程序经得起推敲，将用户可能的误操作及时拦截下来并给出提示信息。

### 7.3.4 测试总结

软件系统的开发体现了人们智力劳动的成果，因此难免会在工作中犯这样那样的错误，例如，在人们相互通信时产生误解，或在分析、设计的表达上不正确等。这样，在软件产品中就会隐藏许多的错误和缺陷。对于规模大、复杂性高的软件更是如此。因此，必须认真计划，彻底地进行软件测试。

软件测试是为了发现错误而执行程序的过程。或者说，软件测试是根据软件开发各阶段的规格说明和程序的内部结构而精心设计一批测试用例（即输入数据及其预期的输出结果），并利用这些测试用例去运行程序，以发现程序错误的过程。

软件测试是软件开发过程中的最后一个活动，是软件质量保证最关键的一项措施。它所用的主要技术是黑盒测试和白盒测试。

软件测试在软件生存期中横跨两个阶段。

（1）通常在编写出每一个模块之后就对它做必要的测试（称为单元测试）。模块的编写者与测试者是同一个人。编码与单元测试处于软件生存期中的同一个阶段。

（2）在以上阶段结束之后，还要对软件系统进行各种综合测试，这是软件生存期的另一个独立的阶段，即测试阶段，通常由专门的测试人员承担这项工作。

软件测试过程可概括为：用单元测试保证模块能正确工作；用组装（或集成）测试保证各个模块集成到一起后能正常工作；用确认测试保证系统能够满足软件的需求；用新旧系统平行运行保证软件在载入用户的真实数据后达到系统的各项性能要求。

测试时一旦发现错误，必须对错误定位并改正这些错误，这就是通常所说的程序调试过程。因此，测试和调试是密不可分的两个活动。此外，在测试过程中记载出错数据，进行可靠性分析，对于软件质量评价和测试过程监控是必不可少的。

务必记住下面几点。

- 测试是不完全的。即测试不能表明软件中不存在错误，它只能说明软件中存在错误的多少。
- 测试是软件生产全程的测试。即要把测试思想贯穿软件生产的全过程。
- 为效益而测试。即软件生产同其他产品生产一样，是要追求效益的。不是为了测试而测试，要追求软件产品的高质量，希望用最少的用例（代价）找出最多存在的错误。

# 7.4 系统转换（切换）

系统转换是指系统试运行一段时间后，采用某种方式在某一时刻用新系统正式代替旧系统的工作，此时新系统正式开始运行，同时旧系统停止运行。系统转换的过程实际上是新旧系统的交替过程，这种交替过程根据实际需要可以选择不同的方式进行。

## 7.4.1 直接方式

直接方式是指在某一特定时刻，旧系统停止使用，同时新系统立刻投入运行。这种方式简单，节约了人员、设备的费用，但风险较大，一般适用于一些处理过程不太复杂，数据不太重要的场合。例如，电话号码的升位就采用了这种方式。对于比较复杂或者重要的系统，则不可以采用这种方式，因为在旧系统已经停止运行的情况下，一旦新系统不能正常运转，将直接影响到整个企业或者组织的日常工作，严重的可能导致企业或组织瘫痪。

## 7.4.2 平行方式

平行方式是指在一段时间内新旧系统并存，各自完成相应的工作，并相互对比审核。这样做需要双倍的人员和设备，其费用比较大，但系统运行的可靠性得到了大大提高，风险较小。在新旧系统并存阶段，可以继续对用户进行培训，检查并且改进新系统的功能，在确保新系统正常运转的情况下，力求提高新系统的性能和效率。这种方式适用于处理较复杂的大型系统，它提供了一个与旧系统的运行结果进行比较的机会，避免了直接转换方式带来的风险。

### 7.4.3　逐步方式

逐步方式是指分阶段、分部分地完成新旧系统的交替过程，开发完一部分后就在某一时间段内平行运行该部分。这样做既可以避免直接方式的风险，又可以避免平行方式的双倍费用，实际上是以上两种切换方式的结合。这种方式既保证了可靠性，又不至于费用太大。这种方式的不足之处是接口多，并且对系统的设计和实现有一定的要求。

总之，系统转换就是要让新旧系统平稳过渡，完全停止旧系统的运行，启用新系统的过程。这个过程需要开发人员、系统操作员、用户单位领导和业务部门的密切协作，才能顺利交接，完成新旧交替。

## 习　题

**一、名词解释**

1. 系统实施　2. 软件测试　3. 黑盒测试　4. 白盒测试

**二、简答题**

1. 简述系统实施的内容和原则。
2. 简述结构化程序设计方法三种基本控制结构。
3. 简述系统测试的基本方法。

# 第8章 管理信息系统的安全管理

## 开篇案例——如何保护商业秘密

X公司是一家中外合资的信息咨询公司，主要从事为其他企业提供信息服务的业务。对该公司来说，客户是最重要的，因此该公司花费了大量的时间、人力和资金开发了客户关系管理系统，建立了客户信息数据库。陈先生是该公司的客户服务总监，负责与公司重要客户的联系、反馈、跟踪等工作。

一天，公司总经理偶然听说陈先生自己创办了一家公司，接着又收到了陈先生的辞职报告，并且他也不再来公司上班。这引起了总经理的警觉，于是总经理打开了陈先生用过的计算机，发现里面的文件都被删除了。通过文件恢复程序恢复了被删除的文件，总经理发现陈先生在过去的几个月里，一直在盗窃公司收集的关于生产、市场方面的文件资料，并以另一个信息服务公司的名义，将此信息提供给多个重要客户。经查证，陈先生确实成立了自己的信息服务公司，并担任公司董事长。

X公司立刻向当地的公安局经济侦察处报案。公安局经过调查，获得了大量证据。其中在陈先生住处查获的光盘中发现了大量X公司的信息技术资料、客户数据以及业务管理文件。陈先生把这些信息资料以自己公司的名义，分别提供给原X公司的客户并获利。

最终，陈先生因侵犯他人商业秘密被法院认定有罪，并受到了应有的惩罚。

信息是人类社会的宝贵资源，功能强大的信息系统是推动社会发展的催化剂和倍增器。随着信息技术的发展，管理信息系统在运行操作、管理控制、经营管理、战略决策等企业经济活动各个层面的应用范围不断扩大，并发挥着越来越重要的作用。但是管理信息系统越发展到高级阶段，人们对其依赖性就越强，管理信息系统的安全也就越来越重要，尤其是 Internet 在社会各领域的广泛应用，使得计算机安全的概念发生了根本的变化。管理信息系统就像一把双刃剑，一方面它使企业能够更加有效地利用信息，另一方面也使得企业面临更加严峻的信息安全问题。因此，管理信息系统的安全管理是一项极其重要的管理工作。

## 8.1 信息系统安全概述

### 8.1.1 信息系统安全定义

我国国务院发布的《中华人民共和国计算机信息系统安全保护条例》(以下简称《条例》)，是我国政府颁布的关于计算机信息系统安全保护的第一部专门法规。根据该《条例》，信息系统安全是指“保障计算机及其相关的和配套的设备、设施（含网络）的安全以及运行环境的安全，保障信息的安全，保障计算机功能的正常发挥，以维护计算机信息系统的安全运行”。从上述描述中可以看出，信息系统的安全性就是为了防范意外或人为地破坏信息系统的运行，或非法使用信息资源，维护正当的信息活动，保证信息系统安全运行而采取的一系列安全保护措施。

信息系统的安全性可分为实体安全性、技术安全性、信息资源安全性和网络安全性。

（1）信息系统的实体安全性是指为保证信息系统的各种设备及环境设施的安全而采取的措施，主要包括场地环境、设备设施、供电、空气调节与净化、电磁屏蔽、信息存储介质等的安全。计算机信息系统的实体安全是整个计算机信息系统安全的前提。因此，保证实体的安全是十分重要的。

（2）信息系统的技术安全性是指在信息系统内部采用技术手段，防止对系统资源的非法使用和对信息资源的非法存取操作。

（3）信息资源安全性是指防止信息资源被故意或偶然的泄露、破坏、更改，保证信息使用的完整性、有效性和合法性。它又分为动态和静态两类。动态安全性是指对数据信息进行存取操作过程中的控制措施；静态安全性是指对信息的传输、存储过程中的加密措施。

（4）网络安全性包括两个部分，一是资源子网中各计算机系统的安全性；二是通信子网中的通信设备和通信线路的安全性。

### 8.1.2 影响信息系统安全的主要因素

从目前的实际运行状况来看，计算机信息系统本身存在着许多不完善的地方，如系统软件和应用软件设计存在缺陷，硬件系统存在缺陷，软硬件配置不当，安全管理制度不完善，人员管理不当等。这些缺陷的存在，使得信息系统容易受到威胁和攻击。

能够对信息系统安全造成危害的影响因素很多，具体来说可以分为以下几种。

（1）自然力及不可抗拒因素。主要指自然力造成的地震、火灾、水灾、风暴、雷击等以及不可抗拒的社会暴力活动或战争等，这些因素将直接危害信息系统实体的安全。

（2）硬件及物理因素。指系统硬件及环境的安全可靠，包括机房设施、计算机主体、存储系统、辅助设备、数据通信设施以及信息存储介质的安全性。

（3）电磁波因素。计算机系统及其控制的信息和数据传输通道，在工作过程中都会产生电磁波辐射，在一定地理范围内用无线电接收机很容易检测并接收到，这就有可能造成信息通过电磁辐射而泄露。另外，空间电磁波也可能对系统产生电磁干扰，影响系统正常运行。

（4）软件设计及数据因素。软件的非法删改、复制与窃取将使系统软件受到损失，并可能造成泄密。数据信息在存储和传递过程中的安全性，这是计算机犯罪的主攻核心，是必须实施安全防范和保密的重点。

（5）计算机病毒。随着计算机技术的发展与计算机应用的普及，计算机病毒目前已经成为威胁信息系统安全的最危险的因素之一。它通过运行一段有破坏作用的程序来干扰和破坏系统的正常工作，既可以破坏信息系统运行所需要的软件和硬件环境，也可以破坏信息系统中的数据资源。由于目前很多新型计算机病毒通常利用系统漏洞和网络大量地迅速传播，因此对其绝不可掉以轻心。

（6）人为及管理因素。人为因素主要包括以操作失误为代表的无意威胁，如工作人员的误操作使信息被破坏或造成机密信息泄露等，以及以计算机犯罪为代表的有意威胁（恶意攻击）。管理因素主要指是否有严密的行政管理制度和法律法规，以防范人为因素对系统安全所造成的威胁。

## 8.2 信息系统安全技术简介

### 8.2.1 用户合法身份的确认与检验

用户身份的确认与检验是防止非法使用系统资源的主要方法。信息系统管理着系统中的全部资源，特定的用户只能各负其责，使用与自己业务相关的特定功能模块，非法用户是不能使用系统中的任何资源的。另外，对于用户超越自己的职权范围，使用其他功能模块，同样视为非法。而通过用户合法身份的确认与检验，将能够防止未经许可的人员有意或无意地误入到系统中。这是目前各种规范的信息系统普遍采用的安全保护措施。

其基本方法是，先由系统管理员根据用户的申请和约定，在系统内的用户注册表上登记合法用户的标识符（一般是用户名）、注册账号、密码以及系统内各种资源的使用权限和优先级等信息，经加密后存入系统。当用户要求进入系统时，由用户输入有关信息，如标识符、密码等，系统将注册表调入内存，与用户输入的内容进行比较、检验，如全部符合才能确认为合法用户。对于用户注册表，除系统管理员有权更改以外，用户也有权随时改变自己的密码。随着技术水平的提高，鉴别用户合法身份的方法除了输入密码等方式外，还可借助用户所携带的特殊工具，如纸卡、磁卡、钥匙、密钥等，甚至可以用用户自身特有的自然性标识，如指纹、签名、语音等特征进行检查。将这些方法组合运用，将有效防止绝大多数非法用户入侵。

### 8.2.2　数据访问控制

即使合法用户进入系统后，其所使用的资源及使用程度也应受到一定的限制，以确保共享资源情况下信息的安全可靠。信息系统主要通过数据访问控制机制来确定什么用户能在什么条件下，可以对什么范围内的系统资源进行什么样的操作。通过数据访问控制，一方面可以给用户提供很多方便，既共享系统资源，又不会因为误操作而对职权以外的数据产生干扰；另一方面还可以防范人为的非法越权行为。

数据访问控制的基本方法是，对特定的用户授予一定的操作权限，即对用户授权。

### 8.2.3　加密技术

数据加密的目的是为了防止存储介质的非法复制、被窃，以及信息传输线路被窃听而造成机要数据的泄露，在系统中对机要数据采取加密存储与加密传输等安全保密技术。

加密系统由加密和解密两部分组成。加密是把信息数据转换成无法直接理解的形式，解密是把经过加密的信息数据还原成原来的可读形式。其工作原理如图 8-1 所示。

加密技术是一种主动的防卫手段。进行数据加密要注意密钥的保护，否则，任何加密都是无意义的。加密技术的方法和算法很多，并且其发展与解密技术是相辅相成的，互相促进的。

图 8-1　数据加密工作原理

### 8.2.4　防火墙技术

防火墙是设置在两个或多个网络之间的安全隔离，用于保证本地网络资源的安全，通常由包含软件部分和硬件部分的多个系统组成。系统内所有的内外连接都强制性地经过这一保护层，接受检查过滤，只有被授权的通信才允许通过。防火墙作为一道隔离系统网络内外的屏蔽，其特点是既不妨碍正常信息的流通，同时又对那些不外流的信息进行严格把关，属于一种控制性质的技术。

防火墙技术的原理是，在比较明确的网络边界上通过最大限度地对外屏蔽来保护信息和结构的安全。防火墙系统的实现技术一般包括分组过滤技术和代理服务技术。分组过滤基于路由器技术，其原理是由分组过滤路由器对 IP 分组进行选择，根据特定组织机构的网络安全准则过滤掉某些 IP 地址分组，从而保护内部网络。代理服务技术是由一个高层应用网关作为代理服务器，对于任何外部网的应用连接请求首先进行安全检查，然后再与被保护网络的应用服务器连接。代理技术可使内、外网络信息流动受到双向监控。

防火墙是一种被动防卫技术。由于它假设了网络的边界和服务，因此对内部的非法访问很难进行有效的控制。防火墙不能防范不经由防火墙的攻击，不能防范人为因素的攻击，不能防范受病毒感染的软件和文件传输。

### 8.2.5　入侵检测

随着网络安全风险系数的不断提高，曾经作为最主要的安全防范手段的防火墙已经不能满足人们对网络安全的需求。作为对防火墙系统有益的补充，入侵检测技术成为近年来兴起的一种新型网络安全技术。

入侵检测技术是为保证计算机系统安全而设计的一种能够及时发现并报告系统中未授权或异常现象的技术，是一种用于检测计算机网络中违反安全策略行为的技术。

### 8.2.6 计算机病毒的防治

计算机病毒是一种破坏性和感染性很强的程序。与其他程序的不同之处在于，当它进入正常工作的计算机后，会把已有的信息搞乱或破坏，而且会进行自我复制，破坏正常程序的运行。目前计算机病毒的防治工作主要以技术手段为主，即研制功能各异的防范计算机病毒的产品，包括软件、硬件和软硬件结合的，为用户提供必要的预防和消除病毒的工具。技术手段主要包括软件预防和硬件预防两种方式。软件预防是指采用病毒预防软件来防御病毒的入侵，如安装病毒预防软件，防止感染病毒。硬件预防是指采用防毒卡等硬件来防御病毒的入侵。

### 8.2.7 VPN 技术

VPN（Virtual Private Network）是指采用了 TCP/IP 安全技术，借助现有的 Internet 网络环境，在公开网络信道上建立的逻辑上的组织专用网络。采用 VPN 技术的目的是为了在不安全的信道上实现安全信息传输，保证企业内部信息在 Internet 上传输时的机密性和完整性。可以认为 VPN 是防火墙功能的延续，从功能上扩展了防火墙。

## 8.3 信息系统的安全管理

### 8.3.1 信息系统安全保护的一般原则

管理信息系统的安全保护难度大、投资高，甚至远远超过管理信息系统本身的投资。因此，实施安全保护时应根据管理信息系统的重要性划分出不同的等级，实施相应的安全保护策略。按照计算机信息系统安全保护的基本思想，管理信息系统安全保护的基本原则有以下几点。

**1. 突出重点原则**

为了更好地对系统进行安全保护，应该根据管理信息系统的成本、处理信息的重要性等因素来划分系统的安全等级。这样，对安全性等级低的系统少投入，对安全性等级高的重要系统多投入，就可以做到有的放矢。

**2. 综合治理原则**

管理信息系统的安全保护是一个综合性的问题，一方面要采用各种技术手段来提高安全防御能力，如数据加密、口令机制、电磁屏蔽、防火墙技术及各种监视、报警系统等；另一方面要加强法制建设和宣传，对计算机犯罪行为进行严厉的打击，同时也要加强安全管理和安全教育，建立健全的管理信息系统的安全管理制度，通过多种形式的安全培训和教育，提高系统使用人员的安全技术水平，增强他们的安全意识。

**3. 贯穿系统生命周期的原则**

贯穿系统生命周期的原则是指管理信息系统的安全保护在系统分析、设计、实施、运行等阶段都应纳入总体进行考虑，避免在今后增加安全保护设施时造成应用系统和安全保护系统之间的冲突和矛盾。

### 8.3.2　信息系统安全管理策略

信息系统的安全管理不是单纯的技术问题，而是信息社会所面临的社会问题。先进的安全技术只有在正确有效的管理控制下才能得到有效的实施。根据有关专家分析，在整个计算机信息系统的安全管理工作中，管理制度所占份额高达 60%，物理实体安全占 20%，法律和技术各占 10%。信息安全是一个涉及面很广的问题，要想达到安全的目的，必须同时从法规政策、管理和技术三个层次上采取有效措施，同时安全管理要贯穿整个信息系统的分析、设计、运行和维护的各个阶段。

**1. 法律、法规保证**

目前针对信息系统的法律、法规大体可分为社会规范和技术规范两类。这些法律和标准是保证信息系统安全的依据和主要保障。社会规范用于调整信息活动中人与人之间的行为准则，要结合安全保护的要求来定义合法的信息活动，对不正当的信息活动要予以民法或刑法的限制或惩处；要发布阻止任何违反保护要求的禁令，明确用户和系统人员应履行的权利和义务。目前社会规范主要包括保密法、数据保护法、计算机安全法和计算机犯罪法等。

技术规范是指各种技术标准和规程，如计算机安全标准、网络安全标准、操作系统安全标准、数据和信息安全标准、电磁兼容性标准、电磁泄露极限标准等。

**2. 安全管理制度**

安全管理制度是安全管理的一般行政措施，是依据系统的实践活动，为维护系统安全而建立和制定的规章制度和职能机构。只有搞好制度建设，才能将管理信息系统的安全管理落到实处，做到各种行为有章可循、职责分明。安全管理制度应该包含以下几个方面的内容。

（1）设置安全管理机构。为了保证信息系统的安全，各信息系统使用单位应该建立信息系统安全管理机构，成立安全管理小组。

（2）制定严格的安全管理措施。企业要根据自身的具体情况，制定严格的安全保密制度，并贯彻执行。主要包括设备管理制度、软件管理制度、用户管理制度、密钥管理制度、机房出入管理制度、值班守则、操作规程、行政领导定期检查和监督等制度。

（3）计算机处理的控制与管理制度。包括编程流程及控制、程序和数据的管理、存储介质的管理、文件标准化、通信和网络的管理。对各种文档、资料和媒体都要妥善保管，严格控制。

（4）机房保卫制度。重要机房应该规定双人进出的制度，严禁单人在机房操作计算机。

（5）环境安全制度。环境安全制度应包括机房建筑环境、三防（防火、防盗、防水）、消防设备、供电线路、危险物品以及室内温度等相应的管理规定。

（6）加强人员管理和安全教育。对于信息系统的工作人员，如终端操作员、系统管理员、系统设计人员等，由于他们对系统的功能和结构比较熟悉，因此对系统安全的威胁很大，必须进行全面的安全保密教育、职业道德和法制教育。

**3. 技术安全策略**

技术安全是信息系统安全的重要保障。实施安全技术，不仅涉及计算机和外围设备及其通信和网络等实体，还涉及数据安全、软件安全、网络安全、运行安全等多方面。如可以根据国标 GB50173—93《电子计算机机房设计规范》、GB2887—89《计算机站场地技术条件》、GB9361

—88《计算机站场地安全要求》、国标《数据处理设备的安全》等规范，采取防水技术、防火技术，安装不间断电源和自动报警等技术对信息系统的环境安全、设施安全等进行建设。又如，对系统安全进行风险分析，对信息系统可能遭到攻击的部位及其防御能力进行评估，并对攻击发生的可能性进行预测，然后决定其所需要的安全服务种类，选择相应的安全机制，集成先进的安全技术，进行病毒防治、系统容错、数据库安全、网络安全等方面的管理，形成一个全方位的安全管理系统。

在系统安全保护策略中，技术性安全策略所占的比例相对较小，更多的是非技术性安全策略，两者之间是互相补充、彼此促进、相辅相成的关系。信息系统的安全性并不仅仅是简单的技术问题，严格的管理和法律制度才是保证系统安全的根本保障。

# 案例分析——信息系统安全管理方案的设计

### 1. 某大型企业概况

某大型企业随着业务的发展，在全国各省、市、县都建立了分支机构。为了加强管理，及时进行数据传输和共享，该企业利用网络把各分支机构都连接起来，并开发了信息系统。由于该网络规模大，网络结构体系非常复杂，并承载了大量重要的数据存储和传输任务，因此，保证数据的机密性和安全性，维护整个数据业务的正常运转，是系统安全管理最根本的目的。为此，某软件公司为该企业网络设计并实施了信息系统安全方案。

### 2. 数据传输安全隐患

通过具体分析，软件公司认为该企业网络的数据传输安全威胁主要来自以下几个方面。

（1）内部业务数据明文传送带来的威胁。

（2）线路窃听。通过搭线截获通信数据，掌握敏感数据，并可能通过协议分析等手段，进一步对系统内部进行攻击。

（3）传输中数据完整性的威胁。多种系统之间和平台相互交换信息时，敏感数据可能面临被更改的威胁。

### 3. VPN 加密传输的整体安全防护方案

软件公司在仔细了解了该企业网络结构的基础上，分析了网络安全中存在的数据传输隐患，制订出 VPN 加密传输的整体安全防护方案。

本方案具体如下。

（1）建立“横向到边，纵向到底”，覆盖全国各省、市、县各分支机构的 VPN 信息传输系统。

（2）实现各种信息的实时直报、实时查询，提高信息系统的敏感性和时效性。

（3）进一步整合现有的各种信息系统资源，充分利用现有的设备系统，提高信息的准确性、一致性和便捷性。

（4）利用防火墙系统设置安全策略来增强对服务器群或内部网的保护，启用防火墙日志服务器记录功能来记录所有的访问情况，对非法访问进行监控；使用防火墙的入侵检测系统实现实时的联动功能，形成动态的、完整的、安全的防护体系。

总之，通过 VPN 与防火墙的综合应用，不仅保证内部服务器和内部网络的系统安全，还有效地防止了数据在公网上传输时发生数据泄露、被篡改的安全风险。

**案例思考题：**

[案例分析思考题]

1. 从信息安全技术的角度考虑，该安全方案主要采用了什么技术？
2. 还可以从哪些方面对该企业网络的安全进行管理？

[开篇案例思考题]

3. 从信息安全的角度考虑，你认为该公司在信息系统的管理上是否存在漏洞？
4. 对 X 公司来说，应该如何预防和杜绝此类案件的发生？
5. 从该案例中可以吸取什么教训？

## 习　题

1. 信息系统安全管理包括哪些内容？
2. 信息系统安全技术有哪些？
3. 影响信息系统安全的主要因素有哪些？
4. 应如何进行企业信息安全管理？

# 第9章 管理信息系统的运行维护

## 开篇案例——ERP 系统维护方案

某企业成功实施了企业资源计划（Enterprise Resource Planning,ERP），当 ERP 开始在企业中运行时，该企业的信息技术人员制订了相应的系统维护方案。

ERP 系统维护方案包括：例行和突发事件的处理；以管理和技术的手段，维护和发展 ERP 运行环境，如 IT 基础结构（服务器、网络、PC）的周期更替及日常维护；对应用系统已发现的错误用改正性维护解决；以适应性维护使系统经受住应用环境及流程的少量改变；通过完善性维护扩大系统应用的功能，提升系统总体目标；对系统用户进行定期或专门培训；控制变更，并将变更记入标准文档及培训教程；做好日常备份及系统安全，提高运行环境的性能和效率等多样性工作。

除了以上具体的维护内容外，该企业的信息技术人员还总结了以下几点经验。

（1）相信系统。对于常用的流程偶然出错时，不要先去想系统有问题，要注意观察操作或数据有无不寻常之处。如果是系统缺陷但可通过固定操作避免，要固定操作流程并注意反复培训。

（2）勤于积累。不论是主动发现或被动遇到问题，事后都要记录解决过程、方法，以便经验共享。

（3）例行检查与操作。这是减少问题紧急程度的有效方法。利用标准功能和一些自己开发的实用小程序，主动对应用系统数据进行检查。这种不断检查、测试、发现和解决问题的过程，是系统更稳定和完善的基石。

（4）杂项影响。有时问题异常，百思莫解，结果可能是空间不够，索引要整理，设置不妥或错误改动，某个临时文件已被误删等看似不直接相关的原因，所以多渠道检查有时也有效。

（5）预防。要让用户养成有问题立刻报告的习惯，不可随意处理而丢失现场，事后因忘记当时情况而更难以查找。

（6）不能草率承诺。判断用户需求的重要性和紧急程度很重要。用户有时在不经意时可能会指出系统的一个需大力改进的地方，也可能会在正式场合提出一个类似于“我要一敲键就出工资”的无理要求。维护人员要仔细思考，但不能草率承诺。

管理信息系统投入正常运行之后，就进入了系统运行与维护阶段。即便是精心设计、精心实施的信息系统也常常会由于各种原因而需要对它做适当的变更，所以系统维护是不可缺少的，也是不可避免的。系统维护的目的就是要保证系统正常、可靠地运行，并使系统得到改善和提高，充分发挥系统的作用，为用户带来效益。但是在现实应用中，企业往往热衷于系统开发，却忽视了贯穿于整个系统生命周期中的系统维护工作。开发工作完成后，开发队伍解散或撤走，系统开始运行后没有配置适当的系统维护人员，致使系统发生问题或环境发生变化时，企业措手不及，甚至最后被迫放弃管理信息系统。所以系统维护是信息系统可靠运行的重要技术保障，必须予以重视。一个信息系统是否运行成功，在很大程度上取决于维护的好坏。

# 9.1　系统维护概述

系统维护是信息系统运行以后，为了改正缺陷或满足新的需要而修改系统的过程。系统维护的目的是要保证管理信息系统正常而可靠的运行，并能使系统不断得到改善和提高，以充分发挥作用。因此，系统维护的任务就是有计划、有组织地对系统进行必要的改动，以保证系统中的各个要素随着环境的变化始终处于最新的、正确的工作状态。

## 9.1.1　系统维护的原因

（1）系统的环境变化。比如，由于市场变化、政策法规变化等引起企业管理方式的变化，系统中硬件或软件的更新引起的变化。要使系统适应新的环境和条件，就要对系统进行适应性维护。

（2）系统自身还隐藏着错误，当错误被发现时，要进行改正性维护。

（3）用户对系统提出了更高的应用要求，系统需增加新功能，改善原有的功能，由此应对系统进行改善性维护。

就软件本身而言，造成维护工作量大和维护困难的原因是系统规划和系统设计有缺陷，尤其是对系统环境适应性和易维护性的设计不佳。所以，从系统规划阶段开始就应当重视可维护性的设计，在整个开发期都要重视文档资料的编制、整理和保管。

## 9.1.2　系统维护的内容

系统维护是面向系统中各种构成因素的，按照维护对象的不同，系统维护的内容可分为以下几类。

### 1. 程序的维护

系统的业务处理过程是通过应用程序的运行而实现的，一旦程序发生问题或业务发生变化，就必然引起程序的修改和调整，因此系统维护的主要工作是对程序进行维护。

### 2. 数据的维护

业务处理对数据的需求是不断变化的，除了系统中主体业务数据的定期正常更新外，还有许多其他数据需要进行不定期的更新。如随着环境或业务的变化，数据内容要增加，数据结构要调整，数据存放格式、精度等的变化都要求对系统中的数据文件进行维护。数据文件的维护不但要对文件中的数据进行修改，而且可能要对文件的结构进行修改。此外，数据的备份与恢复等都是数据维护的内容。

**3. 代码的维护**

随着应用系统范围的扩大和应用环境的变化，系统中的各种代码（如工号代码、级别代码等）都需要进行一定程度的增加、修改、删除以及设置新的代码。

**4. 硬件设备的维护**

主要是指对主机及外设的日常维护和管理，如机器部件的清洗、润滑，设备故障的检修，易损部件的更换等。这些工作都应由专人负责，定期进行，以保证系统正常、有效地工作。

**5. 文档的维护**

根据应用系统数据、代码及其他维护的变化，对相应文档进行修改，并对所进行的维护进行记载。

**6. 机构和人员的变动维护**

信息系统是人机系统，人工处理也占有重要地位，人的作用占主导地位。为了使信息系统的流程更加合理，有时会涉及机构和人员的变动。这种变化往往也会影响对设备和程序的维护工作。

### 9.1.3 系统维护的类型

系统维护的重点是系统应用软件的维护工作，按照软件维护的不同性质可划分为以下几种类型。

**1. 纠错性维护**

应用程序是人编写的，即使是精心编写、严格测试的程序，也不可能消除系统中存在的所有错误，在运行中有可能暴露出系统内隐藏的错误。诊断和修正系统中遗留的错误，就是纠错性维护。纠错性维护是在系统运行中发生异常或故障时进行的，这种错误往往是遇到了从未用过的输入数据或在与其他部分接口处产生的，往往会导致系统运行发生故障或异常，必须加以纠正。

**2. 适应性维护**

适应性维护是为了使系统适应环境的变化而进行的维护工作。一方面，计算机科学技术迅速发展，硬件的更新周期越来越短，新的操作系统和原来的操作系统的新版本不断推出，使外部设备和其他系统部件经常有所增加和修改，这必然要求信息系统能够适应新的环境，以提高系统的性能和运行效率。另一方面，信息系统的使用寿命在延长，超过了最初开发这个系统时应用环境的寿命，随着应用对象不断发生变化，机构的调整、管理体制的改变、数据与信息需求的变更等都将导致系统不能适应新的应用环境。因此有必要对系统进行适应性维护，使之适应应用对象的变化，满足用户的要求。

**3. 完善性维护**

完善性维护是指为了改善系统功能，或者应用户的要求增加新的功能而进行的维护工作。在系统的使用过程中，用户通过使用发现某些地方可以做得更好或使用更方便，或者效率可以进一步提高，往往会要求扩充原有系统的功能，增加一些在软件需求规格说明书中没有规定的功能与性能特征。例如，有时可将几个小程序合并成一个单一的运行良好的程序，从而提高处理效率；增加数据输出的图形方式，增加联机在线帮助功能，调整用户界面等。随着用户对系统的熟悉，这些要求会越来越多，在整个维护工作中，这类维护约占50%。

#### 4. 预防性维护

这是一种主动性维护。系统维护工作不应总是被动地等待用户提出要求后才进行，应进行主动的预防性维护。对一些还有较长使用寿命，目前尚能正常运行，但可能将要发生变化或调整的系统进行维护，目的是通过预防性维护为以后的修改与调整奠定更好的基础。

根据对各种维护工作分布情况的统计，一般纠错性维护占 21%，适应性维护占 25%，完善性维护达到 50%，预防性维护和其他类型的维护仅占 4%。可见系统维护工作中，半数以上的工作是完善性维护。

## 9.2　系统维护策略

鉴于系统维护的重要性、成本高、难度大等特性，在进行具体的系统维护之前，应当对系统的维护制定详细、科学的维护策略，指导系统的维护工作，并且建立系统维护制度，来监督和规范维护工作的进行。

### 9.2.1　系统维护考虑的因素

系统的维护不仅范围广，而且影响因素多，包括系统本身的因素、人为因素、技术因素、管理因素等。如系统规模的大小、运行时间的长短、应用的变化、用户的数量、文档的质量等都将影响维护工作的进行。通常，在进行某项维护修改工作之前，需要考虑 3 个方面的因素。

（1）维护的背景。包括系统的当前情况、维护的对象、维护工作的复杂性与规模。

（2）维护工作的影响。包括对新系统目标的影响、对当前工作进度的影响、对本系统其他部分的影响、对其他系统的影响。

（3）资源要求。包括对维护提出的时间要求、维护所需的费用、维护所需的工作人员。

### 9.2.2　制定系统维护策略

制定信息系统的维护策略要考虑很多方面，主要包括建立维护机构、确定系统维护内容的维护级别、维护费用、系统维护人员的安排、系统维护的进度安排等。

#### 1. 建立维护机构

系统维护工作并不仅仅是技术性工作，为了保证系统维护工作的质量，还需要进行大量的管理工作。所以要进行系统维护工作，首先必须建立相应的维护机构。该机构的主要职责是确定维护工作所应遵循的原则和规范化的过程，接受、评价、监督并验收维护申请。

#### 2. 制定规范的系统维护制度

系统维护绝不是由维护人员随意进行，编一些小程序，对系统修修补补，而是“牵一发而动全身”的工作，因此对系统的修改必须按严格的步骤进行，必须制定系统维护的规范化过程。系统维护人员应根据维护制度有计划、有步骤地统筹安排维护工作。

#### 3. 确定系统维护内容的维护级别

根据系统运行的不同阶段和项目的重要性，可以对系统维护内容实施 4 种不同级别的维护。

（1）一级维护：即最完美的支持，配备足够的工作人员，可以随时对维护请求进行快速的响应。

（2）二级维护：提供快速的响应，在 24 小时内对请求进行响应。

（3）三级维护：提供较快的响应，在 72 小时内对请求进行响应

（4）四级维护：提供一般性的响应，在 10 日内对请求进行响应。

**4. 编制合理的维护预算**

系统维护的成本很高，要根据本单位的实际情况、系统应用的情况、系统开发人员的能力、项目维护的级别等进行系统维护预算的编制。

**5. 组织系统维护人员**

系统的维护工作一定要慎重，对维护人员的要求较高。因为系统维护所要解决的问题可能来自系统整个生命周期的各个阶段，因此承担维护工作的人员应对开发阶段的整个过程都要有所了解。

**6. 选择恰当的系统维护的实施形式**

系统维护的实施形式有 4 种，即每日检查、定期维护、预防性维护、事后维护。

应根据实际情况决定采用哪种实施方式。对于最重要、最常用并且容易出故障的软件、硬件和设施，可以采用每日检查的维护方式；对于运行情况比较稳定的软件、硬件和设施，可以采用定期维护的方式；预防性维护是对那些还有较长使用寿命，目前正常运行，但可能要发生变化或调整的系统进行的主动的维护；事后维护是指在问题已经发生的情况下，对系统进行维护。

# 9.3 系统维护的实施

系统维护的根据是系统的文档。在系统中，一个程序的改变可能会涉及到其他的程序或系统，因此，系统维护要特别谨慎，要严格按照系统维护制度进行。常见的系统维护实施步骤如图 9-1 所示。

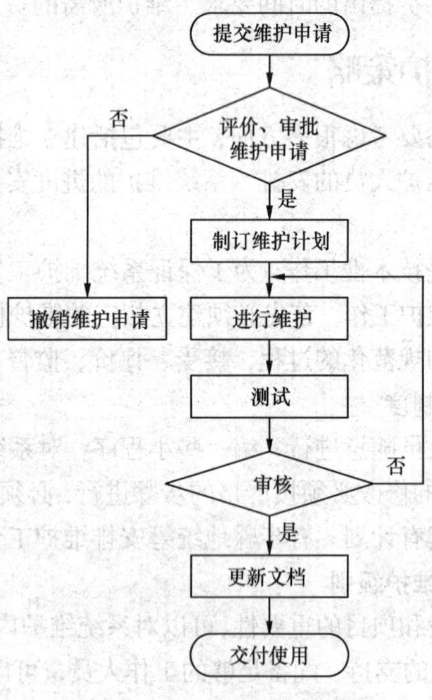


图 9-1 系统维护的实施步骤

（1）用户以书面形式提交维护申请报告。对于纠错性维护，申请报告要完整地描述出现错误的环境。对于适应性维护和完善性维护，报告要提出简要的需求规格说明。

（2）评价维护申请。维护机构对维护申请报告中维护的性质、内容、预计工作量、维护的缓急程度、修改可能产生的变化等进行核实和评价。对于不妥的维护要求，要与用户协商，给予修改或撤销。对合理的维护要求进行审批。

（3）制订维护计划。维护工作应有计划、有步骤地统筹安排。维护计划应当包括维护任务的范围、所需的资源、维护费用和维护进度安排等。需要注意的是维护人员必须首先理解想要维护的系统。由于程序的修改涉及面较广，某处修改很可能影响其他模块的程序，所以，建立维护方案时要认真考虑修改可能影响的范围和作用。

（4）进行维护。根据维护计划进行具体的修改。在维护过程中应当特别注意维护产生的副作用问题，因为在修改程序的过程中，维护人员往往把注意力集中到修改的部分，而忽视系统中未修改的部分，因此，产生潜在错误的可能性就会增加。按照预定方案完成修改后，还要对程序及系统的有关部分进行重新调试。

（5）测试。为了保证维护工作的质量，修改后必须进行严格的测试。

（6）验收。通过测试后，由用户和管理部门对维护工作进行审核，不能满足维护要求的应重新修改；经过审核确认的，要对文档进行更新，交付用户使用。

（7）更新文档。对系统进行维护后，一定要对相应的文档进行维护，以保证系统的一致性，给以后的维护打下基础。维护文档的主要内容包括维修项目的名称和内容、维修开始时间和结束时间、类型、维护人员等。

系统维护是在原有系统的基础上进行修改、调整和完善，使系统能够不断适应新环境、新需要。但一个系统终究会有生命周期结束的时候，当对系统的修改困难很多，工作量很大，花费过大，修改不再生效时，就应提出研制新系统的要求，开始一个新的系统生命周期。

**案例思考题：**

1. 你认为管理信息系统的维护工作重要吗？
2. 讨论管理信息系统维护工作的内容。

## 习　题

1. 试说明系统维护的目的和意义。
2. 系统维护包括哪些内容？系统维护分为哪几种类型？
3. 简述系统维护实施的一般步骤。

# 第 10 章 管理信息系统的发展展望

## 开篇案例——招商银行的信息化之路

2009 年 3 月下旬，招商银行第三次被国际权威杂志评为“中国最佳零售银行”，这家仅有 22 年历史的中国小银行，已被众多外资银行视为它们在中国市场重要的竞争对手之一。那么，招商银行是如何取得这些成绩的呢？这一切都与招商银行利用信息技术不断创新分不开。

招商银行零售银行业务发展的最重要基础就是一卡通。过去所谓的零售银行就是储蓄，储蓄的产品是存折。1995 年招商银行推出一卡通，一张卡不仅具有存折的功能，还有交易、代理缴费等 23 种功能。目前，招商银行的一卡通已发行超过 4500 万张，解决了招商银行的客户基础问题。

随着信息技术和互联网的发展，招商银行前瞻性的看到了它们对银行业带来的巨大的变化和机遇。1999 年，招商银行系统性的在国内推出了第一个网上银行“一网通”，随着网民人数的剧增，“一网通”业务也发展迅猛，有效解决了物理网点不足的问题。

2004 年，招商银行与台湾中国信托银行合作，开发并推出了信用卡，并一度占领了全国 30%的市场份额。

2008 年，招商银行开始了信用卡的战略转型，不再重视发卡量，而是重视每张卡能够带来的价值。招商银行利用信息技术对客户细分，细分为有知识的年轻人、城市白领和有钱人三种类别，并分别给不同的客户提供不同的产品。

在亚太区的 100 家银行中，招商银行排在第 13 位，对它来说，前面还有许多超越的目标。

# 10.1　管理信息系统发展趋势概述

管理信息系统作为一门新兴的交叉学科，构建在管理科学、信息科学、系统科学、计算机科学和通信技术等学科的基础之上。管理与技术是管理信息系统发展的两大支柱，管理的不断创新对管理信息系统提出了越来越多的要求，而技术的创新，尤其是计算机网络的创新为管理创新实践提供了广阔的实践舞台。随着管理环境的变迁与信息技术的发展，信息资源管理、电子商务、地理信息系统、决策支持系统、数据仓库与数据挖掘等各种新名词、新概念、新理论也纷纷涌现。管理信息系统从支持管理作业向支持信息资源管理、决策管理发展，从支持内部管理向支持外部管理发展。具体来说，管理信息系统呈现出如下的发展趋势。

**1. 日趋集成化**

企业作为一个有机系统，需要将企业内部、外部的产品研发、采购、生产、销售与客户服务紧密集成起来。因此，管理信息系统应用也需要从局部走向集成。

**2. 日趋开放化**

传统的管理信息系统总体上是一个内向型的系统，注重企业内部资源的整合，而在电子商务环境下，企业与供应商和销售商以及客户的联系更加紧密。为了使整个供应链成本最低，管理信息系统将更加面向市场和顾客，通过基于知识的市场预测、订单处理与生产调度等功能进一步提高企业的竞争能力。

**3. 商务协同化**

管理信息系统将面向协同商务（Collaborative Commerce），支持企业与贸易共同体的业务伙伴、客户之间的协作，支持数字化的业务交互过程。管理信息系统将使供应链管理功能进一步加强，并通过电子商务进行企业供需协作，建立供应商、制造商与分销商间基于价值链共享的新型伙伴关系，并使企业在协同商务中做到过程优化、计划准确、管理协调。

**4. 日趋网络化**

由于基于 Web 技术的信息系统易开发、易维护、开发成本低等特点，管理信息系统将日趋网络化，Web 技术将是开发管理信息系统的首选支撑技术。

**5. 日趋智能化**

随着决策支持系统、数据仓库与数据挖掘、专家系统等技术的出现与成熟，企业将对管理信息系统提出更高的要求，即除了完成传统的数据管理之外，还要从历史数据中挖掘知识，从数据里面获得财富，辅助企业决策，让企业成为一个智能化的企业，为企业的战略管理提供基于实时数据挖掘分析的宏观决策参考。

# 10.2　决策支持系统介绍

管理信息系统使信息获得了系统地开发与利用，将企业的管理水平提高到了一个新的层次，但它仅解决了组织中的一些结构化决策问题，而对半结构化、非结构化问题则无法解决。在此背景下，人们开始研制能有效解决半结构化、非结构化决策问题的新系统。20 世纪 70 年代开始推出了用于支持决策的决策支持系统（Decision Support System，DSS）。

## 10.2.1 决策支持系统的概念与特征

决策支持系统是一种以计算机为工具，应用决策科学及有关学科的理论与方法，以人机交互方式辅助决策者解决半结构化和非结构化决策问题的信息系统。

决策支持系统的基本特征一般可归纳为 5 个方面。

（1）用于半结构化或者非结构化的决策领域。

决策就是从两个以上的备选方案中选择一个方案的过程。决策问题可以分为结构化决策、非结构化决策和半结构化决策。结构化决策指经常发生并能按已规定的程序、处理方案和标准进行的决策，多属于日常活动的决策和规范化的技术决策。非结构化决策指那些决策过程复杂，其决策过程和决策方法没有固定的规律可循，没有固定的决策规则和通用模型可依，决策者的主观行为对决策效果有相当影响的决策问题。半结构化决策则介于上述两者之间。

解决结构化决策问题是一个一次性的处理过程，一般传统的管理信息系统主要就是解决这类问题。但非结构化和半结构化决策问题因为存在不确定因素，所以不能或不便于用标准的定量方法求解，这类问题的解决是一个反复探讨的过程，利用决策支持系统解决此类问题会取得较好的效果。

（2）用来辅助决策者，而不是取代决策者。

决策支持系统的目的是支持而不是代替决策者，它力求扩展决策者的能力，而不是取代决策者，决策者仍然拥有其决策的自主权。

（3）交互式、友好的用户界面，以交互会话的方式使用。

决策支持系统应能让决策者便于探讨问题，能方便地使用，所以友好的用户界面、较强的图形功能和类似自然语言的人机交互是用户乐于使用 DSS 的关键所在。

（4）使用基础数据和模型。

决策支持系统具有专门的结构存储和研究备用的模型及方法，可使用大量的数据和有效的决策模型，提供多种可供决策的行动方案和可能的结果，供决策者判断。

（5）强调对环境及用户决策方法改变的灵活性及适应性。

决策支持系统的结构应当是灵活的，便于扩充和发展，这样面对迅速变化的环境时，决策支持系统才能够灵活地运用模型与方法对数据进行加工、分析、预测，以便用户能及时得到所需要的信息进行决策。

从以上关于 DSS 功能及特征的描述及定义中，可以较全面地认识到，DSS 就是要组织和管理好管理信息系统所能提供给决策使用的数据和信息、计算模型、分析方法与判断规则，在决策者与机器的交互过程中针对不同的问题通过各种数据、模型与方法的组合来引导决策者完成一系列的判断，从而获得问题的解。

## 10.2.2 决策支持系统的功能

DSS 的目标就是在人的分析与判断能力的基础上，借助计算机与科学方法支持决策者对半结构化和非结构化问题进行有序的决策，以获得尽可能令人满意的、客观的解或方案。为了辅助管理者做好决策工作，DSS 的功能可归纳为以下几点。

（1）随时提供与决策问题有关的组织内部和组织外部的信息，如订单要求、库存状况、生产能力与财务报表，以及政策法规、经济统计、市场行情、同行动态与科技进展等。

（2）能以一定的方式存储和管理与决策问题有关的各种数学模型，如定价模型、库存控制模型与生产调度模型等，能够存储并提供常用的数学方法及算法，如回归分析方法、线性规划、最短路径算法等，而且这些模型与方法能容易地修改和添加。

（3）能灵活地运用模型与方法对数据进行加工、汇总、分析、预测，得出所需的综合信息与预测信息。

（4）具有方便的人机对话和图像输出功能，能满足随机的数据查询要求，回答“如果……则……”之类的问题。

（5）提供良好的数据通信功能，以保证及时收集所需数据并将加工结果传送给使用者。

## 10.2.3 决策支持系统的结构

与管理信息系统相比，决策支持系统的设计方法是以问题驱动的，重视解决问题的决策模式的研究与模型的适用。目前，决策支持系统有两种基本结构。

**1. 三库系统结构**

DSS 的三库系统结构主要由用户接口、数据库和模型库等三个子系统组成。其中模型库子系统包含各种模型，提供系统的分析功能，并由模型库管理系统进行管理；数据库子系统包含关于决策问题的数据，由数据库管理系统进行管理；用户接口子系统可以使用户通过该子系统与 DSS 通信并使用 DSS 协调和控制数据库子系统和模型库子系统的管理和运行。三库系统结构如图 10-1 所示。

**2. 四库系统结构**

在 DSS 的三库系统结构的基础上增加知识库子系统，则可得到四库系统结构，这种结构常用于智能决策支持系统中。

该结构中的知识库子系统包括知识库和推理机，能提供智能和定性分析功能，以增强决策人的能力。四库系统结构如图 10-2 所示。

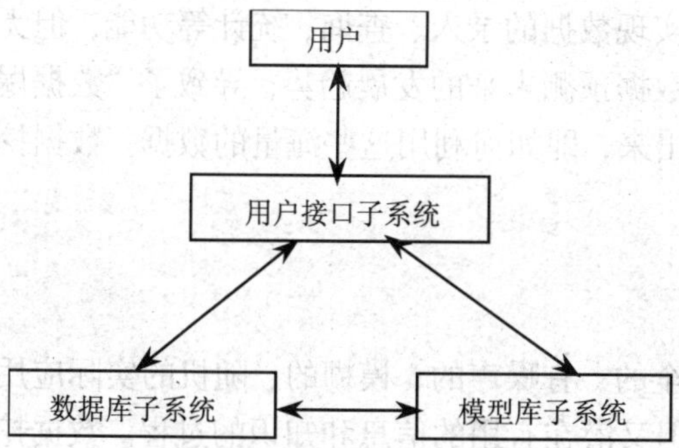


图 10-1　DSS 的三库结构

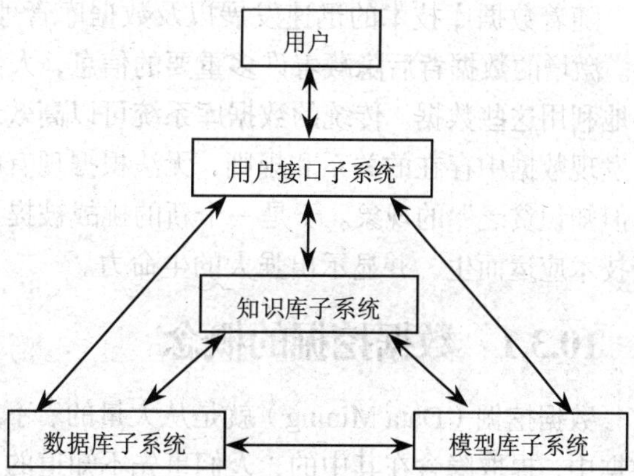


图 10-2　DSS 的四库结构

## 10.2.4 决策支持系统的发展

随着管理理论、计算机技术、通信技术的发展，人们对决策支持系统有了更高的要求和希望，并对以下几种新的决策支持系统的理论和实际应用都进行了深入的研究和探讨。

1. 群体决策支持系统

传统的 DSS 主要是支持管理者个人决策的支持系统，但是许多决策是在群体中产生的，如对长远发展所做的重大决策，个人决策局限很大，需要群体决策来解决。群体决策支持系统就是将计算机技术、通信技术和决策支持技术等结合在一起，使群体决策问题得以求解。它在常规的 DSS 基础上进行了扩充，如增加了一个通信库子系统，加强了模型库功能，提供投票、排序、分类评估等功能来实现群体决策。

2. 智能决策支持系统

智能决策支持系统是人工智能和决策支持系统相结合，应用专家系统技术，使 DSS 能够更充分地应用人类的知识，如关于决策问题的描述性知识、决策过程中的过程性知识和求解问题的推理性知识，通过逻辑推理来帮助解决复杂的决策问题。它主要是在常规 DSS 的基础上加入了推理机制和规则库，由规则库来存储许多不能用数据表示，也不能用模型来描述的知识和历史数据。目前，人工智能、数据仓库、数据挖掘等技术的发展为智能决策支持系统提供了强大的技术支持。

3. 分布式决策支持系统

在实际的管理决策中，许多大规模的管理决策活动可能是在分散于较大活动范围的情况下做出的，是一类分布决策。分布式决策支持系统就是为了解决这类问题而建立的决策系统。它是对集中式决策支持系统的扩展，是由多个物理上分离的信息处理节点构成的计算机网络，网络中的每个节点至少含有一个决策支持系统或具有辅助决策的功能。这样，分布式决策支持系统比集中式系统更可靠，更接近大型组织决策活动的实际情况，而且易于扩展，可提高资源的共享程度。

# 10.3 数据挖掘技术的应用

随着数据库技术的迅速发展以及数据库管理系统的广泛应用，组织中积累的数据越来越多。激增的数据背后隐藏着许多重要的信息，人们希望能够对其进行更高层次的分析，以便更好地利用这些数据。传统的数据库系统可以高效地实现数据的录入、查询、统计等功能，但无法发现数据中存在的关系和规则，无法根据现有的数据预测未来的发展趋势，导致了“数据爆炸但知识贫乏”的现象。于是一个新的挑战被提了出来，即如何利用这些海量的数据。数据挖掘技术应运而生，并显示出强大的生命力。

## 10.3.1 数据挖掘的概念

数据挖掘（Data Mining）就是从大量的、不完全的、有噪声的、模糊的、随机的实际应用数据中，提取隐含在其中的、人们事先不知道的，但又潜在有用的信息和知识的过程。数据挖掘主要集中于新事实和关系的自动发现。

数据挖掘作为一种新的商业信息处理技术，可以对大量的业务数据进行抽取、转化、分析和模式化处理，从中提取辅助商业决策的关键知识。数据挖掘处理的原始数据可以是结构化的，如关系数据库中的数据，也可以是半结构化的，如文本、图形数据；数据必须是真实的、大量的、含噪声的；发现的知识可以是数学的，也可以是非数学的，可以是演绎的，也可以是归纳的；发现的是用户感兴趣的知识，可用于管理、决策等过程，支持特定的问题。因此，数据挖掘是一门交叉学科，它汇聚了不同领域，尤其是数据库、人工智能、数理统计等方面的知识。

## 10.3.2　数据挖掘的功能

数据挖掘通过预测未来的趋势及行为，做出前瞻性的、基于知识的决策。数据挖掘的目标是从数据库中发现隐含的、有意义的知识，主要有以下 5 类功能。

### 1. 自动预测趋势和行为

数据挖掘自动在大型数据库中寻找预测性信息，以往需要进行大量手工分析的问题如今可以迅速地由数据本身得出结论。一个典型的例子是市场预测问题，数据挖掘使用过去有关促销的数据来寻找未来投资中回报最大的用户。

### 2. 关联分析

数据关联是数据库中存在的一类重要的可被发现的知识。若两个或多个变量的取值之间存在某种规律性，就称为关联。关联可分为简单关联、时序关联、因果关联。关联分析的目的是找出数据库中隐藏的关联网。有时并不知道数据库中数据的关联函数，即使知道也是不确定的，因此关联分析生成的规则具有可信度。

### 3. 聚类

数据库中的记录可被划分为一系列有意义的子集，即聚类。聚类增强了人们对客观现实的认识，是概念描述和偏差分析的先决条件。聚类技术主要包括传统的模式识别方法和数学分类法。

### 4. 概念描述

概念描述就是对某类对象的内涵进行描述，并概括这类对象的有关特征。概念描述分为特征性描述和区别性描述，前者描述某类对象的共同特征，后者描述不同类对象之间的区别。生成一个类的特征性描述只涉及该类对象中所有对象的共性。生成区别性描述的方法很多，如决策树方法、遗传算法等。

### 5. 偏差检测

数据库中的数据常有一些异常记录，在数据库中检测这些偏差很有意义。偏差包括很多潜在的知识，如分类中的反常实例、不满足规则的特例、观测结果与模型预测值的偏差、量值随时间的变化等。偏差检测的基本方法是，寻找观测结果与参照值之间有意义的差别。

## 10.3.3　数据挖掘的应用

数据挖掘在许多领域中都发挥出了重要的作用，其应用领域非常广泛，如金融领域中的风险预测、市场营销中的客户管理等。利用数据挖掘技术对企业的经营业务数据、客户数据等进行分析，能够获得通常不易被人们所认识到的新知识，这些新知识对企业的经营活动具有指导作用。

### 1. 市场营销

数据挖掘技术在企业市场营销中得到了比较普遍的应用，它是以市场营销学的市场细分原理为基础，其基本假定是“消费者过去的行为是其今后消费倾向的最好说明”。

数据挖掘通过收集、加工和处理涉及消费者消费行为的大量信息，确定特定的消费群体或个体的兴趣、消费习惯、消费倾向和消费需求，进而推断出相应消费群体或个体下一步的消费行为，然后以此为基础，对所识别出来的消费群体进行特定内容的定向营销。这与传统的不区分消费者对象特征的大规模营销手段相比，大大节省了营销成本，提高了营销效果，从而为企业带来更多的利润。

**2. 客户关系管理**

数据挖掘技术在客户关系管理中也得到了成功的应用。例如利用数据挖掘技术根据客户的不同特征（性别、年龄、职业、购买习惯等）对客户加以细分，通过对不同客户群的倾向预测，采取目标营销或个性化营销的方法留住客户。

又如通过对客户历史数据的分析，可以发现忠诚的客户和潜在的忠诚客户，以制订相应的"忠诚计划"来留住客户，也可以向消费者发送与其以前的消费行为相关的推销材料。例如，每当人们用信用卡消费时，商业企业就可以在信用卡结算过程中收集商业消费信息，记录下进行消费的时间和地点、感兴趣的商品或服务、愿意接受的价格水平和支付能力等数据，从中得到商家用于向特定消费群体或个体进行定向营销的决策信息。卡夫(Kraft)食品公司建立了一个拥有 3 000 万客户资料的数据库，数据库是通过收集对公司发出的优惠券等其他促销手段做出积极反应的客户和销售记录而建立起来的。卡夫公司通过数据挖掘了解特定客户的兴趣和口味，以此为基础向他们发送特定产品的优惠券，并为他们推荐符合客户口味和健康状况的卡夫产品食谱。

**3. 购物筐分析**

购物筐分析是关联分析在零售业中的一种应用。在客户的一次交易行为中，哪些商品被同时购买了，这些商品之间有怎样的关联程度，通过验证商品购买的关联性，能够获得有价值的信息。比如客户在购买某种家电时，可能会同时购买哪些有价值的附属品，企业可以根据这样的关联分析结果来决定存储哪些产品。这方面应用最典型的案例就是"啤酒与尿布"的故事。

**4. 欺诈检测**

欺诈检测是通过建立一个指示客户欺诈倾向的模型，对客户的欺诈行为或具有欺诈倾向的客户进行预测。通过找出可能涉及欺诈的因素进行预测，如年龄、性别、本地/外地等。还可以通过聚类方法找出具有欺诈倾向的客户，那些不适合分到任何一群的客户可能具有欺诈倾向，如不正常的消费方式、信用卡的异常消费等。

**5. 信用风险评估**

保险是一项高风险业务，保险公司的主要工作就是进行风险评估，即对不同的风险领域进行鉴定和分析。它从过去的保单及其索赔信息出发，根据客户的基础信息，如收入情况、家庭财产情况和客户交易信息等，利用数据挖掘技术对客户的信用风险进行评估，从而得出一些风险规则，对保险公司的工作起到指导作用。

此外，数据挖掘还在网络安全、DNA 分析、天文及航天等方面的数据分析中有着广泛的应用。

## 10.4 电子商务

电子商务作为一个完整的概念出现于 20 世纪 90 年代，它并不是单纯的技术概念或单纯的商业概念，而是现代信息技术和现代商业技术的结合体。它的出现对社会、组织、个人都产生了深远的影响。

## 10.4.1　电子商务的定义

电子商务（Electronic Commerce）一般是指通过信息网络以电子数据信息流通的方式在商业和贸易领域中进行并完成的各种商务活动、交易活动、金融活动和相关的综合服务活动。简单地说，电子商务是一种存在于企业与企业之间、企业与客户之间的一种联系网络，它贯穿于企业行为的全过程。

电子商务具有以下特性。

（1）开放性。电子商务作为一种新型的交易方式，将生产企业、流通企业以及消费者和政府带入了一个网络经济、数字化生存的新天地。

（2）全球性。在电子商务环境中，人们不再受地域和时间的限制，客户能以非常简捷的方式完成过去较为繁杂的商务活动，如通过网上银行能够全天候地存取资金账户、查询信息等，使得各种交易活动的完成变得很容易。

（3）整体性。电子商务能够规范事务处理的工作流程，将人工操作和电子信息处理集成为一个不可分割的整体，这样不仅能提高对人力和物力的利用程度，也可以提高系统运行的严密性。

（4）安全性。在电子商务中，安全性是一个至关重要的核心问题。它要求网络能提供一种端到端的安全解决方案，如加密机制、签名机制、安全管理、存取控制、防火墙、防病毒保护等，这与传统的商务活动有着很大的不同。

（5）协调性。商务活动本身是一个协调过程，它需要客户与公司内部、生产商、批发商、零售商间的协调。在电子商务环境中，它更要求银行、配送中心、通信部门、技术服务等多个部门通力协作。

## 10.4.2　电子商务的功能

电子商务可提供网上交易和管理等全过程的服务，它具有广告宣传、咨询洽谈、网上订购、网上支付等多种功能。

（1）广告宣传。企业可以在 Internet 上发布各类商业信息，其中包括企业形象、产品广告、服务等信息，成本低廉，但提供给顾客的信息量却相当丰富，而且不受时空的限制。

（2）咨询洽谈。人们可以通过电子商务来洽谈交易事务，了解市场和有关的商品信息，这种方式超越了面对面洽谈的限制。

（3）网上订购。通过电子邮件或表单的交互传送实现网上订购。

（4）网上支付。网上支付是电子商务中可采用的支付形式之一，但应以网络的安全传输为基础，防止发生网上冒用、窃取和欺骗行为。

（5）意见征询。电子商务能方便地利用网页来收集用户对产品、销售服务等方面的反馈意见。这不仅可以提高售后服务的质量，还可使企业发现市场的商机，获得目标市场和潜在的客户。

## 10.4.3　电子商务的分类

在电子商务活动过程中，参与交易的对象很多，有企业、消费者、政府等。按交易对象的不同，电子商务可以分为以下几种形式。

1. 企业之间的电子商务（B to B）

B to B 的电子商务是企业对企业的传统商业活动的延续，是电子商务中十分重要的组成部分。企业之间的谈判、订货、签约等商务活动均能在 Internet 上完成，并通过供应链实现采购、配送等活动的自动化，最大限度地发挥电子商务的潜在效益。

2. 企业与消费者之间的电子商务（B to C）

这种电子商务主要以 Internet 为主要服务手段，开展在线销售活动，服务对象是广大消费者，属于传统商务中的零售业务。

3. 政府与企业之间的电子商务（B to G）

B to G 是指政府与企业之间的事务采用电子商务的模式完成，包括政府采购、税收、政府信息发布等，为企业提供所需要的服务。

4. 消费者与消费者之间的电子商务（C to C）

C to C 模式是个人对个人的商务形式。C to C 网站可以以多客户类型、多交易形式、多拍卖类型等方式运营，并通过提供交易平台和相关服务收取交易佣金。

### 10.4.4 电子商务对企业的意义

电子商务是 Internet 爆炸式发展的直接产物，是网络技术应用的全新发展方向。Internet 本身所具有的开放性、全球性、低成本、高效率等特点，也成为电子商务的内在特征，并使得电子商务大大超越了作为一种新的贸易形式所具有的价值。它不仅会改变企业本身的生产、经营、管理活动，而且将影响到整个社会的经济运行与结构。

（1）电子商务将传统的商务流程电子化、数字化，一方面以信息流代替了实物流，大量减少人力、物力，降低了成本；另一方面突破了时间和空间的限制，使得交易活动可以在任何时间、任何地点进行，从而大大提高了效率。

（2）电子商务所具有的开放性和全球性的特点，为企业创造了更多的贸易机会。

（3）电子商务使企业可以以相近的成本进入全球电子化市场，使得中小企业有可能拥有和大企业一样的信息资源，提高了中小企业的竞争能力。

（4）电子商务重新定义了传统的流通模式，减少了中间环节，使得生产者和消费者的直接交易成为可能，从而在一定程度上改变了整个社会经济运行的方式。

（5）电子商务一方面破除了时空的壁垒，另一方面又提供了丰富的信息资源，为各种社会经济要素的重新组合提供了更多的可能，这将影响到社会的经济布局和结构。

### 10.4.5 电子商务的开发

一般情况下，电子商务的开发包括电子商务网站的规划与分析、电子商务网站的设计与开发、电子商务网站的测试与推广等主要环节。

1. 电子商务网站的规划与分析

电子商务网站的设计与规划直接关系到电子商务的交易过程及交易效果，如果不计后果而盲目地在网络上建立一个网站，不但会造成资金、人员和时间的大量浪费，而且还会影响到客户对产品或服务的选择。因此，详细的规划和完整的设计是相当关键的环节，其中主要内容有电子商务网站建立的目的分析、目标客户分析、市场定位分析、技术与经济可行性分析、竞争对手分析、运行环境和技术及工具的选择、开发方案的选择等。

### 2. 电子商务网站的设计与开发

电子商务网站的设计与开发是电子商务网站开发的关键内容，关系到客户对电子商务的接受和使用程度，是规划的执行层。因此，网站的设计与开发是整个开发过程的中心环节，其中主要内容有制订网站设计流程、确立网站设计的原则、构建网站信息结构、设计网站主页等。

### 3. 电子商务网站的测试与推广

新建的网站是否达到了电子商务网站的规划目标，是否满足了业务流程的要求，用户界面是否友好，操作是否简单，输入、输出的数据信息是否准确、流畅等问题，都必须经过测试来验证。

作为一种商务活动过程，电子商务将带来一场史无前例的革命，其对社会经济的影响将远远超过商务活动本身。电子商务会将人类真正带入信息社会。

**案例思考题：**

1. 总结该银行利用信息技术不断创新的内容。
2. 讨论管理信息系统发展的趋势。

## 习　题

1. 简述决策支持系统的概念和特点。
2. 简述数据挖掘的概念和功能。
3. 简述数据挖掘的实际应用。
4. 简述电子商务的概念和特点。
5. 分别浏览 B to B、B to C、C to C 等不同类型的电子商务网站，分析它们的特点。

# 参考文献


[1] 李志刚. 决策支持系统原理与应用. 北京：高等教育出版社，2005.

[2] 杨成，陈昊. 信息系统运行管理员教程. 北京：清华大学出版社，2006.

[3] 陈禹，殷国鹏. 信息系统管理工程师教程. 北京：清华大学出版社，2006.

[4] 王珊，萨师煊. 数据库系统概论（第 4 版）. 北京：高等教育出版社，2006.

[5] 戴伟辉，孙海，黄丽华. 信息系统分析与设计. 北京：高等教育出版社，2004.

[6] Ralph M.Stair，George W.Reynolds. 信息系统原理. 北京：机械工业出版社，2001.

[7] 王要武. 管理信息系统. 北京：电子工业出版社，2004.

[8] 罗森林. 信息系统安全与对抗技术. 北京：北京理工大学出版社，2005.

[9] 林东岱，曹天杰. 企业信息系统安全——威胁与对策. 北京：电子工业出版社，2004.

[10] 陈京民. 管理信息系统. 北京：清华大学出版社，2005.

[11] 宋玉贤. 企业信息化管理. 北京：北京大学出版社，2005.

[12] 陈晓红. 管理信息系统. 北京：高等教育出版社，2006.

[13] 张金城. 管理信息系统实验指导书. 北京：北京大学出版社，2006.

[14] 黄梯云. 管理信息系统习题集. 北京：高等教育出版社，2008.

[15] 陈朝晖. 管理信息系统. 北京：机械工业出版社，2007.

[16] 张海藩. 软件工程导论. 北京：清华大学出版社，2003.

[17] 薛华成. 管理信息系统. 北京：清华大学出版社，2007.

[18] 倪庆萍. 管理信息系统原理. 北京：清华大学出版社，2006.

[19] 李平，赵丽华，马丽. 管理信息系统. 北京：清华大学出版社，2006.

[20] 许晶华. 管理信息系统. 广州：华南理工大学出版社，2004.

[21] 周之英. 现代软件工程（第二册）北京：科学出版社，2000.

[22] Gerald V. Post，David L.Anderson. Management Information Systems：Solving Business Problems with Information Technology. 2003.

[23]（美）柯林斯等著，《基业长青》，中信出版社，2002.

[24] 张岩，以“透明化”模式重构企业权利，《现代制造》，2003.6.